Excelência
no Secretariado

Copyright© 2021 by Literare Books International Ltda.
Todos os direitos desta edição são reservados à by Literare Books International Ltda.

Presidente:
Mauricio Sita

Vice-presidente:
Alessandra Ksenhuck

Projeto gráfico:
Danilo Scarpa

Capa:
Wenderson Silva

Diagramação:
Cândido Ferreira Jr.

Revisão:
Equipe da Literare Books International

Diretora de projetos:
Gleide Santos

Diretora executiva:
Julyana Rosa

Relacionamento com o cliente:
Claudia Pires

Impressão:
Impressul

Dados Internacionais de Catalogação na Publicação (CIP)
(eDOC BRASIL, Belo Horizonte/MG)

E96   Excelência no secretariado / Coordenadores Bete D'Elia, Magali
Amorim, Maurício Sita. – São Paulo, SP: Literare Books
International, 2021.
16 x 23 cm

ISBN 978-65-5922-097-7

1. Literatura de não-ficção. 2. Secretariado. 3. Prática de
escritório. I. D'Elia, Bete. II. Amorim, Magali. III. Sita, Maurício.
CDD 651.3

Elaborado por Maurício Amormino Júnior – CRB6/2422

Rua Antônio Augusto Covello, 472, Vila Mariana – São Paulo, SP – CEP 01550-0660
Fone: (0**11) 2659-0968
Site: www.literarebooks.com.br   e-mail: contato@literarebooks.com.br

Sumário

Introdução...8

Introdução à edição comemorativa..........................10

PARTE 1
A permanente reinvenção da profissão de secretariado –
Da história e evolução à influência da pesquisa científica........................11

O *"invejável currículo"* dos projetos pedagógicos
Angela Mota & Valdete Magalhães...13

Fenassec – O grande despertar: De sua criação ao conselho profissional
Bernadete Lieuthier...21

Polêmica do nome: Secretário, assessor, assistente
Bete D´Elia & Magali Amorim...29

A pós-graduação *lato* e *stricto sensu* para o secretariado:
Parâmetros para definições e criações de linhas de pesquisas
Cibele Martins & Luiz Genghini...37

A pesquisa na área de secretariado
Cibele Martins & Marilena Zanon...45

O tecnólogo em secretariado em debate
Diana Pegorini & Mara Vilas-Boas...53

O homem e o secretariado
Fernando Camargo...61

O papel das entidades de classe: Dados da história e conquistas atuais
Isabel Cristina Baptista & Jô Camargo...69

Amor pela profissão: Uma escolha consciente
Maria Antonieta Mariano...77

Contribuições da Educação a Distância para a formação do secretariado
Marlene de Oliveira...85

A importância da formação específica
Walkíria Almeida...91

PARTE 2
O desafio de gerar, mensurar e atuar com
alto desempenho nos resultados corporativos...99

Correlações entre atividades-fim e meio diante da dinâmica organizacional
Alexandre Schumacher & Keyla Portela..101

Indicadores de resultado – Como identificar, mensurar e dar
visibilidade aos níveis decisórios quanto aos resultados
Cibele Ortega..109

"Poder de ascendência do profissional sobre os órgãos decisórios"
Ivelise Fonseca..117

O profissional de secretariado – Equilíbrio entre
qualidade de vida e qualidade profissional
José Rubens D´Elia...125

Valiosos profissionais - Secretárias, secretários e assessores
Valorização da profissão e participação nos resultados empresariais
Márcia Rizzi..133

PARTE 3
**Gestão secretarial: A sutileza e a essência da
gestão do conhecimento e das práticas gerenciais**...................................139

A atuação do secretariado executivo na gestão
da informação e do conhecimento
Ana Cristina Siva...141

Gestão de pessoas: Dimensões profissionais
Ana Cristina Silva..149

Secretários-docentes: Um diferencial para a ampliação
da docência secretarial
Cibelle Santiago & Willyane Silva...157

A atividade secretarial nos consultórios médicos
Denise Zaninelli..165

O secretário e os processos de fusões e aquisições
Diana Goulart...171

A tecnologia da informação como patrimônio empresarial
Inês Restier..179

Terceiro setor - Realizado por nós para todos
Licene Renck..187

Diga sim para você, para seu dinheiro e realize seus sonhos!
Odete Reis..195

Gestão secretarial sob medida: Necessidades e expectativas
de diferentes segmentos de negócios
Magali Amorim & Patricia Lima..203

Mitos & dicas de língua inglesa para secretariado
Regina Rezende..211

PARTE 4
**Fortalecimento das indispensáveis competências comportamentais
para atuar como agente facilitador**...219

O conflito de gerações e as competências da secretária no século XXI
Adriana Y. Abrão..221

Liderança ou influência formal e informal
Ana Maria S. Martins..227

PNL e excelência na comunicação no secretariado executivo
Secretariado executivo e comunicação interpessoal
André Percia...235

Inteligência emocional e social: A resiliência em secretariado
Cibele Martins & Luiz Genghini...243

A espiritualidade no ambiente corporativo e o profissional de secretariado
Dircélia Merlin...251

Marketing pessoal: Os sete segredos para o sucesso
Douglas de Matteu..259

Empreendedorismo: Empreenda tempo real!
Izulena de Jesus Almeida...267

Um novo equilíbrio
Mauricio Sita...275

PARTE 5
Multifunção e polivalência na assessoria executiva..........................283

Secretário particular x secretário corporativo
Angela Mota & Magali Amorim..285

Gestão da inovação na área secretarial
Ariane Serafim & Jonas Silva..293

O executivo brasileiro: Assessorando diferentes gestores,
seus estilos gerenciais e as diversas áreas
Cilene Pignataro..301

Por uma competência intercultural do profissional de secretariado
brasileiro no meio empresarial bi-tri-pluri-língue
Emili Martins & Warley Nunes..309

O *Design Thinking* como ferramenta da gestão secretarial
Magali Amorim & Marcos Serafim...317

O eterno conflito entre a vida pessoal e a vida profissional
Valdessara Bertolino...325

PARTE 6
Teorias administrativas e a interface com atuação secretarial.............333

Fundamentos do gerenciamento de projetos
Alonso Soler...335

A equipe de projetos e a atuação do profissional em secretariado
Angela Mota & Valdete Magalhães..343

Balanced Scorecard – BSC – Um modelo de gestão para medir
indicadores de resultado do profissional de secretariado
Bete D´Elia & Fernando Camargo..351

Gestão da qualidade e o secretariado executivo
Bruno Frota..359

O profissional de secretariado e a sustentabilidade
Maria do Carmo Todorov...367

O profissional de secretariado e os projetos de responsabilidade social
Neusa Massarutti...375

PARTE 7
Secretariado: O futuro da profissão é hoje..383

Tendências de atuação em RH - A importância da profissão nos processos
decisórios: como assessorar e atingir resultados corporativos e pessoais
com competência e qualidade
Ana Maria Netto..385

Gestão de carreira para o profissional de secretariado
Bruno Frota..393

Tendências da atuação profissional – Consultoria secretarial:
Uma nova visão de realidade
Chussy Karlla Antunes..401

Secretária remota - A profissão que se recria
Fernanda Capella & Marcia Almeida..409

Excelência no Secretariado

Introdução

Enfim, uma realização!

É com muita satisfação, profundo respeito e imenso carinho, e acima de tudo com muito orgulho pela profissão, que entregamos este livro a todos os públicos envolvidos, direta e indiretamente, com a área secretarial.

O projeto foi elaborado com muito cuidado, além da dedicação e necessária pesquisa, tendo como diretriz a nossa vivência na área, o acompanhamento permanente da história da profissão, bem como dados compilados em inúmeros treinamentos acerca da necessidade em discorrer sobre importantes tópicos, ainda ausentes na literatura específica. Embora o crescimento da bibliografia da área, a necessidade de importantes lacunas a serem contempladas, nos motivou a abraçá-lo!

Estar à frente da coordenação desta obra nos demandou muito esforço, muita dedicação, muita determinação, mas nos enche de alegria e contentamento ao vê-lo finalizado e poder contribuir para que diferentes públicos venham dele se valer! A profissão de secretariado que evolui incessantemente é merecedora deste nosso esforço!

O livro contempla sete diferentes partes. Percorremos a história, evolução e reinvenção da profissão, a formação específica e os currículos invejáveis, a pesquisa científica na área, a contundente presença masculina.

Abordamos a necessidade de se entender, que de fato o profissional em secretariado tem uma participação importantíssima na geração, mensuração e atuação qualitativa para os resultados corporativos.

Discorremos quanto às reais necessidades da gestão secretarial e da gestão do conhecimento estarem alinhadas ao segmento de negócio em que se atua.

Igualmente, quisemos evidenciar que há competências comportamentais para se atuar como agente facilitador as quais devem ser fortalecidas.

E ainda, sobre o universo multifuncional e polivalente inerentes à assessoria executiva alinhado às teorias administrativas e sua interface na atuação secretarial. E finalizamos abordando o futuro que já chegou.

Estão presentes neste projeto profissionais com quem muito aprendemos, e que, imbuídos do mesmo espírito, anuíram ao projeto por compactuarem das mesmas crenças e valores em relação à profissão.

Se chegamos até aqui, foi porque antes, tivemos precursoras que não podemos deixar de reverenciar.

> "Se consegui ver mais longe, foi porque me apoiei
> em ombros de gigantes"
> Isaac Newton

Escolhemos a frase de Isaac Newton para expressar a nossa admiração, gratidão e reconhecimento aos maravilhosos profissionais de secretariado, docentes, consultores e líderes, que ostentaram a bandeira da profissão, com orgulho, paixão e comprometimento, escrevendo páginas importantes dessa trajetória de mais de trinta anos.

Sabemos que, também muitas outras anônimas, abraçaram de corpo e alma essa missão, contribuindo com sua dedicação "extra", para as várias vitórias conquistadas.

Só conseguimos chegar até aqui, porque vocês nos apoiaram com "seus ombros gigantes".

Este livro inovador e que retrata o presente da nossa profissão tira o chapéu para todas vocês, precursoras, desbravadoras, que souberam trilhar o caminho das pedras, que hoje, com muita honra assumimos o compromisso de continuar.

Às presidentes da Abes – presidentes de entidades de secretárias - conforme no relato do histórico da profissão pontuado em um dos capítulos, a abes foi a primeira entidade nacional que representou a profissão secretarial até a criação dos sindicatos estaduais e da federação nacional.

- Aurea Fialho
- Deise Bock - *in memorian*
- Hilma Pinagé

Nossa especial homenagem à extraordinária, Leida Maria Borba de Moraes – *in memorian*, por todo seu exemplo e legado deixado, e por seus feitos, dentre eles: foi a fundadora da federação nacional de secretários e secretárias – Fenassec. Foi fundadora de um dos primeiros sindicatos estaduais do cenário nacional, o Sinsesp – Sindicato das Secretárias e Secretários do Estado de São Paulo. Foi pioneira no intercâmbio da Fenassec com entidades internacionais de secretariado.

Igualmente nossa reverência às mestras no treinamento e desenvolvimento do secretariado nacional:

- Liana Natalense – *in memorian*
- Lúcia Casimiro
- Naisa Neves

Nossa homenagem, carinho e respeito, também a todas as atuais dirigentes das entidades de classe, desde a presidência da Fenassec, a todas as presidentes dos sindicatos de secretárias e secretários estaduais, extensivo a todas aquelas que já deram o seu importante apoio como dirigentes, para o fortalecimento da categoria e da profissão.

Graças ao trabalho singular de todas vocês, o mundo destaca e coloca em primeiro lugar o profissional secretariado do Brasil.

Nosso melhor obrigado,

Bete D´Elia,
Magali Amorim,
Maurício Sita

Excelência no Secretariado

Introdução à edição comemorativa

Para nós é uma alegria o recebimento do Selo Comemorativo, como um marco do sucesso de Excelência no Secretariado, com esta edição extra! Isso nos enche de estímulo e disposição!

Afinal, o projeto nasceu não apenas derivado de nossa prática profissional, mas sobretudo da experiência e da convivência que nós duas galgamos em nossas jornadas como docentes e consultoras na área. Alunos, colegas de profissão e distintos executivos depositaram as sementes que germinaram, ergueram seus troncos, seus galhos e floresceram, até esgotar na editora.

Alguns princípios foram determinantes para que o nosso livro Excelência no Secretariado continuasse referência na área, como uma das melhores e mais completas obras da profissão, desde o seu lançamento, em 2013, até hoje:

- O compromisso com o verdadeiro significado da excelência, que é duradouro e mantém atualizadas as competências essenciais;
- O criterioso olhar no presente e no futuro, que nos possibilitou antecipar tendências, que agora estão se concretizando e fazendo parte do cenário corporativo;
- A rica contribuição dos coautores, profissionais de sucesso, cujo DNA reflete a paixão pelo Secretariado e sua permanente valorização.

Nesses oito anos de existência, a demanda dos profissionais na ativa, docentes e estudantes pelo livro foi intensa e ininterrupta.

Essa receptividade tão positiva nos motivou a fazer esta edição extra, para continuar atendendo, com qualidade, à importante categoria do Secretariado.

Contudo, a jornada não se encerra aqui... Em breve, a profissão continuará a receber novos referenciais, a fim de manter Excelência no Secretariado! Você não perde por esperar!

Com muito carinho e profundo respeito,

Bete D'Elia
Magali Amorim

Parte 1

A permanente reinvenção da profissão de secretariado – Da história e evolução à influência da pesquisa científica

Excelência no Secretariado

12

1

O *"invejável currículo"* dos projetos pedagógicos

O profissional em secretariado tem em sua trajetória histórica muitas conquistas, cujos profissionais habilitados atualmente são herdeiros de conquistas profissionais que se originaram de uma união da categoria, baseadas em construções curriculares sólidas, das quais faremos um breve resgate, a fim de evidenciar a continuidade e evolução do currículo escolar na área secretarial

Angela Mota & Valdete Magalhães

Angela Mota & Valdete Magalhães

Angela Mota
Especialista em Língua Portuguesa e Psicopedagogia. Licenciada e Graduada em Secretariado Executivo Bilíngue. Coordenadora Responsável por Projetos Curriculares da Educação Profissional do Eixo Tecnológico Gestão e Negócios do CETEC do Centro Estadual de Educação Tecnológica Paula Souza. Foi docente do ensino superior em Secretariado Executivo. Docente no Curso Técnico de Secretariado na Escola Técnica - ETEC Prof. Aprígio Gonzaga. Quinze anos de experiência na Assessoria Executiva em instituições financeiras de grande porte.

Contato
angela.mota@centropaulasouza.sp.gov.br

Valdete Magalhães
Especialista em Gestão e Negócios e Habilitação Profissional Plena em Secretariado. MBA em Gestão Estratégica da Educação. Licenciada em Administração. Experiência em projetos no CETEC do Centro Estadual de Educação Tecnológica Paula Souza, na construção e reelaboração curricular de Planos de Curso, na Padronização dos laboratórios e especificações, acompanhamento de implantação de novos currículos no Curso Técnico em Secretariado e no auxílio do mapeamento de competências e Síntese de Currículos. Docente e Diretora de Serviços Acadêmicos na ETEC Fernandópolis/SP.

Contato
valdete.magalhaes@etec.sp.gov.br

Curso de Secretariado no Brasil

O perfil do profissional em secretariado evolui ao passo das transformações tecnológicas, científicas e tendências do mercado de trabalho, sobretudo o catálogo de cursos técnicos, tecnológicos e superiores que são publicados e atualizados pelo Ministério da Educação - MEC.

No Catálogo Nacional de Cursos Técnicos do MEC estão publicados os perfis profissionais, sugestões de temas e de infraestruturas dos cursos que podem ser oferecidos pelas Instituições de Ensino no Brasil, as quais devem desenvolver, propor e atualizar seus currículos escolares periodicamente, em atendimento à legislação dos órgãos educacionais. O catálogo de cursos é dividido por eixos tecnológicos, cujas formações são agrupadas nesses eixos.

O eixo tecnológico, do qual o curso de secretariado faz parte, é o de **Gestão e Negócios**, com a seguinte abordagem, conforme publicação do MEC:

> Compreende tecnologias associadas aos instrumentos, técnicas e estratégias utilizadas na busca da qualidade, produtividade e competitividade das organizações. Abrange ações de planejamento, avaliação e gerenciamento de pessoas e processos referentes a negócios e serviços presentes em organizações públicas ou privadas de todos os portes e ramos de atuação.
>
> Este eixo caracteriza-se pelas tecnologias organizacionais, viabilidade econômica, técnicas de comercialização, ferramentas de informática, estratégias de marketing, logística, finanças, relações interpessoais, legislação e ética. Destacam-se, na organização curricular destes cursos, estudos sobre ética, empreendedorismo, normas técnicas e de segurança, redação de documentos técnicos, educação ambiental, além da capacidade de trabalhar em equipes com iniciativa, criatividade e sociabilidade.
>
> http://pronatec.mec.gov.br/cnct/et_gestao_negocios/et_gestao_negocios.php, consultado em 25 de jun 2013.

Nessa apresentação geral do eixo fica evidente a proximidade de muitas abordagens que são tratadas nos Cursos de Secretariado, o que é muito positivo e coerente e pertinente ao profissional da área.

As Instituições de Ensino que oferecem a Habilitação Técnica de Nível Médio do Técnico em Secretariado partem com suas propostas curriculares, sendo norteadas com o seguinte perfil profissional disposto pelo MEC:

> Organiza a rotina diária e mensal da chefia ou direção, para o cumprimento dos compromissos agendados. Estabelece os canais de comunicação da chefia ou direção com interlocutores, internos e externos, em língua nacional

Excelência no Secretariado

e estrangeira. Organiza tarefas relacionadas com o expediente geral do secretariado da chefia ou direção. Controla e arquiva documentos. Preenche e confere documentação de apoio à gestão organizacional. Utiliza aplicativos e a internet na elaboração, organização e pesquisa de informação. http://pronatec.mec.gov.br/cnct/et_gestao_negocios/t_secretariado.php, consultado em 25 de jun 2013.

A linha mestra a ser seguida pelos Cursos Superiores de Tecnologia em Secretariado, é igualmente regulada pelo MEC, por intermédio do Catálogo Nacional de Cursos Superiores de Tecnologias, definindo o seguinte perfil para o Tecnólogo em Secretariado:

O tecnólogo em Secretariado planeja e organiza os serviços de secretaria de centros decisórios de uma instituição. Aplicando conceitos e ferramentas tecnológicas específicas de assessoramento, de forma a otimizar os processos vinculados a suas atividades, este profissional assessora executivos, diretores e suas respectivas equipes, planeja, organiza, implanta e executa atividades e metas da área, eventos, serviços protocolares, viagens, relações com clientes e fornecedores, comunicação e redação de textos técnicos, além de gerenciar informações.

Já os cursos Superiores de Graduação em Secretariado Executivo são regidos pelas Diretrizes Curriculares – Cursos de Graduação, cuja Resolução nº 3, de 23 de junho de 2005 contém em seu art. 3º o seguinte perfil:

O curso de graduação em Secretariado Executivo deve ensejar, como perfil desejado do formando, capacitação e aptidão para compreender as questões que envolvam sólidos domínios científicos, acadêmicos, tecnológicos e estratégicos, específicos de seu campo de atuação, assegurando eficaz desempenho de múltiplas funções de acordo com as especificidades de cada organização, gerenciando com sensibilidade, competência e discrição o fluxo de informações e comunicações internas e externas. http://portal.mec.gov.br/cne/arquivos/pdf/rces003_05.pdf - consultado em 15 de setembro de 2013.

A partir desses perfis dispostos em publicações do MEC, as Instituições de Ensino devem construir currículos para que atendam a esse mínimo estabelecido, flexibilizando, por meio de uma organização curricular, temas que atendam às exigências do mercado de trabalho, indo além, com a finalidade de: desenvolver senso crítico na atuação profissional, estabelecer diálogos ao atendimento à legislação trabalhista e de sua categoria de classe, evidenciar as demandas futuras do profissional técnico em secretariado e priorizar a excelência na sua atuação, por meio de atividades contextualizadas com a realidade do mercado.

Para o ensino técnico, o Ministério da Educação sugere, além do perfil acima discorrido, temas a serem abordados nos Cursos de Técnicos em Secretariado, onde os secretários poderão atuar após formação técnica, cita a infraestrutura recomendada para as escolas que oferecem o curso, garantindo, assim, uma exigência mínima de qualidade.

POSSIBILIDADES DE TEMAS A SEREM ABORDADOS NA FORMAÇÃO	POSSIBILIDADES DE ATUAÇÃO	INFRAESTRUTURA RECOMENDADA
Técnicas e rotinas secretariais	Instituições públicas, privadas e do terceiro setor	Biblioteca com acervo específico e atualizado
Conhecimentos de língua portuguesa e estrangeira	Indústria e comércio	Laboratório de informática com programas específicos
Legislação e organização empresarial		Laboratório de línguas
Economia		
Psicologia comportamental		
Gestão e organização do trabalho		
Marketing pessoal		

Tabela 1 (http://pronatec.mec.gov.br/cnct/et gestao negocios/t secretariado.php)

Já os Cursos de Tecnologia em Secretariado, que regidos pelas indicações do MEC, têm a complementação do perfil efetuada pelas instituições de ensino. Exemplificando, citamos a organização curricular da Faculdade de Tecnologia do Estado de São Paulo dos Municípios de Itaquaquecetuba, São Caetano do Sul, e Carapicuíba, que contempla em seu Projeto Pedagógico do Curso Superior de Tecnologia em Secretariado, além do perfil indicado pelo MEC, a seguinte complementação:

O Tecnólogo em Secretariado deverá estar apto para as funções de:

a) Planejar, organizar, dirigir e controlar os processos administrativos, principalmente em ambientes informatizados;

b) Assistir e assessorar diretamente os executivos de sua empresa;

c) Utilizar tecnologias inerentes à organização de uma secretaria de centros decisórios das Instituições;

d) Redigir textos profissionais especializados, inclusive em idioma estrangeiro;

e) Interpretar e sintetizar textos e documentos;

f) Traduzir e verter em idioma estrangeiro;

g) Aplicar conhecimentos protocolares;

h) Planejar, dirigir e controlar o processo de comunicação da empresa, inclusive

Excelência no Secretariado

em idioma estrangeiro;
i) Gerenciar de forma eficaz a transmissão e difusão da informação.
Proposta Curricular do Curso Superior de Tecnologia em Secretariado do Centro Estadual de Educação Tecnológica Paula Souza

Suprindo, portanto, o quesito da comunicação em língua estrangeira registrado na Lei 7377, de 30/09/85 e Lei 9261, de 10/01/96, que dispõe tal exigência em seu art.4°, incisos IV, VI e VII conforme abaixo:

IV – redação de textos profissionais especializados, inclusive em idioma estrangeiro; [...]
VI – interpretação e sintetização de textos e documentos;
VII – taquigrafia de ditados, discursos, conferências, palestras de explanações, inclusive em idioma estrangeiro;
VII – versão e tradução em idioma estrangeiro, para atender às necessidades de comunicação da empresa;

Salienta-se que a exigência da língua estrangeira não foi provisionada no perfil elaborado pelo MEC para o profissional tecnólogo, porém os currículos existentes contemplam tal exigência, cuja competência é essencial na formação do profissional em secretariado independente do grau de escolaridade.

Para os cursos de graduação, a Resolução n° 3, de 23 de junho de 2005 em seu art. 4° registra competências e habilidades, completando e delineando os norteadores dos currículos, como pode ser observado a seguir:

Art. 4° O curso de graduação em Secretariado Executivo deve possibilitar a formação profissional que revele, pelo menos, as seguintes competências e habilidades:
I - capacidade de articulação de acordo com os níveis de competências fixadas pelas organizações;
II - visão generalista da organização e das peculiares relações hierárquicas e inter-setoriais;
III - exercício de funções gerenciais, com sólido domínio sobre planejamento, organização, controle e direção;
IV - utilização do raciocínio lógico, crítico e analítico, operando com valores e estabelecendo relações formais e causais entre fenômenos e situações organizacionais;
V - habilidade de lidar com modelos inovadores de gestão;
VI - domínio dos recursos de expressão e de comunicação compatíveis com o exercício profissional, inclusive nos processos de negociação e nas comunicações interpessoais ou inter-grupais;
VII - receptividade e liderança para o trabalho em equipe, na busca da sinergia;
VIII - adoção de meios alternativos relacionados com a melhoria da quali-

dade e da produtividade dos serviços, identificando necessidades e equacionando soluções;

IX - gerenciamento de informações, assegurando uniformidade e referencial para diferentes usuários;

X - gestão e assessoria administrativa com base em objetivos e metas departamentais e empresariais;

XI - capacidade de maximização e otimização dos recursos tecnológicos;

XII - eficaz utilização de técnicas secretariais, com renovadas tecnologias, imprimindo segurança, credibilidade e fidelidade no fluxo de informações; e

XIII - iniciativa, criatividade, determinação, vontade de aprender, abertura às mudanças, consciência das implicações e responsabilidades éticas do seu exercício profissional.

Na verificação dos perfis profissionais de graduação, tecnologia e técnico, pode-se perceber que os mesmos encontram-se muito bem estruturados possibilitando uma formação sólida para que o profissional atue com segurança e que esteja comprometido com sua profissão e seu aprimoramento constante.

A organização curricular dos cursos para secretários apresenta-se como um referencial teórico que tem por finalidade nortear e garantir ao profissional de secretariado a competência técnica, competência de relações interpessoais e competências de liderança, oportunizando ao futuro profissional se sobressair entre outros profissionais de gestão por ter a formação e treinamento efetivo em cooperação e trabalho em equipe.

Percebe-se que o currículo é disposto de forma a ser trabalhado e desenvolvido com o propósito de que o estudante possa vir a superar os desafios oferecidos pelos novos rumos que a profissão toma, acompanhando a evolução dos tempos e das tecnologias.

Nesse contexto, os currículos escolares de secretariado, em todos os níveis, oferecem aos educandos um leque de competências técnicas voltadas à área de negócios e de linguagens, cujas propostas curriculares sintetizam o poder de alta performance desse profissional.

REFERÊNCIAS

Sites consultados

Disponível em: <http://www.fateccarapicuiba.edu.br/cursos/grades/SEC.pdf>. Acesso em: 15 de set. de 2013.

Disponível em: <http://www.fenassec.com.br/b_osecretariado_lei_regulamentacao.html>. Acesso em: 15 de set. de 2013.

Disponível em: <http://portal.mec.gov.br/cne/arquivos/pdf/rces003_05.pdf>. Acesso em: 15 de set. de 2013.

Disponível em: <http://pronatec.mec.gov.br/cnct/et_gestao_negocios/et_gestao_negocios.php>. Acesso em: 25 de jun. de 2013.

Excelência no Secretariado

20

2

Fenassec – O grande despertar: De sua criação ao conselho profissional

O foco deste capítulo é registrar a história da entidade de representação nacional do secretariado, destacando as principais realizações para garantir a perenidade e fortalecimento da atuação da categoria, bem como o zelo pela integridade e disciplina profissional em favor do interesse geral da sociedade. Assim, apresenta suas prerrogativas, ações e lutas em prol dos profissionais que representa

Bernadete Lieuthier

Bernadete Lieuthier

Secretária Executiva com registro profissional nº 769 - SRTE/PE. Presidente da Federação Nacional das Secretárias e Secretários – FENASSEC. Especialista em Secretariado Executivo pela Escola Superior de Relações Públicas de Pernambuco – ESURP. Membro do Conselho Editorial da Revista Excelência (ISSN 1984-9494), Diretora de Assuntos Internacionais da Confederação Nacional dos Trabalhadores no Comércio – CNTC. Presidente do Sindicato das Secretárias do Estado de Pernambuco – SINSEPE. , Diretora Cultural Adjunta da Executiva Nacional da União Geral dos Trabalhadores, Secretária da Mulher da União Geral do Trabalhadores–UGT/PE, Graduada em Direito pela AESO – Associação de Ensino Superior de Olinda, Bacharela em Letras - Habilitação em Português e Inglês pela UNICAP - Universidade Católica de Pernambuco, atuou como Juíza Classista do Tribunal Regional do Trabalho da 6ª Região.

Contatos
www.fenassec.com.br
presidencia@fenassec.com.br

O grande despertar... anos 60, quando tudo começou!

O perfil do profissional de secretariado sempre foi arrojado, desafiador e desbravador, tanto que em 1965, surgiu a primeira organização de secretariado no Rio de Janeiro, com objetivo de aprimoramento cultural, intercâmbio de conhecimento e discussão de questões éticas sobre a profissão.

Essas características é que garantiram as conquistas ao longo das últimas cinco décadas. Profissionais de secretariado, comprometidos com as causas da profissão, foram cada vez mais se organizando em busca de melhores condições de vida e de trabalho. Conheça a linha do tempo:

1968 – Em Porto Alegre, criada a Associação das Secretárias do Rio Grande do Sul, uma associação civil, mas ainda sem respaldo legal.

1976 – Criada a Associação Brasileira de Entidades de Secretárias.

1978 – O reconhecimento formal da profissão, por meio da Lei 6.556.

1985 – A regulamentação da profissão, a ampliação do conceito e a distinção entre o Secretariado Técnico e Executivo.

1987 – O enquadramento sindical como categoria diferenciada, a criação do primeiro Sindicato de Secretariado no Brasil, o Sindicato das Secretárias do Estado do Rio Grande do Sul e na sequência dos demais sindicatos estaduais.

1988 – Finalmente, a criação da representação maior da categoria: Federação Nacional das Secretárias e Secretários, no dia 31 de agosto.

A partir dessa data, todas as causas relativas à profissão e aos profissionais de secretariado na esfera nacional, passaram a ser de competência da Fenassec, sendo suas prerrogativas entre outras:

- Representar, perante os poderes Executivo, Judiciário e Legislativo, no âmbito nacional, em empresas dos setores públicos e privados, os interesses individuais ou coletivos dos sindicatos filiados e da categoria nos estados inorganizados;

- Defender e ampliar com todos os meios ao seu alcance, os direitos e interesses da categoria profissional;

Excelência no Secretariado

- Defender os direitos e interesses coletivos ou individuais dos integrantes da categoria profissional;

- Celebrar convenções, acordos, contratos coletivos de trabalho ou instaurar dissídio em favor dos profissionais inorganizados em sindicato, bem como assistir ou representar os sindicatos filiados;

- Atuar junto ao Estado, como órgão técnico e consultivo, no estudo e solução dos problemas que se relacionem com a categoria profissional;

- Atuar, junto às autoridades competentes, administrativa, judiciária e legislativa e empresas do setor público e privado, no sentido do rápido andamento e da solução de tudo que direta ou indiretamente diga respeito aos interesses da categoria;

- Criar fundações ou firmar convênios com fundações que se relacionem com assuntos de interesse da categoria que representa;

- Representar a categoria profissional em nível internacional, podendo firmar convênios de cooperação técnica e intercâmbios culturais com entidades estrangeiras;

- Incentivar, promover e desenvolver ações e atividades de responsabilidade social nas áreas de esporte, cultura e lazer.

Nesses 25 anos, muitas ações foram realizadas. Num primeiro momento, os trabalhos foram direcionados para que a sociedade mudasse sua visão em relação à profissão e ao profissional e que o reconhecimento acontecesse, pois o secretariado sofria o estigma de ter um profissional restrito a funções operacionais, com limitações de atuação, assim, eventos técnicos foram implantados (congressos e simpósios); contato com associações de secretariado internacionais, para intercâmbio de experiências profissionais e conhecimento da realidade internacional. Foi instituído o Código de Ética Profissional, com objetivo de fixar normas de procedimentos dos profissionais quanto ao exercício de sua profissão; criação e implantação de planos de cargos e salários; e, inclusão nas normas coletivas de trabalho de piso salarial.

Com objetivo de manter a empregabilidade da categoria, diante do percurso já trilhado, chegou a hora de repensar as necessidades da profissão e planejar novos rumos para que a Fenassec cumpra o seu papel.

Assim, conectada com as tendências de mercado, o avanço e a inovação dos processos para gestão organizacional, com a evolução das técnicas profissionais exigidas pelo mundo dos negócios e dar suporte administrativo eficaz às organizações, o foco passou a ser a melhoria e o desenvolvimento de novas competências profissionais, por meio de:

2002 – Criação de fóruns nacional e regionais de debates sobre competências profissionais, com objetivo de propiciar um espaço entre todos os envolvidos com a categoria, para discutir as competências e atuação do secretariado. Esse projeto tem como premissa, para o fórum nacional, a necessidade de debates das realidades regionais. Em cada fórum nacional é lançado o tema a ser trabalhado no período que antecede a discussão nacional. Já são 6 fóruns nacionais realizados com a seguinte estrutura de desenvolvimento:

I. Qualificação e requalificação de profissionais de secretariado – realizado em Recife/PE – 2002. Foi quando se discutiu a formação profissional oferecida e a exigida para atender à demanda de mercado e às necessidades da profissão. Os resultados desses debates contribuíram para o planejamento de ações que viabilizassem a mudança da imagem da profissão e de estudos para entendimento das exigências do mercado de trabalho.

II. Da formação que temos à atuação que o mercado exige – realizado em Aracaju/SE – 2004. O debate foi em torno da problemática entre o exercício profissional, as expectativas dos centros decisórios e sua formação. Desse fórum saíram as contribuições para a proposta que a Fenassec já vinha desenvolvendo para encaminhar ao Ministério da Educação, que culminou no Parecer CES/CNE 102/2004 e Resolução 3/2005 – Diretrizes Curriculares Nacionais para os Cursos de Graduação em Secretariado Executivo.

III. Níveis de atuação do profissional de Secretariado – Florianópolis/SC – 2006. Esse fórum consolidou as atribuições do profissional, por nível de atuação (Técnico em Secretariado, Tecnólogo em Secretariado e Secretário Executivo), que resumidamente concentra atribuições relacionadas aos níveis de atuação organizacional, quais sejam: estratégico, tático e operacional.

IV. Empregabilidade do profissional de Secretariado – Brasília/DF – 2008. Nessa oportunidade vários foram os aspectos de debates,

Excelência no Secretariado

entre eles: a identificação do título profissional por nível de atuação, a necessidade da fiscalização do cumprimento das diretrizes curriculares para a formação profissional, o entendimento da atuação profissional segmentada por grupo de atividades; e a importância da reflexão e estudos sobre os rumos da profissão.

V. Gestão pública e gestão privada – Fortaleza/CE – 2010. Esse debate girou em torno da necessidade de adequação de metodologia de trabalho na área secretarial, em conformidade com o segmento organizacional, pois o modelo de administração (pública ou privada) é que direcionará todo o processo administrativo e, para secretariar, é necessário entender o sistema para atuar com qualidade e atender às exigências do modelo de gestão.

VI. Plano de carreira no primeiro, segundo e terceiro setores – Belo Horizonte/MG – 2012. Esse fórum tratou da importância do entendimento do modelo de atuação de cada segmento de mercado e do modelo de atuação do profissional em secretariado. Para isso, a análise do cenário externo e interno em que a organização atua, a análise da estrutura organizacional, a identificação dos papéis e dos *stakeholders*, a identificação dos relacionamentos, tanto interno quanto externo, bem como as atribuições da área que o profissional em secretariado está inserido, são de imprescindível valor para êxito nos resultados e eficácia do secretário.

Apresentação de trabalhos científicos nas modalidades artigo e pôster. Espaço criado com objetivo de incentivar a categoria e todos os envolvidos com a profissão, para o desenvolvimento de pesquisa na área secretarial. Essa ação tem apresentado importantes resultados, pois além do aumento de massa crítica na área, os trabalhos apresentados comprovam constante evolução e inovação para o secretariado.

Luta pelo respeito à imagem da profissão. Esta é uma bandeira prioritária e contínua, por meio de intervenções junto a emissoras de TV e a mídia em geral. O resultado tem sido positivo, com as respectivas retratações.

Encontro de coordenadores e docentes. Espaço criado com objetivo de contribuir para a formação do profissional, por meio da integração entre os formadores, com a disponibilização de informações sobre as exigências do mercado de trabalho e de temas de interesse, dos órgãos educacionais.

2003 – Criação da Revista Excelência. Um periódico trimestral com objetivo de socializar informações atualizadas sobre a profissão, o profissional, questões técnicas de atuação e temas do mundo do trabalho, sociais e comportamentais, desde 2009 possui registro ISSN.

2005 – Ações para cumprimento da Lei de Regulamentação da profissão e o seu exercício por profissional devidamente habilitado. Mesmo não sendo de responsabilidade da Fenassec, fiscalizar o exercício profissional, por ser entidade sindical e esta lutar pelos direitos do trabalhador, ações têm sido tomadas com êxito e podem ser constatadas pelos editais que foram retificados.

2009 – Ações coordenadas e planejadas para manter a qualidade dos cursos de formação e reverter a decisão da Secretaria da Educação Superior/MEC, em extinguir o curso de Secretariado Executivo – bacharelado, com adesão maciça da sociedade, de docentes e coordenadores de cursos, de diretórios acadêmicos e de profissionais de todo o país, com êxito na ação e publicação nos referenciais curriculares nacionais.
Apoio às instituições educacionais. Capacitação de docentes de outras áreas de conhecimento à adequação dos conteúdos sob sua responsabilidade às necessidades dessa formação profissional. Para isso, alguns cursos foram coordenados e ministrados, para docentes de administração, contabilidade, direito, matemática financeira entre outros.

2013 – Implantação de um Plano de Comunicação Institucional, com a criação de um *fan page* (página de interface do Facebook para empresas) com publicações *"on time, on line"*, com objetivo de tornar mais dinâmicos e atuais os temas de interesse da categoria profissional, permitindo que o secretário tenha um meio de comunicação direto e especializado para melhoria de sua performance profissional.
Todas as ações empreendidas, além de fazerem parte do planejamento para comprovação da imperiosidade da criação do Conselho Federal de Secretariado, foi estratégia trilhada para que a sociedade em geral, principalmente, o mundo corporativo, reconhecesse a funcionalidade da profissão e, com isso garantir, a perenidade e fortalecimento da atuação do secretariado. A Fenassec tem consciência de que atua além das questões sindicais, realiza um trabalho que contribui para zelar pela integridade e disciplina profissional em favor do interesse geral da sociedade, mesmo sem o poder de fiscalização, por entender que se ainda não há esse órgão, a categoria não pode ser prejudicada. Assim, vem trabalhando para a conquista do conselho e, concomitantemente, já realiza ações em benefício dos seus representados, sempre zelando

Excelência no Secretariado

pelo cumprimento de seus deveres e legislação em vigor.

A criação do conselho permitirá uma defesa mais ativa dos postos de trabalho privativos de secretários. Por esse motivo, a Fenassec, exercendo seu papel político, continua trabalhando para concretização dessa luta. Já realizou audiências com ministros do Trabalho e Casa Civil; na Secretaria de Relações do Trabalho, com emissão de parecer favorável ao Conselho; audiência pública na Comissão do Trabalho e Serviços Públicos na Câmara Federal; atos públicos nas Assembleias Legislativas Estaduais; e visitas ao Congresso Nacional e a Deputados, com objetivo de obter apoio ao projeto de criação do conselho. A Fenassec entende que cumpriu todas as normas e legislação e está dependendo, nesse momento, da iniciativa do Poder Executivo, por meio do Ministério do Trabalho, para encaminhar o Processo à Casa Civil e sanção da Presidência da República.

A profissão está regulamentada há 28 anos como categoria diferenciada e o seu exercício exige, cada vez mais, competências para atuação de cogestão nas organizações, confiabilidade e sigilo profissional. Nesse cenário, o que falta é a criação do Conselho para estabelecer prerrogativas profissionais, fiscalizar o exercício regular da profissão e instituir um Código de Ética com força de lei, o que representará um marco de reconhecimento real da importância do profissional, do trabalho desenvolvido pela entidade representativa e pela própria categoria.

A Fenassec construiu e continua construindo a história do secretariado brasileiro. Esse é o seu papel, para garantir a sustentabilidade da profissão. Essa responsabilidade também é de cada profissional, no exercício diário de suas atribuições dentro do mundo corporativo, contribuindo para a construção de um mundo melhor e uma sociedade mais justa e igualitária.

3

Polêmica do nome: Secretário, assessor, assistente

Embora a Profissão de Secretariado tenha registrado todas as suas conquistas com o nome Secretário(a), paira no ar algumas dúvidas sobre a sua força, imagem institucional e poder de representatividade. A proposta é transformar a polêmica em reflexão, com dados estatísticos, bem como informações abalizadas obtidas junto aos profissionais, à classe docente e às entidades nacionais e internacionais

Bete D´Elia & Magali Amorim

Bete D´Elia & Magali Amorim

Bete D´Elia
Diretora Toucher Desenvolvimento Humano Ltda. Graduada em Português-Francês pela Usp - Universidade de São Paulo, Pós-graduada (lato-sensu) em Psicologia Universal, pelo Psyko Universal, Instituto de Desenvolvimento. *Coach*, com formação pelo IDHL – Instituto de Desenvolvimento Humano Lippi. Palestrante, instrutora de cursos, consultora de empresas; para profissionais da gestão empresarial, com destaque no segmento secretarial. Autora do Livro Profissionalismo – Não dá para não ter – Editora Gente e coautora de As novas Competências do profissional de secretariado, com Edméa Garcia Neiva – Iob Thomson, e Ser+ em Gestão do Tempo e Produtividade, Editora Literare Books, dezembro/11.

Contatos
www.betedelia.com.br / betedelia@uol.com.br / (11) 5052-4947 / (11) 7891-3162

Magali Amorim
Bacharel em Secretário Executivo Bilíngue pela PUC-SP, pós-graduada em Marketing & Propaganda pela ESPM-SP. É mestranda em Comunicação e Cultura Midiática. Desenvolveu sua carreira nos últimos vinte e quatro anos na Assessoria Executiva em multinacionais do segmento Químico e Farmacêutico. É consultora e palestrante em cursos, workshops e conferências em Comunicação e Atendimento ao Cliente. É facilitadora de treinamentos focados na área motivacional e comportamental. É docente nos cursos superiores de Tecnologia em Secretariado, Gestão em Logística Empresarial, Gestão em Recursos Humanos, Gestão Hospitalar e Gestão Financeira, na Faculdade de Tecnologia – FATEC e na Anhanguera-Uniban. É membro do Comitê Estratégico de Educação do SINSESP, trabalhando a interdisciplinaridade na Formação Executiva.

Contato
www.magaliamorim.com.br

Bete D´Elia & Magali Amorim

O nome de uma pessoa, empresa, marca, profissão está relacionado à sua identidade, transmitindo orgulho, paixão, um sentido de propriedade e pertencimento.
Colocando em foco a profissão de secretariado e o seu nome, percebemos que não existe, na atualidade, unanimidade em relação à sua importância, força, imagem institucional e poder de representatividade, de acordo com o seu perfil atual.

A proposta desse capítulo é transformar a polêmica em reflexão, à luz de informações e dados estatísticos, no panorama nacional e internacional.

Como profissionais que já exerceram a profissão, que atuam na docência, tanto na formação específica como na capacitação, participam da entidade de classe e estão em sintonia com a sua evolução permanente, sentimo-nos credenciadas para ampliar a visão sobre o assunto, sedimentada em informações objetivas, que possibilitem uma análise crítica e coerente, em prol do fortalecimento da profissão e do engajamento daqueles que a representam.

O ritmo das mudanças atuais é irreversível. Muitas profissões e funções já sucumbiram e foram reinventadas. Outras perderam o prazo de validade. Mas, há aquelas que permanecem com seus pilares fortes, porque souberam fazer os ajustes na velocidade adequada e se reinventar, diariamente, de acordo com as necessidades do mundo atual.

Podemos afirmar, com orgulho, que a profissão de secretariado está nesse seleto rol. Por isso, mais do que nunca, é necessário promover a reflexão sobre o que é divergente, buscando a convergência para que os seus profissionais ostentem, com orgulho e admiração, a profissão e o nome que a identifica.

Dados históricos no Brasil

A origem do nome secretário vem de *secretum*, quando a profissão era exercida pelos escribas e já destacava uma das suas características essenciais – a importância de saber lidar com o sigilo e a confidencialidade.

Com a evolução ocorrida e todas as conquistas, na área de educação, jurídica, institucional, organizacional, podemos constatar que cada uma delas ratificou o nome secretária(o):

- Lei de Regulamentação 7377/85 complementada pela 9261/96 – define dois níveis para o exercício da profissão: técnico em secretariado e secretário executivo.
- Diretrizes curriculares do MEC – Resolução no 3, de 23 de junho de 2005, define competências e habilidades para os cursos de graduação em secretariado.
- Código de Ética do profissional de Secretariado – constituído e publicado no Diário Oficial da União em 07 julho de 1989.

Excelência no Secretariado

- Cursos de formação existentes: nível técnico, tecnólogo e graduação – todos são cursos de Secretariado.
- A organização da classe, iniciada como Associações de Secretárias, evoluiu para Sindicatos de Classe e uma Federação Nacional, que também são denominados – Sindicato de Secretários do Estado, Federação Nacional de Secretários.
- Os eventos nacionais e internacionais da categoria trazem no nome a profissão de Secretariado.
- A CBO – Classificação Brasileira de Ocupações - apresenta nos seus códigos:

  2523 – secretário executivo
  3515 – técnico em secretariado

- A luta da FENASSEC – Federação Nacional de Secretárias e Secretários, pelo Conselho Nacional da profissão, reivindica a criação do Conselho Nacional de Secretariado.

Independentemente de todos esses dados, oficializando que a profissão é de secretariado, pairam no ar dúvidas e posicionamentos sobre a representatividade do nome, sua imagem institucional, fazendo com que não haja total adesão pelos profissionais atuais.

Possíveis razões para o questionamento

É indiscutível o crescimento da profissão, bem como o reconhecimento do mercado, pela sua importância ao atuar como agente facilitador e de resultados junto aos níveis decisórios das empresas de todos os segmentos, no setor privado e público.

Essa trajetória de mais de trinta anos conviveu, como é normal em qualquer processo de mudança e consolidação, com algumas dificuldades na imagem profissional. Uma parte do mercado profissional não tinha critérios adequados de seleção, tais como escolaridade, perfil e postura profissional. Normalmente, os quesitos solicitados eram femininos, sem nenhuma exigência de capacitação ou experiência, o que sem dúvida gerava desempenhos e comportamentos inadequados, prejudicando o conceito da profissão.

Mesmo que esse período já tenha sido superado, criaram-se alguns mitos cujos resquícios ainda resvalam sobre a visibilidade atual da profissão. Como os exemplos daquela época veicularam na mídia, que era também motivada por aspectos sensacionalistas, principalmente, ligados à imagem da mulher, a repercussão foi forte, fazendo com que para muitos profissionais, esse mito ainda prevaleça como verdade.

A defesa de um nome "novo", dissociado desse histórico, justifica para muitos o uso das nomenclaturas: assistente, assessor e outros similares.

Percebemos que a escolha dessas nomenclaturas não está fundamentada no significado; se formos ao dicionário, o significado de

Bete D´Elia & Magali Amorim

ambas é "auxiliar". Logo, não teriam peso semântico para serem valorizados com maior importância que o de secretária(o).

Notamos também que, grande parte dos profissionais que rejeitam o nome "secretária ou secretário" não tem formação específica na área. São oriundos de outras formações que, infelizmente, o mercado de trabalho ainda aceita e recruta.

Um argumento que sustenta a defesa do nome de "secretária(o)" como o real e mais representativo, é a interpretação feita pela classe docente, pelas entidades representativas e por muitos profissionais graduados em secretariado é que assistência e assessoria são atividades implícitas na profissão de secretariado.

Outro fato que colaborou para proliferarem os registros funcionais como assessor, assistente entre outros, é a situação ainda existente em muitas empresas, que têm em seu quadro funcionários exercendo as atividades secretariais, sem estarem regulamentados pela lei. Mesmo que essas denominações não estejam descritas na Lei de Regulamentação, no caso de uma fiscalização do Ministério do Trabalho e Emprego, a empresa pode até vir a ser autuada. Tais denominações continuam sendo utilizadas em muitas organizações, cujos processos de recrutamento não seguem as orientações legais, mesmo que a lei de regulamentação tenha sido promulgada em 1985, ou seja, há vinte e oito anos.

Outro aspecto que deve ter influenciado a preferência pelos nomes "assistente" "assessor" é a comparação com as nomenclaturas utilizadas nos EUA e em alguns países da Europa e Ásia. A realidade de todos esses países, na área de formação específica, é muito diferente da realidade brasileira. No exterior, a capacitação dos profissionais está mais voltada a cursos técnicos, de atualização e reciclagem. Nesses países, a profissão sequer está regulamentada, nem está organizada em Sindicatos e Federação.

Panorama Internacional

O processo de globalização da nossa profissão é precursor ao período oficialmente conhecido como tal. A realização de eventos internacionais já ocorria no início da década de 90, o que possibilitou um intercâmbio muito rico com outras entidades da categoria, bem como traçar um paralelo entre os pontos convergentes e divergentes.

A convergência foi identificada no perfil profissional e nas suas atribuições. As diferenças básicas estão nos cursos de formação, na regulamentação da profissão e na organização da classe.

A história da profissão em cada país explica a utilização de uma ou outra nomenclatura. Verificamos também que algumas entidades

Excelência no Secretariado

abrigam vários profissionais que atuam na área administrativa, o que permite o uso de diferentes denominações.

Estados Unidos da América

O relacionamento com os Estados Unidos da América tem sido mais frequente, considerando que por vários anos, profissionais de secretariado do Brasil participam do evento anual organizado pela IAAP – International Association of Administrative Professionals – Associação Internacional de Profissionais Administrativos. O Brasil também já teve a honra de receber a presidente dessa entidade no primeiro evento internacional, que foi realizado em Manaus na década de 90.

A despeito das profissionais americanas terem um bom nível de instrução, não há no país nenhum curso de Graduação. Porém, existe uma certificação muito valorizada, denominada CAP – Certificate Of Administrative Professional, que é obtida mediante um exame que exige domínio de amplos conhecimentos, em várias áreas da empresa. O CAP poderia ser comparado a um MBA ou curso de especialização no Brasil, sem, no entanto, o pré-requisito do curso de Graduação.

A Associação Americana – IAAP – representa vários profissionais administrativos, além do profissional em secretariado. Como a denominação *Administrative Professionals* por ser mais ampla, é mais adequada à representatividade proposta pela entidade naquele país.

Em 2011, a entidade americana realizou uma pesquisa – IAAP *Benchmarking Survey* - para identificar entre os profissionais representados qual o título que melhor descrevia o trabalho daqueles profissionais.

Compartilhamos os resultados, por considerá-los pertinentes à reflexão proposta:

• *Executive Assistant to the owner/president*	19,7%
• *Executive Assistant to director/senior*	25%
• *Secretary, Administrative Secretary or Executive Secretary*	15,0%
• *Office manager*	6,1%
• *Business administrator*	3,3%
• *Administrative Assistant*	25,3%
• *Coordinator*	5,6%

Como dissemos acima, o relacionamento com a entidade Americana está mais frequente e próximo, tanto que o Sinsesp – Sindicato das Secretárias e Secretários de SP foi credenciado para abrir um capítulo da IAAP no Brasil (IAAP Chapter Brazil). As informações para os profissionais que desejam se associar ao Capítulo estão disponíveis no site da entidade (www.sinsesp.com.br).

América do Sul, Europa, África e Ásia

Os dados sobre a América do Sul, Europa e Ásia foram colhidos junto às entidades representativas da categoria secretarial.

Percebe-se uma semelhança com os Estados Unidos no aspecto da formação, ou seja, não há cursos de graduação e sim cursos técnicos específicos, relacionados com as atividades secretariais.

Entendemos que as denominações das entidades representativas podem atuar como subsídio, pois já sinalizam as possíveis nomenclaturas utilizadas.

Argentina

- Asociación de Asistentes Ejecutivas de Latino América

Espanha

- Asociación del Secretariado Profesional de Madrid

Portugal

- Associação Portuguesa de Profissionais de Secretariado e Assessoria

Austrália

- Australian Institute of Office Professionals

Nova Zelândia

- Association of Administrative Professionals

Esta entidade representa praticamente todas as funções administrativas, bem como os dos profissionais na indústria. Citamos algumas dessas funções: *executive assistants, personal assistants, administrative managers, receptionists, call center operators, school secretaries, accounts staffs*, entre outros.

Moçambique

- Associação de Secretárias de Moçambique

Singapura

- Association of Administrative Professionals

Nosso objetivo não foi apresentar conclusões e sim retratar a realidade nacional e internacional, para que a reflexão e discussão a respeito do nome sejam baseadas em argumentos reais e não apenas posicionamentos e preferências ou inferências pessoais.

Excelência no Secretariado

O assunto não se esgota. Ao contrário, ele abre uma janela para que a reflexão e a pesquisa continuem direcionando a categoria para o consenso.

REFERÊNCIAS

BAPTISTA, Isabel. *Palestra Globalização da Profissão de Secretariado Brasil x Estados Unidos*, proferida no 1º Encontro de Secretariado de Curitiba, em 6.08.13.

BRASIL. Ministério da Educação. *Diretrizes Curriculares do Curso de Secretariado Executivo*. Res.: No. 3, de 23 de junho de 2005.

BRASIL, *Lei nº 9.394, Lei de Diretrizes e Bases da Educação Nacional. Estabelece as diretrizes e bases da educação nacional*, de 20 de dezembro de 1996.

Sites consultados

Disponível em: <http://www.aapnz.org.nz>. Acesso em: 03 de ago. de 2013.

Disponível em: <http://www.desecretarias.com>. Acesso em: 03 de ago. de 2013.

Disponível em: <http://www.fenassec.com.br>. Acesso em: 30 de jul. de 2013.

Disponível em: <http://www.sapes.org.sq>. Acesso em: 03 de ago. de 2013.

Disponível em: <http://www.sinsesp.com.br>. Acesso em: 30 de jul. de 2013.

4

A pós-graduação *lato* e *stricto sensu* para o secretariado: Parâmetros para definições e criações de linhas de pesquisas

O tempo leva a mudanças e ajustes de todos os setores. Nesse sentido, a comunidade acadêmica envolvida com o secretariado vem discutindo a criação de programas de pós-graduação *lato* (especialização) e *stricto sensu* (mestrado e doutorado) com base no aumento de oferta de cursos de graduação e no crescente número de alunos a procurar a universidade para se formar numa profissão cada vez mais valorizada

Cibele Martins & Luiz Genghini

Cibele Martins & Luiz Genghini

Cibele Martins
Doutora em Administração pelo Programa de Mestrado e Doutorado em Administração da Universidade Nove de Julho (2013). Mestre em Administração pelo mesmo programa (2004). Especialista em Qualidade nas Organizações (Lato-sensu), graduada em Administração pela Universidade Nove de Julho (2002) e em Secretariado Executivo pela Universidade São Judas Tadeu (1997). É editora da Revista Científica Gestão e Secretariado.

Contato
cibelebm@uol.com.br

Luiz Genghini
Mestre em Administração pela Universidade Guarulhos (2001). Graduação em Administração de Empresas pela Universidade São Judas Tadeu (1989). Graduação em CEETEC Esquema I pela Faculdade de Educação Campos Salles (1983). Graduação em Direito pelo Centro Universitário das Faculdades Metropolitanas Unidas (1980). Atualmente é sócio, psicopedagogo e consultor organizacional pela MENTOR - Orientação Psicopedagógica Ltda. e professor da Universidade Paulista. Tem experiência na área de Administração, com ênfase em Exportação, vendas, gestão e terceiro setor.

Contato
lagenghini@hotmail.com

Pós-graduação Lato e Stricto Sensu para o secretariado

O crescente número de alunos que procuram cursos na área de graduação em secretariado tem impulsionado a criação de especializações. Entretanto, antes é preciso adequar a ideia às condições formais, observando-se o marco legal e confirmando-se a necessidade de criação de linhas de pesquisas específicas, para o aprofundamento do conhecimento na área secretarial, que devem estar em concordância com as regras acadêmicas e com as demandas do mercado de trabalho.

O estabelecimento de linhas de pesquisa pressupõe consolidar os resultados na formação dos cursos de pós-graduação, com vistas à formação de recursos humanos altamente qualificados que irão elaborar modelos teóricos de desenvolvimento da profissão e atuarão como multiplicadores no interior das organizações, em consultorias ou como professores.

O momento é oportuno e o cenário propício para tais discussões, porque a pesquisa científica brasileira vem conquistando reconhecimento internacional. A Academia Brasileira de Ciências (2011 s/p) informou que as pesquisas científicas brasileiras vêm se destacando em comparação com outros países e prevê que em poucos anos ela passará as da França e do Japão. A oportunidade se estende ao secretariado porque após o reconhecimento da profissão em 1985 registrou-se crescimento na oferta de cursos, aumentado o número de profissionais legalizados.

Os pesquisadores, professores, coordenadores e alunos envolvidos com os cursos de secretariado passaram a dispor de espaços para discutir a necessidade de criar linhas de pesquisas, fortalecer a produção acadêmica e a formação de recursos humanos qualificados por meio dos eventos, como as discussões promovidas nos Encontros Nacionais de Secretariado – ENASECs abrindo oportunidades para discutir a possibilidade de criação de uma Sociedade de Pesquisa, com a participação de acadêmicos de todo o país.

De tais encontros periódicos, que discutem as realizações da profissão e os cursos de formação, começam a surgir as primeiras iniciativas de aprofundamento nas áreas de formação e de pesquisas, que servem de subsídios para agregar volume suficiente de provocações que chame a atenção das instituições, a fim de que passem a incluir em suas linhas de pesquisas algum curso dedicado exclusivamente aos interessados na profissão e na formação secretarial.

Nesse contexto, verifica-se que as universidades ainda oferecem poucos cursos de pós-graduação *lato sensu* na área de secretariado e

Excelência no Secretariado

a maioria está concentrada no estado de São Paulo, com forte tendência de cursos focados na formação em Assessoria Executiva, uma das competências profissionais estabelecidas na lei de regulamentação da profissão, (Lei 7377, art. 4º, inciso II), deixando em aberto uma lacuna que engloba a maioria das competências profissionais do escopo da profissão. Conforme o Sindicato das Secretárias do Estado de São Paulo – SINSESP, em todo o estado estão disponíveis sete cursos de pós-graduação lato sensu, sendo três na capital paulistana, três no interior e um a distância. Entre os nomes dos cursos, a "assessoria" está presente em seis. (SINSESP, 2011).

Relativamente aos cursos *stricto sensu*, não se registra a oferta de nenhum. Um dos motivos aparentes é o fato de ainda não possuir pessoas com a qualificação suficiente da área, para compor o quadro de professores. No entanto, a quantidade de profissionais em exercício, a oferta plena de cursos de formação e o surgimento de profissionais da área portando diplomas de mestrado e de doutorado, reforça a necessidade de explorar a situação e chamar à discussão a comunidade acadêmica e os interessados, para que possam desfrutar da oportunidade de atuar como pesquisadores em secretariado, como uma disciplina independente.

Oportunidade de Pesquisa Acadêmica

Reunidos os interessados, estes devem trabalhar em conjunto para o estabelecimento de uma Linha de Pesquisa devidamente parametrizada, com as determinações acadêmicas e as necessidades do mercado, buscando inovação e criatividade. Modelos de cursos de pós-graduações *lato* e *stricto sensu* poderão ser apresentados às universidades que irão formatá-los e oferecê-los à sociedade.

Recomenda-se o estabelecimento de parâmetros da pesquisa acadêmica a partir da LDB (Lei de Diretrizes Básicas), Lei nº 9.394, de 20/12/1996, art. 9º, inciso VII, que determina ser de competência da União "baixar normas gerais sobre cursos de graduação e pós-graduação", enquanto o art. 44, inciso III, determina que a "educação superior abrangerá cursos de pós-graduação, compreendendo programas de mestrado e doutorado, cursos de especialização, aperfeiçoamento e outros, abertos a candidatos diplomados em cursos de graduação e que atendam às exigências das instituições de ensino".

Para introduzir os alunos no universo da produção acadêmica, o legislador instituiu a iniciação científica (art. 84 da LDB), por intermédio da monitoria, prevendo que "Os discentes da educação superior poderão ser aproveitados em tarefas de ensino e pesquisa pelas respecti-

Cibele Martins & Luiz Genghini

vas instituições, exercendo funções de monitoria, de acordo com seu rendimento e seu plano de estudos". Porém, as universidades não têm explorado adequadamente a oportunidade, provavelmente, por falta de interesse em investir ou por falta de arrojo dos alunos que ainda não foram sensibilizados ou porque se dividem entre trabalho e estudo, restando pouco tempo para outras atividades, como as de iniciação à pesquisa que demandam tempo e dedicação.

Resolvidas as fragilidades ligadas ao interesse institucional e à motivação dos estudantes, a oportunidade de desenvolvimento de pesquisas é amparada pelo artigo 2º, § 2º, das Diretrizes Curriculares Nacionais (DCNs) do curso de Secretariado/2005 que determina as linhas de formação específicas que poderão ser adotadas nos projetos pedagógicos dos cursos, incluindo as diversas áreas relacionadas com as atividades gerenciais, de assessoramento, de empreendedorismo e de consultoria.

Estrutura institucional para criação de Linhas de Pesquisas nas Instituições de Ensino Superior – IES

As IES voltam suas atividades para o tripé composto pela pesquisa, ensino e extensão, conforme seus planejamentos estratégicos divulgados no Projeto de Desenvolvimento Institucional – PDI, o Projeto Pedagógico Institucional – PPI e nos Projetos Pedagógicos dos Cursos – PPC, materializados nos Planos de Ensino de cada Disciplina e nos Planos de Aulas.

Nos planejamentos estratégicos das IES são definidas as áreas de interesses de pesquisas a serem seguidas pelos grupos denominados Núcleos de Pesquisas, responsáveis pelo desenvolvimento das atividades de investigação científica. O estabelecimento de linhas de pesquisas determina os temas e projetos que serão desenvolvidos pelos alunos sob a orientação de um professor orientador que possua a titulação e experiência necessárias para ajudar o aluno na realização de seu trabalho.

Os Projetos de Pesquisas devem ser vinculados aos cursos possibilitando o desenvolvimento de centros de excelência nas diversas áreas ou sub-áreas do conhecimento, assim como o é no secretariado. Desse modo, o projeto deve ser desenvolvido cuidadosamente antes de apresentá-lo ou de se lançar na pesquisa.

As discussões sobre a criação de linhas de pesquisas devem considerar os parâmetros estabelecidos nos programas de pós-graduação, formatados em conjunto com os seus pesquisadores.

Vale dizer que a linha de pesquisa é um recorte da área de concentração de um programa de pós-graduação. Ela é definida como um domínio ou núcleo temático da atividade de pesquisa do programa e expressa a

Excelência no Secretariado

especificidade de produção de conhecimento. Para tanto, o corpo docente deve ser capaz de sustentar a linha de pesquisa e deve desenvolver projetos alinhados. Além disso, observa-se que o uso de linhas de pesquisa é fundamental para organizar a estrutura de pesquisa de um programa de pós-graduação *stricto sensu*, pois ela permite aglutinar os professores conforme os temas das pesquisas que eles desenvolvem.

É com essa perspectiva que a área de Secretariado vem abrindo discussões sobre a temática a fim estimular oportunidades para o desenvolvimento de linhas de pesquisas para os cursos de pós-graduação *stricto sensu* que possam contribuir para a especialização de profissionais da área e a indicação de outras atividades que poderão ser incorporadas pela profissão.

Por sua vez, a IES que desejar oferecer cursos de *lato* e *stricto* sensu na área secretarial, deve incluir a pesquisa em seu planejamento estratégico, a fim de alocar os recursos que serão necessários ao desenvolvimento e manutenção dos projetos de pesquisa, para depois estruturar os departamentos e designar os profissionais que serão os encarregados da materialização do projeto por intermédio da criação dos cursos e da instituição das linhas de pesquisa.

Conforme Martins, et al. (2011), após estabelecidas as linhas de pesquisa, são definidos os critérios de seleção dos alunos que irão ingressar nos programas de pós-graduação e a forma que cumprirão as obrigações acadêmicas, até chegarem ao resultado final, com a apresentação de suas dissertações, teses e artigos, como forma de contribuição ao ambiente acadêmico e ao ambiente profissional que deverão se beneficiar das inovações e descobertas produzidas pelas pesquisas.

Ao focar a discussão sobre os cursos de pós-graduação *stricto sensu* em secretariado, observa-se que antes de tudo é necessário pensar em: a) quais são as áreas de interesse e de conhecimento para o desenvolvimento de pesquisas na área de secretariado?; b) os resultados das pesquisas devem ser de interesse acadêmico, social, profissional e aplicável ao mercado?; c) os aspectos regionais e culturais relacionados ao entorno e à área de influência da IES devem ser considerados?

Entretanto, essas observações devem estar relacionadas à estratégia de desenvolvimento de pesquisas da IES, para que toda a estrutura da instituição possa ser direcionada para essa finalidade, uma vez que o reconhecimento da pesquisa deve ser coletivo e articulado institucionalmente.

As considerações realizadas em todo o texto foram baseadas em pesquisas documentais por meio da leitura dos manuais, legislação e textos pertinentes à temática a fim de confirmar a oportunidade de inclusão do tema dentre os objetos de interesse de pesquisa e

Cibele Martins & Luiz Genghini

de aprofundamento do entendimento científico do fenômeno nas universidades, tendo verificado ser oportuno e viável, conclui-se que o cenário contribui sobremaneira para a continuidade e aprofundamento das discussões sobre a criação de linhas de pesquisas e cursos de pós-graduação *stricto sensu* para a formação de recursos humanos na área secretarial.

Verifica-se que as pessoas envolvidas com as instituições e a área de secretariado deverão encarar e se envolver com as mudanças, fazendo parte do processo, contribuindo e demonstrando a necessidade de aprofundamento dos conhecimentos na área.

O fortalecimento e a criação das linhas de pesquisas e a criação de cursos *stricto sensu* na área de Secretariado Executivo, são necessários e impõem que as pesquisas e estudos desenvolvidos pelos pesquisadores dos cursos existentes estejam em linha com as formações específicas determinadas nas Diretrizes Curriculares Nacionais.

Tais considerações poderão contribuir para a formação, sustentação, manutenção, desenvolvimento, reconhecimento, consolidação de linhas de pesquisas, e, possivelmente, o estabelecimento de programas de mestrado dedicados aos estudos da área do Secretariado, criando-se, imediatamente, oportunidades para o grupo de pesquisadores e profissionais interessados em investir na carreira, a partir dos bancos escolares.

REFERÊNCIAS

Academia Brasileira de Ciências. *Acadêmicos comentam relatório da Royal Society Britânico.* O Globo, 30/3/2011. Disponível em: <http://www.abc.org.br/article.php3?id_article=1105>. Acesso em: 30 de jul. de 2011.

BRASIL. MEC. Diretrizes Curriculares do Curso de Secretariado Executivo. Res.: 3, de 23/07/2005.

Lei 7.377, de 30 de setembro de 1985. Diário Oficial União, Brasília, 1 out. 1985. Disponível em: <http://www.planalto.gov.br/ccivil_03/leis/L7377consol.htm>. Acesso em: 19 de mar. de 2013.

Lei 9.394, de 20 de dezembro de 1996. Lei de Diretrizes e Bases da Educação Nacional.

MARTINS, C. B.; Genghini, L. A.; MACCARI, E. A., GENGHINI, E. B. *Parâmetros para definições de linhas de pesquisas.* In: Pesquisa em Secretariado. DURANTE, D. G. (Org). Passo Fundo: Universidade Passo Fundo, 2012. pp. 134-145.

SINSESP. *Cursos pós-graduação em Secretariado.* Disponível em: <http://www.sinsesp.com.br/secretariasos/cursos-pos-graduacao>. Acesso em: 29 de jul. de 2011.

Excelência no Secretariado

5

A pesquisa na área de secretariado

Podemos considerar que a pesquisa no secretariado é algo novo para professores e pesquisadores envolvidos e, principalmente, para alunos e para profissionais da área, especialmente, se levarmos em consideração que, até 2008, as publicações eram focadas na atuação profissional, sem a preocupação de reconhecer o secretariado como área de conhecimento, com especificidades da área

Cibele Martins & Marilena Zanon

Cibele Martins & Marilena Zanon

Cibele Martins
Doutora em Administração pelo Programa de Mestrado e Doutorado em Administração da Universidade Nove de Julho (2013). Mestre em Administração pelo mesmo programa (2004). Especialista em Qualidade nas Organizações (Lato-sensu), graduada em Administração pela Universidade Nove de Julho (2002) e em Secretariado Executivo pela Universidade São Judas Tadeu (1997). É editora da Revista Científica Gestão e Secretariado.

Contato
cibelebm@uol.com.br

Marilena Zanon
Doutora e Mestre em Língua Portuguesa, pela Pontifícia Universidade Católica de São Paulo (PUC-SP). Professora do Departamento de Português da Faculdade de Filosofia, Comunicação, Letras e Arte da PUC-SP. Coordenadora do Curso Superior de Tecnologia em Secretariado, PUC-SP. Autora de artigos da Coleção História Entrelaçada, do Instituto de Pesquisas Linguísticas Sedes Sapientiae para Estudos do Português, da PUC-SP. Membro do Grupo de Trabalho de Historiografia Linguística. Conselheira do SINSESP Sindicato das Secretárias e Secretários do Estado de São Paulo (2012-2016).

Contato
marilenazanon@uol.com.br

Cibele Martins & Marilena Zanon

A lacuna preenchida

Assim, o ano de 2008 foi considerado marco histórico, em que o Ministério da Educação, representado pelo Instituto Nacional de Estudos e Pesquisas Educacionais, Anísio Teixeira-INEP, abriu chamada pública, em que consultou a sociedade sobre a continuidade da formação superior na área de secretariado, com a alegação de que, após pesquisas realizadas pelo órgão, verificou-se que o secretariado não possuía produções, nem documento-padrão que deixasse claro para a sociedade e órgãos fiscalizadores da educação superior, qual a formação que os cursos de secretariado ofereciam aos seus discentes e quais as produções publicadas pelo corpo docente, desses cursos.

Foi nesse momento que os professores, pesquisadores e órgãos representantes da profissão solicitaram, em conjunto, audiência com o superintendente do INEP, para informar que a profissão é regulamentada, bem como responder aos questionamentos que, no resultado da pesquisa do INEP, não foram atendidos. Ao final da audiência, a consulta pública foi suspensa, e a Federação Nacional das Secretárias e Secretários – FENASSEC se comprometeu a entregar documento pormenorizado, com todas as explicações sobre as especificidades da profissão, bem como abaixo-assinado dos representantes de diversos Estados da Federação.

Além disso, professores e pesquisadores presentes à audiência se conscientizaram e se comprometeram a divulgar os resultados de suas pesquisas científicas para a sociedade e, a partir daquele momento, vivenciou-se, na área de secretariado, modificação de comportamento e postura, diante das publicações científicas, tendo surgido iniciativas de todas as regiões do País, entre elas, a formação do Comitê Estratégico de Educação, naquele mesmo ano, liderada pelo Sindicato dos Secretários e Secretários do Estado de São Paulo-SINSESP, juntamente com as Instituições de Ensino, que ofereciam ou tinham interesse em oferecer o curso de secretariado, técnico, tecnológico ou bacharel, cujo objetivo principal era o de provocar reflexões, acerca da construção de material uniforme para a profissão de secretariado e o estudo de estratégias que propiciassem entrosamento, entre as universidades que ofereciam o curso de Secretariado. Foco do comitê quanto às instituições: favorecer o inter-relacionamento entre professores e coordenadores, unificar competências, desenvolver e reconhecer habilidades, instrumentalizar professores com assuntos atuais e inovadores, com foco na interdisciplinaridade. Foco do comitê quanto ao sindicato: representar e cuidar da comunicação entre

Excelência no Secretariado

as instituições, favorecer a propagação de conteúdos, contribuir para a capacitação de professores e divulgar a ação para o mercado de trabalho. É preciso ressaltar a falta de interesse, por parte de professores de outras áreas, que atuam no secretariado, no sentido de agregá-los à realidade do curso. Isso exige intenso trabalho dos coordenadores, nas universidades e instituições de ensino.

Com os trabalhos desenvolvidos pelo Comitê Estratégico de Educação, até o momento, contabilizam-se, aproximadamente, quatro *workshops*, oito cursos, um fórum e três palestras para professores que ministram aulas nas diversas disciplinas dos cursos de secretariado. Com o objetivo de contribuir para a produção acadêmica, promoveram-se dois concursos, em 2011 e 2012, com premiação aos melhores trabalhos.

A maior contribuição desenvolvida pelo Comitê Estratégico de Educação para a pesquisa foi a criação da Revista Gestão e Secretariado – GeSec, em 2010, e que já conquistou o reconhecimento da sociedade, com a pontuação no *Ranking* do sistema *Qualis*, da Coordenação de Aperfeiçoamento de Pessoal de Nível Superior - CAPES, com o extrato de B2, em 2013.

A Revista GeSec tem duas edições anuais, com oito artigos cada, ou seja, desde 2010, são publicados, anualmente, dezesseis artigos científicos, de pesquisadores de todo o Brasil.

Além das iniciativas do SINSESP, ressalte-se a mobilização dos professores do Estado do Paraná, especificamente da Universidade Estadual do Oeste do Paraná-UNIOESTE, *campus* Toledo-PR, que promoveu em 2011 o *Encontro Nacional de Estudantes de Secretariado* com a apresentação de artigos e resultados das pesquisas de professores e alunos, de várias instituições de ensino, bem como promovidos debates e apresentações de temas relevantes para a formação e evolução da profissão de secretariado.

Entre os debates, destacamos como mais importante a discussão sobre a abertura de uma Sociedade de Pesquisa para a área de Secretariado, entidade essa que se responsabilizaria pelo fortalecimento da pesquisa, junto aos órgãos de fomento, a Sociedade Brasileira de Secretariado – SBSEC. Tal discussão estendeu-se até a segunda edição do evento, na Universidade de Passo Fundo – RS, em 2012, que assim como a primeira edição, foi um espaço aberto para a apresentação de trabalhos, no total de cinquenta e dois completos, além de dezessete resumos expandidos. Foram aprovados, para a publicação nos Anais e apresentação, quarenta trabalhos completos e dezesseis resumos expandidos (DURANTE, 2012), além de palestras e mesas-redondas sobre temas relacionados à profissão e à pesquisa. Esse resultado comprova a evolução da pesquisa conquistada na área.

Relativamente às discussões sobre a criação da Sociedade de Pesquisa em Secretariado, naquela oportunidade, foram lidas e ajustadas, minuta de estatuto, ata de constituição e eleição da diretoria provisória para iniciar os trabalhos de regularização e abertura da sociedade, junto aos órgãos competentes, pelos professores e pesquisadores presentes.

Outra iniciativa promovida por diversas entidades de ensino superior, em âmbito nacional, foi o fortalecimento na divulgação de revistas científicas na área, que conta, atualmente, com cinco, como segue:

Revista de Gestão e Secretariado-GESEC – www.revistagesec.org.br
Revista Expectativa - http://e-revista.unioeste.br/index.php/expectativa
Fazu em Revista - http://www.fazu.br/ojs/index.php/fazuemrevista
Secretariado em Revist@ - http://www.upf.br/seer/index.php/ser/index
Capital Cientifico - http://revistas.unicentro.br/index.php/capitalcientifico

A relevância desse relato é o registro do trabalho que vem sendo realizado, ao longo dos últimos anos, em diversas regiões do Brasil, em prol da categoria. O fato é que o aprofundamento da investigação, como área de conhecimento, é fundamental para que o distanciamento, entre universidade e mercado de trabalho diminua. Observa-se, nos cursos de graduação, certa resistência a teorias, por parte do aluno, como se "secretariar" dependesse somente de prática. A experiência docente mostra a necessidade da produção de conhecimentos, principalmente, na área secretarial e constante atualização. Cultivando o hábito de estudar continuamente, pode-se acompanhar as mudanças que acontecem pelo mundo, em ritmo acelerado, bem como conservar posições, em um mercado de trabalho extremamente competitivo.

Por outro lado, as ferramentas tecnológicas atuais contribuem para que parte significativa da população tenha acesso ao imenso universo de dados. Surge então, um impasse: a avalanche de informações impossibilita a utilização do conhecimento e nem garante a relevância ou veracidade da informação. Para Luna (1996, p.14), *"o papel do pesquisador passa a ser o de um intérprete da realidade pesquisada, segundo os instrumentos conferidos pela sua postura teórico-epistemológica. Não se espera, hoje, que ele estabeleça a veracidade de suas constatações. Espera-se, sim, que ele seja capaz de demonstrar – segundo critérios públicos e convincentes*

Excelência no Secretariado

– que o conhecimento que ele produz é fidedigno e relevante teórica e/ ou socialmente". Não há dúvidas de que a atual geração de docentes e pesquisadores, das mais diferentes regiões do Brasil, diretamente envolvida, está se conscientizando da importância de se debruçar em teorias relacionadas com a área de conhecimento do Secretariado se movimentando nessa direção.

Historicamente, "secretariar" foi função considerada secundária. Ao longo do século passado, a inserção da mulher no mercado de trabalho aumentou muito, principalmente, a partir da década de cinquenta. É a partir daí que começa o avanço qualitativo, ainda que tímido. Graças ao envolvimento de colegas que nos antecederam e que abriram caminhos, hoje, Secretariado é *Profissão*.

Voltando ao tema central deste capítulo, Pesquisa em Secretariado, vale ressaltar que ele precisa estar fortemente incorporado no aluno como elemento constitutivo dos cursos de secretariado, principalmente, no nível de graduação. O aluno deve aprender a ler, entender e reproduzir, fielmente, o que lê; tornar-se capaz de buscar informações importantes e coletar dados; relacionar as teorias e os dados empíricos; organizar informações, em vista da resolução de problemas e, finalmente, elaborar relatórios e outros trabalhos pertinentes.

Por ocasião da elaboração do Trabalho de Conclusão de Curso (TCC), o aluno precisa saber delimitar um problema; ter adquirido maior autonomia nos estudos; ser capaz de identificar as várias fontes de informação; relacionar os conteúdos das diversas disciplinas; estabelecer os objetivos do trabalho; escolher a metodologia adequada ao objeto de estudo e elaborar o referencial teórico, de maneira coerente.

Percebe-se, ao longo deste capítulo, que TEORIA norteia nosso tema. Nonato Jr. (2009, p. 28) define bem **o que não é teoria**, ou seja, não é ação, tampouco, prática. É, antes de tudo, estruturação e articulação de pensamento, elaboração de linhas intelectuais, é "um caminho trilhado por algum estudioso para que se analise certa realidade, de acordo com os parâmetros sugeridos".

Bíscoli (2012), define muito bem os fatores que dificultam a prática da pesquisa. Dentre eles, a ausência de linhas de pesquisas, claras e objetivas, além da falta de conhecimento dos interesses profissionais. Estes, a nosso ver, constituem o "calcanhar de Aquiles", no secretariado.

Não chegaremos a lugar algum se não definirmos Linhas de Pesquisas para a nossa área de conhecimento, a exemplo do que ocorre, em quaisquer outros cursos tais como Administração, Economia, Psicologia,

Cibele Martins & Marilena Zanon

Relações Internacionais e que estejam contempladas em seus Projetos Pedagógicos. Essas Linhas de Pesquisas, atreladas à formação específica, nas diversas áreas relacionadas com atividades gerenciais, de assessoria, de empreendedorismo e de consultoria, constante nas *Diretrizes Curriculares Nacionais* para o Curso de graduação em Secretariado Executivo - Resolução do CNE nº 03/2005 (BRASIL, 2005), permitirão a divulgação de pesquisas sérias e consistentes que possibilitem compreender e transformar a realidade da nossa profissão.

Citamos Demo (2000, p.82), que define 'pesquisa' como a reconstrução de conhecimento, "partindo do que já existe e passando para outro patamar com maior ou menor originalidade, mas sempre com um passo à frente. Implica habilidade metodológica mínima em termos de saber montar propostas dotadas de alguma cientificidade, em particular, a capacidade de argumentar".

Que nossos discentes apaixonem-se pelo ato de pesquisar, contribuindo para tão jovem porém inegável nobre área do conhecimento.

REFERÊNCIAS

BÍSCOLI, Fabiana Regina Vesolo. *A evolução do secretariado executivo: caminhos prováveis a partir de avanços da pesquisa científica.* In: Pesquisa em Secretariado: cenários, perspectivas e desafios, Durante, D.G. (org.). Passo Fundo: UPF, 2012.

BRASIL. Ministério da Educação. CNE. Resolução nº 3, de 23 de junho de 2005: Institui as Diretrizes Curriculares Nacionais para o curso de graduação em Secretariado Executivo e dá outras providências. Diário Oficial da União, Brasília, 27 de junho de 2005, Seção 1, p. 79. Disponível em: <http://portal.mec.gov.br/cne/arquivos/pdf/rces003_05.pdf>. Acesso em: 30 de jun. de 2013.

DEMO, Pedro. *Metodologia do conhecimento científico.* São Paulo: Atlas, 2000.

DURANTE, Daniela Giareta. *A evolução da profissão secretarial por meio da pesquisa.* In: Pesquisa em Secretariado. DURANTE, D. G. (Org). Passo Fundo: Universidade Passo Fundo, 2012.

FENASSEC-Federação Nacional das Secretárias e Secretários. *Artigos Científicos e debates profissionais em Secretariado.* Disponível em: <www.fenassec.com.br>. Acesso em: 30 de jun. de 2013.

LUNA, Sérgio. *Planejamento de Pesquisa: uma introdução.* São Paulo: Educ, 1996.

NONATO JÚNIOR, Raimundo. *Epistemologia e teoria do conhecimento em Secretariado Executivo.* Fortaleza: Expressão Gráfica, 2009.

SINSESP-Sindicato das Secretárias e Secretários do Estado de São Paulo. *Artigos sobre a área de Secretariado.* Disponível em: <www.sinsesp.com.br>.

Excelência no Secretariado

6

O tecnólogo em secretariado em debate

As múltiplas denominações de cursos ofertados na Área Secretarial induzem a interpretações equivocadas. Daí, faz-se necessária a correta interpretação da Lei de Regulamentação da Profissão e o desenho dos Projetos Pedagógicos para entender-se os cursos ofertados no nível superior

Diana Pegorini & Mara Vilas-Boas

Diana Pegorini & Mara Vilas-Boas

Diana Pegorini

Graduada em Secretariado Executivo pela PUCPR (1994) e licenciada em Língua Inglesa pelo CEFET/PR (2001). Especialista em Metodologias Inovadoras na Ação Docente pela PUC/PR e em Formação para professores e tutores em EAD pela UFPR. Mestre em Educação pela PUCPR (2008). Atuou como coordenadora e professora do Tecnólogo em Secretariado em EaD, do curso de MBS em Secretariado Executivo e do MBA em Assessoria Executiva. Professora do IFPR e da PUCPR. Acadêmica do curso de Pedagogia.

Contato
diana.Pegorini@ifpr.edu.br

Mara Vilas-Boas

Bacharel em Secretariado Executivo, licenciada em Letras Português-Inglês (PUCPR). Especialista em Didática do Ensino Superior (PUCPR) e Desenvolvimento Pessoal e Familiar (UEPG/La Sabana), e em Formação de Docentes e Tutores Acadêmicos em EAD (UNINTER). Mestre em Educação (PUCPR). Atuou como coordenadora e professora em cursos técnicos e superiores na área de Secretariado, presencial e a distância. Docente do IFPR - Instituto Federal de Educação, Ciência e Tecnologia do Paraná desde 2010.

Contatos
www.jbbiso.com.br / contato@jbbiso.com.br / mara.vilasboas@ifpr.edu.br
(19) 3651-2915 / (19) 98288-3832

Diana Pegorini & Mara Vilas-Boas

O Curso de Tecnologia em Secretariado no Brasil: presencial e a distância

Para se poder falar de cursos de tecnologia em Secretariado, faz-se necessário recorrer às bases de dados do Governo. Nessa análise, surge já uma primeira questão que há muito requer atenção por parte da academia de Secretariado e demais órgãos representantes de classe: a da nomenclatura dos cursos de Secretariado e a forma como esses vêm sendo grafados e registrados nos órgãos públicos responsáveis, ao longo desses anos, resultando em uma variedade de títulos e nomenclaturas, o que não contribui para o fortalecimento e imagem da profissão. Explica-se: o levantamento a seguir foi feito com base em plataforma do Ministério da Educação, *E-MEC*, na relação de Instituições de Educação Superior e Cursos Cadastrados, por se entender que tal base representa fidedignamente o que se tem concretamente em termos de cursos de Secretariado no Brasil, em nível superior.

A presente pesquisa, feita a partir dos cursos ofertados na modalidade presencial, identificou três tipos de nomenclaturas distintas para o curso: Secretariado, Secretariado Executivo, e Secretariado Executivo Bilíngue. E, na pesquisa feita nos cursos ofertados em ambas as modalidades, a distância e presencial, identificaram-se quatro tipos de nomenclaturas: Secretariado, Secretariado Executivo, Secretariado Executivo Bilíngue, e Secretariado Escolar.

Sabe-se que, a partir da Lei 7377/85, em seu Art. 2º, temos que: "[...] é considerado: Secretário-Executivo o profissional diplomado no Brasil por Curso Superior de Secretariado, reconhecido na forma da lei, ou diplomado no exterior por curso superior de Secretariado, cujo diploma seja revalidado no Brasil, na forma da lei;" e em seu inciso II: "Técnico em Secretariado o profissional portador de certificado de conclusão de curso de Secretariado, em nível de 2º grau."

Como se constata, o Secretário Executivo será todo aquele que tiver curso superior em Secretariado Executivo. Entendemos, a despeito de haver uma preocupação dos órgãos representativos da categoria de atualizar o texto da lei, que essa já dá guarida aos cursos de tecnologia quando fala em cursos superiores (cursos de tecnologia são cursos de graduação da mesma forma que bacharelados, portanto, de nível superior). Posto isso, as nomenclaturas possíveis são apenas duas para o superior: 1) Bacharel em Secretariado Executivo, e 2) Tecnólogo em Secretariado (sem a palavra Executivo, e respeitando legislação específica para a criação de cursos de Tecnologia no Brasil). Para os egressos de cursos técnicos, de acordo com

Excelência no Secretariado

a lei específica, temos Técnico em Secretariado.

E, sobre a extensão "bilíngue" ou "trilíngue", fazemos as considerações que seguem. Primeiramente, lembramos novamente o texto da lei de regulamentação da profissão, que em seu Art. 4º, diz que "São atribuições do Secretário Executivo: (...) IV - redação de textos profissionais especializados, inclusive em idioma estrangeiro; (...) VII - versão e tradução em idioma estrangeiro, para atender às necessidades de comunicação da empresa."

Ora, quando falamos em cursos, sejam de nível superior ou técnico, falamos em Projetos Pedagógicos de Curso – PPC. Ao concebermos esses PPCs devemos levar em conta a interpretação correta do texto da lei que cria, regulamenta, e dá origem às suas diretrizes curriculares nacionais, neste caso, para os cursos de Bacharelado em Secretariado Executivo trata-se da Resolução n.o 3, de 23/06/05, em cujo Art.5.o, Inciso II, dispõe sobre: "(...) o domínio de, pelo menos, uma língua estrangeira e do aprofundamento da língua nacional." Se assim dispõe o texto legal, texto esse balizador e que dá amparo à criação de cursos de Bacharelado em Secretariado Executivo, inferimos que a oferta de uma língua estrangeira é inerente e obrigatória nos currículos, não cabendo a redundância em suas denominações como bilíngues e trilíngues; importante registrar que a língua portuguesa é contada como sendo o 1.o idioma a ser "dominado", e depois um estrangeiro.

Obviamente que se permite alguma flexibilidade na concepção desses PPCs em função das demandas e peculiaridades locais (tratadas nos respectivos Planos de Desenvolvimento Institucional - PDIs). Tanto é fato que a mesma Resolução nº 3 traz em seu Art.2.o, §2.o: "Os projetos pedagógicos do curso de graduação em Secretariado Executivo poderão admitir linhas de formação específicas, (...) para melhor atender às necessidades do perfil profissiográfico que o mercado ou a região exigirem." Mas, atenção, o texto fala em linhas de formação específicas e não novas denominações. Essas linhas deverão ser compostas e organizadas no âmbito do currículo e ementário do projeto pedagógico do curso – PPC.

Após essas considerações, e voltando para a base de dados no MEC, percebemos que o acima exposto explica em parte a existência de nomes tão distintos, e os equívocos no registro das denominações dos cursos na área de Tecnologia em Secretariado, e Bacharelado em Secretariado Executivo, promovendo um erro recorrente inclusive junto aos órgãos oficiais como se pôde constatar.

Nos registros dos cursos de Secretariado percebemos que a incidência dos cursos chamados Secretariado e Secretaria Escolar são

Diana Pegorini & Mara Vilas-Boas

na verdade cursos técnicos. O porquê de constarem da base de dados de cursos superiores explica-se parte por alguns serem cursos de Tecnologia, presencial e a distância, e assim denotar um registro correto. Porém, outros são cursos técnicos ofertados por Institutos Federais, por exemplo, que apesar de serem também instituições de ensino superior, oferecem, em sua maioria, cursos Técnicos em Secretariado, na modalidade presencial.

Com relação à inserção, no país, dos cursos de tecnologia em Secretariado, presencial ou a distância, e considerando o problema com as diferentes e inadequadas nomenclaturas, arrisca-se um parecer de que os cursos de Tecnologia em Secretariado, modalidade presencial, estão em um número inexpressivo; isso se justifica na medida em que há, também, para essa modalidade, a opção da denominação "Bacharelado em Secretariado Executivo". Na modalidade a distância, os números passam a ser bem mais expressivos, e considerando-se a nomenclatura. Percebemos que os cursos de Tecnologia em Secretariado têm uma ramificação acima da média nas regiões sul, sudeste e centro-oeste (em torno de, em média, 40% dos cursos ministrados no formato EAD). Esse número diminui consideravelmente na região nordeste, com exceção para três estados que apresentam média em torno de 15% dos cursos ministrados no formato EAD. E, para a região norte, os números voltam a subir para os cursos de Secretariado, os quais passam a ocupar, em média, 40% do total de cursos ofertados no formato EAD.

Origem da Educação a Distância

Você deve estar se perguntando: como surgiu a educação a distância? É uma pergunta importante e instigadora. Vamos iniciar falando dos motivos.

De fato, há inúmeros motivos que propiciaram o surgimento da educação a distância. Segundo Aretio (1996) há cinco bons motivos. O primeiro motivo é de ordem cultural e está relacionado com a educação permanente. Aretio (1996) argumenta que o ensino de hoje não consegue responder às demandas da educação.

O segundo motivo é de ordem sociopolítica advinda do aumento exponencial da demanda social da educação por meio da democratização da mesma. A educação agora deve atender às camadas desassistidas, como por exemplo, moradores de cidades distantes de centros urbanos.

O terceiro motivo é o de ordem econômica. Não há como negar o valor expressivo cobrado pelas instituições de ensino particular.

Excelência no Secretariado

No ensino público, apesar dos esforços federais por meio do aumento das vagas ofertadas nos cursos superiores, o acesso ainda é limitado, o que contrasta com a baixa procura por cursos técnicos e tecnólogos. No Instituto Federal do Paraná - IFPR[1] é frequente a sobra de vagas no curso Técnico em Secretariado, na modalidade presencial, por exemplo.

O quarto motivo é o aspecto pedagógico. A educação a distância possibilita flexibilizar a rígida formação convencional: tempo, espaço, trabalho independente e colaborativo, aprendizagem pessoal, reflexiva e significativa, sistemas educativos inovadores, podem ser pensados e postos em prática aqui.

O quinto motivo é o aspecto tecnológico. Não há dúvida que os recursos tecnológicos podem contribuir enormemente para a educação a distância. Os materiais são mais atrativos dos que os usados na modalidade presencial.

Você poderá concluir com isso que, com os recursos tecnológicos, não é necessário o grupo se encontrar diariamente. Afinal, é possível utilizar outros recursos para que a interação entre os membros do grupo aconteça. O grupo apenas irá se reunir quando for realmente importante e significativa a atividade que irão realizar, podendo, inclusive, retomar seus estudos a qualquer hora e lugar. A isso dá-se o nome de formação continuada e permanente.

Para que se entenda a formação continuada e permanente necessitamos apresentar como está organizada a educação no Brasil.

Formação no Brasil

Educação Básica composta pela educação infantil, ensino fundamental e ensino médio.	O ensino médio pode ser ofertado/cursado por meio do ensino médio integrado, ou seja, o ensino médio junto com um curso técnico. Neste caso, o curso terá a duração de 4 anos.
Ensino subsequente também chamado de curso técnico e/ou profissionalizante.	O aluno deverá ter concluído o ensino médio obrigatoriamente. É a partir da formação técnica em nível médio que se inicia a necessidade de formação continuada e permanente.
Ensino Superior: bacharelados, licenciaturas e os tecnólogos.	Os cursos de licenciatura são voltados para a atuação como professor. Os cursos de bacharelado são voltados para o mercado de trabalho e prepara o aluno para atuar em uma área específica. Os cursos tecnólogos são mais curtos que os bacharelados e oferecem uma formação voltada para a prática.
Pós-graduação.	*Lato sensu*: especialização e MBA. *Scricto sensu*: mestrado (acadêmico ou profissional), doutorado e pós-doutorado.

Fonte: elaboração própria.

[1] Os Institutos Federais de Educação, Ciência e Tecnologia foram criados por meio da Lei n° 11.892 em 29/12/2008.

Um futuro presente

Assim, partindo do exposto sobre os cursos de Secretariado, o exposto sobre EAD, e formação continuada e permanente (conforme quadro anterior), vislumbramos toda uma gama de possibilidades de avanços necessários. Afinal, os cursos tradicionais ofertados por instituições de ensino não conseguem suprir essas necessidades e demandas, pois necessitam de tempo para se adequarem a esse novo contexto. Diante desse cenário, as empresas optaram por formar os seus profissionais, ofertando formação continuada e permanente (no contexto empresarial denominada de educação corporativa), com forte ênfase técnica por meio da criação de universidades corporativas.

São exemplos de Universidades Corporativas as faculdades da Indústria Integrada ao Sistema da Federação das Indústrias do Estado do Paraná – FIEP. Na modalidade presencial há cursos de bacharelados, licenciaturas e tecnólogos e a distância os cursos oferecidos são de extensão com curta duração. Aqui, o tecnólogo em secretariado poderá se beneficiar de cursos voltados à mediação de conflitos e aos de gestão ofertados *online*.

Finalmente, percebemos em análise última e particular, que há muito por fazer em Secretariado, e em termos de EAD por esse Brasil afora (ou adentro).

REFERÊNCIAS

ARETIO, Lorenzo García. *La educación a distancia y la Uned*. Madrid: Universidad Nacional de Educación a Distancia, 1996.

BRASIL. LEI n.o 7377/85. Disponível em: <http://www.planalto.gov.br/ccivil_03/leis/L7377.htm>. Acesso em: 27 de ago. de 2013.

BRASIL. Diretrizes Curriculares Nacionais para os Cursos de Secretariado Executivo. Disponível em: <http://portal.mec.gov.br/index.php?option=com_content&view=article&id=12991>. Acesso em: 25 de ago. de 2013.

BRASIL. PARECER Nº CES/CNE 0146/2002. Disponível em: <http://portal.mec.gov.br/cne/arquivos/pdf/CES0146.pdf>. Acesso em: 25 de ago. de 2013.

BRASIL. PARECER Nº CES/CNE 0102/2004. Disponível em: <http://portal.mec.gov.br/cne/arquivos/pdf/CES0102.pdf>. Acesso em: 25 de ago. de 2013.

BRASIL. RESOLUÇÃO Nº 3, DE 23 DE JUNHO DE 2005 (*) (**) (***). Disponível em: <http://portal.mec.gov.br/cne/arquivos/pdf/rces003_05.pdf>. Acesso em: 25 de ago. de 2013.

Excelência no Secretariado

7

O homem e o secretariado

O profissional de secretariado alcançou importante espaço nas organizações com fundamental papel para o sucesso dos executivos e alcance das metas empresariais. São profissionais multifacetados, acumulando funções e inovando na execução das múltiplas tarefas com maestria e qualidade. Diante das evoluções de uma profissão predominantemente feminina, existe espaço para homens atuarem como secretários?

Fernando Camargo

Fernando Camargo

Pós-graduado em Assessoria Executiva. Graduado em Secretariado Executivo Trilíngue. Diretor Adjunto do Sindicato das Secretárias e Secretários do Estado de São Paulo (SINSESP). Secretário Executivo da Diretoria da Concessionária do Aeroporto Internacional de Guarulhos (GRU Airport). Professor do Curso de Secretariado na Faculdade Sumaré e na Escola Técnica Estadual Albert Einstein - ETEC, palestrante e instrutor de cursos no segmento secretarial. Membro do Comitê Estratégico de Educação, do Grupo de Estudos Secretariando do Sindicato das Secretárias e Secretários do Estado de São Paulo (SINSESP) e do International Association of Administrative Professionals (IAAP).

Contato
faguiarcamargo@uol.com.br

Fernando Camargo

Relembrando nosso surgimento

O profissional de secretariado inicia sua história de assessoria com os escribas, *homens* de destacada atuação na Idade Antiga. O escriba dominava a escrita, classificava os arquivos, ora redigia, ora recebia as ordens por escrito e as executava. Tarefas essas ainda executadas pelos profissionais da atualidade. Vale destacar outra característica importante e marcante dos escribas: o assessoramento aos seus superiores na perspectiva de um profissional de confiança, cujo sigilo das informações era crucial para o sucesso do trabalho dos líderes, muita semelhança com os profissionais de secretariado atuais.

Em 1914 e em 1939 a Primeira e a Segunda Guerras Mundiais: dois acontecimentos que mudaram a história da profissão. A posição de assessor que era ocupada pelos homens, aos poucos, começa a ser preenchida pelas mulheres, que vão sendo absorvidas pelo mercado de trabalho dado ao grande número de baixas devido às duas guerras. No Brasil, as mulheres começam a ganhar seu espaço no mercado de trabalho entre 1950 e 1960.

Tivemos então um período em que a profissão é dominada pelas mulheres e muitos avanços e ganhos para a profissão: criação da lei de regulamentação em 1985 (com alterações em 1996), criação do código de ética em 1989 e um número cada vez maior de secretárias em empresas importantes no Brasil. Por volta do ano 2000, os homens timidamente ingressam nos cursos de secretariado e no mercado de trabalho como podemos observar no gráfico abaixo (base de dados do Estado de São Paulo), com informações concedidas pelo SINSESP (Sindicato das Secretárias e Secretários do Estado de São Paulo).

Figura 1

Figura 2

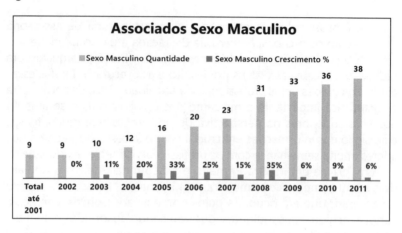

Analisando os gráficos, notamos na figura 1, que representa as mulheres atuantes no secretariado, um crescimento praticamente uniforme com diferença de aproximadamente 2% entre os anos, exceto de 2003 para 2004. Já no caso da figura 2, notamos um número muito pequeno de profissionais, o que faz com que a porcentagem de crescimento não pareça tão significativa em comparação às mulheres, mas é uma grande evolução se analisado isoladamente, afinal em cinco anos (2006 a 2011) o número de homens na profissão, praticamente dobrou. Os homens representavam em 2011 menos de 1% do total de profissionais cadastrados no SINSESP.

Infelizmente existe uma grande dificuldade em colher informações precisas dos homens atuantes no secretariado, pois os dados existentes nos sindicatos são quase que exclusivamente de responsabilidade do profissional ou estudante cadastrado, o que nem sempre permite informações atuais e exatas.

Cenário atual

Vivemos em uma sociedade com algumas características machistas, em que as mulheres ainda não estão em igualdade com os homens, principalmente no que diz respeito aos aspectos profissionais e financeiros.

O fato de a sociedade ainda manter esse traço machista faz com que muitos homens tenham uma ideia errada sobre o secretariado, isso porque a base da profissão está em *servir* a um executivo ou a um grupo de executivos, *servir* no sentido de assessorar, otimizar e facilitar seu trabalho. Ainda encontramos homens que pensam que *servir* é 'coisa de mulher' e generalizam de tal forma que em uma análise superficial tem-se a ideia de que secretariar é algo predominantemente feminino quando na verdade a profissão pode ser exercida por qualquer pessoa formada que reúna as competências, habilidades e atitudes necessárias para tal, independente do gênero.

Secretários

Em 2011, após participar de um grande evento na área de secretariado, encontrar alguns secretários e partilhar das mesmas inquietações e dúvidas, como por exemplo, quantos secretários existem no Brasil, onde esses secretários estão, como podemos nos unir e fortalecer a imagem do homem na profissão, surge a ideia de, através da internet, criar um grupo e reunir o maior número de estudantes e profissionais de secretariado do gênero masculino no Brasil. Hoje, o grupo conta com mais de 120 membros que estão sempre discutindo sobre a profissão, atualização profissional, divulgando vagas de emprego e trocando experiências. O nome do grupo surgiu de uma ideia simples e ao mesmo tempo marcante, afinal a única diferença entre a nomenclatura que diferencia os gêneros masculino e feminino no secretariado é a consoante 'O' do termo secretária(o).

O logo acima foi desenvolvido pelo publicitário Guilherme Aguiar Camargo, que de maneira única e simples soube muito bem representar a presença masculina. Abaixo da letra 'O' temos a representação do terno e gravata, característica indumentária formal masculina.

O próximo passo é formalizar o grupo, promovendo o encontro de todos os membros. A pretensão não é revolucionar, mas sim mostrar de que forma os homens podem agregar à profissão. Quanto maior a exposição dos homens na profissão, maior será o incentivo e a chance de aumentar nossa representatividade e adesão à formação na área e ao ingresso no mercado de trabalho.

Excelência no Secretariado

Formação em secretariado e oportunidades

Um dos fatores do pequeno número de homens atuantes no secretariado é a baixa procura pelo curso de formação, seja no nível técnico, tecnológico ou bacharel. Sou formado em Secretariado Executivo Trilíngue em uma instituição de excelente conceito pelo MEC. A turma iniciou com 43 alunos e apenas este coautor do gênero masculino. Embora o curso já existisse há 7 anos, fui o primeiro homem a graduar em 2007. Na pós-graduação em Assessoria Executiva, situação parecida, 22 pessoas no curso e apenas eu do gênero masculino.

No curso Técnico de Secretariado leciono em uma sala em que dos 33 alunos apenas um é homem. No Bacharel, de meus 56 alunos também apenas um do gênero masculino.

A carreira é bem promissora, e dados provam isso! Em 2012, o Jornal "O Fluminense" publicou que o secretariado executivo é a terceira profissão que mais cresce no mundo, e que de acordo com a Federação Nacional das Secretárias e Secretários, o salário varia entre R$ 1.052,00 e R$ 7.000,00.

Em 2013, mais duas reportagens motivadoras, a Revista Exame publicou em 01/04/2013 uma matéria sobre os profissionais mais felizes nos EUA, e segundo o *CareerBliss*, os profissionais de secretariado ocupam a 8ª posição: "A satisfação de ajudar terceiros pode estar por trás do alto índice de felicidade dos assistentes administrativos. No Brasil, a carreira passou por uma revolução nos últimos anos. Os assistentes executivos devem ter fluência em, no mínimo, dois idiomas, além de diploma de ensino superior". A reportagem da Folha de S. Paulo em 29/05/2013 mostra que o profissional de secretariado está entre os 10 profissionais mais difíceis de serem contratados e 32% dessa dificuldade está relacionada à falta de candidatos.

Oportunidades existem. Financeiramente, a carreira de secretariado é promissora. Cursos técnico, tecnológico ou bacharel são oferecidos. Por que os homens ainda são minoria na profissão? Marcas culturais como traços machistas já citados anteriormente e a dificuldade de inserção no mercado de trabalho são algumas das respostas a essa questão.

Atividades profissionais

O secretariado é considerado uma profissão de multitarefas e multifacetada, devido à rica formação: técnicas secretariais, línguas estrangeiras, administração, economia, marketing, estatística, direito, além das inúmeras tarefas atribuídas. Em cada empresa, cada executivo, cada gestor, recebe uma gama de tarefas desenvolvidas pelos profis-

Fernando Camargo

sionais de secretariado. Além das funções básicas previstas na lei de regulamentação e de acordo com a CBO - Classificação Brasileira de Ocupações os profissionais de secretariado: assessoram os executivos no desempenho de suas funções, atendendo pessoas (cliente externo e interno), gerenciando informações, elaboram documentos, controlam correspondência física e eletrônica, prestam serviços em idioma estrangeiro, organizam eventos e viagens, supervisionam equipes de trabalho, gerem suprimentos, arquivam documentos físicos e eletrônicos auxiliando na execução de suas tarefas administrativas e em reuniões.

Diante do exposto fica uma pergunta, todas essas funções citadas são exclusivamente femininas? A resposta é simples: não. Para comprovar tal afirmação, é possível traçar um paralelo entre todas essas funções citadas e vários cargos em que o gênero masculino atua.

Um Secretário Executivo assessora todos os executivos da empresa, não diferentemente de gerentes que também assessoram os mesmos executivos, claro que em assuntos e níveis diferentes, mas sempre em prol de um objetivo comum, de uma meta estabelecida, sem que as funções e ações se excluam, ao contrário, que se somem e alcancem o proposto.

Todo profissional tem como parte da sua rotina entender as demandas tanto do público interno quanto do público externo. E 'entender' as demandas implica em 'atender' esse público, função essa desempenhada pelos profissionais de secretariado que necessitam transitar bem entre todas as áreas a fim de reunir informações e realizar suas tarefas.

A rotina dos executivos inclui: gerir informações advindas dos diversos profissionais; elaborar os mais diversos documentos, do e-mail à correspondência oficial; apresentar dados aos acionistas além de distribuir as diversas demandas entre sua equipe, quer impressa, quer digitalmente. São funções essas compartilhadas com os profissionais de secretariado, responsáveis por triar, organizar e entregar da melhor forma possível todo tipo de informação aos executivos que atendem.

O profissional de secretariado fala outros idiomas, organiza eventos e viagens, supervisiona equipes de trabalho e, muitas vezes, participa diretamente da tomada de decisão, essas responsabilidades exigem liderança e habilidade para se comunicar com todos os níveis da empresa. Esse profissional, embora esteja sempre nos bastidores, é essencial para que os executivos e a organização atinjam o resultado almejado.

Em resumo, as atividades desempenhadas por um profissional de secretariado não são exclusivamente femininas, mas sim exclusivamente de um profissional bem capacitado e com energia suficiente para realizar tais funções. Sou secretário, amo minha profissão, minhas atividades e minha escolha. Você ainda está em dúvida se existe um gênero ideal para o profissional de secretariado?

Excelência no Secretariado

Como mudar

Algumas profissões, no passado, foram predominantemente masculinas, como a medicina e a engenharia que por diversos fatores ao longo do tempo tiveram uma maior procura das mulheres pelas carreiras devido à falta de profissionais no mercado de trabalho. Outras profissões predominantemente femininas em seu início, como a enfermagem e a fisioterapia foram absorvendo os homens pela maior procura e falta de profissionais na área.

Assim, com o secretariado não será diferente. Porém para que essa mudança cultural aconteça algumas medidas e cuidados são necessários.

Sim, existe resistência do mercado de trabalho por homens atuando como secretários, é importante nos certificarmos se essa marca cultural ocorre apenas por parte das empresas e não dos profissionais aspirantes à carreira secretarial, afinal para mudar a visão masculina, temos que mostrar e enfrentar algumas ocasiões ainda desconfortáveis por conta da baixa participação de homens na profissão.

Empresas e profissionais, às vezes, não têm o cuidado de usar os termos adequados para abranger a totalidade dos profissionais de secretariado, por isso, é sim muito importante que haja persistência pelo uso do termo Profissional de Secretariado, que abrange ambos os gêneros.

É importante que os homens se mostrem para o mundo e participem de palestras, cursos, ações das empresas de sua região e sindicatos, essa é a única maneira de aos poucos, mudarmos a cultura de forma que todos percebam que a profissão de secretariado pode e vai ser exercida por ambos os gêneros.

REFERÊNCIAS

BOND, M. T., OLIVEIRA, M. *Manual do profissional de secretariado*, v. 3: secretário como cogestor. Curitiba: Ibpex, 2009.

DURANTE, D. G., FÁVERO, A. A. *Gestão secretarial: formação e atuação profissional*. Passo Fundo. ed. Universidade de Passo Fundo, 2009.

JUNIOR, R. N. *Epistemologia e Teoria do Conhecimento em Secretariado Executivo: A Fundação das Ciências da Assessoria. Fortaleza.* Expressão Gráfica, 2009.

MEDEIROS, J. B., HERNANDES, S. *Manual da Secretária*. 11. ed. São Paulo: Atlas, 2009.

NEIVA, E. G., D`ELIA, M. E. S. *As novas competências do profissional de Secretariado*. 2. ed. São Paulo: IOB, 2009.

8

O papel das entidades de classe: Dados da história e conquistas atuais

Devemos estar atentos às tendências do mercado de trabalho, ouvir os anseios das Secretárias e Secretários, conscientizarmos que os profissionais precisam ser multifuncionais, qualificados e dinâmicos, mas acima de tudo abertos às mudanças para entendermos os rumos da profissão

Isabel Cristina Baptista & Jô Camargo

Isabel Cristina Baptista & Jô Camargo

Isabel Cristina Baptista
Presidente – gestão 2012/2016 - do SINSESP. Secretária Executiva pela Unitau – Universidade de Taubaté. Pós-graduação em Programação Neurolinguística pela UMC – Universidade de Mogi das Cruzes. Presidente do Develop – Centro de Desenvolvimento Profissional. Editora da Revista Cientifica "Gestão e Secretariado". Conselheira no CONSEMA – Conselho Estadual do Meio Ambiente – biênio 2012/21014. Participou dos eventos EFAM (Educational Forum and Annual Meeting), nos anos 2010, 2011, 2012 e 2013 promovidos pelo IAAP – International Association of Administrative Professionals – nos EUA. Presidente do Capítulo Brazil da IAAP. Idealizadora e gestora do COINS – Congresso Internacional de Secretariado.

Contatos
isabel@sinsesp.com.br / (11) 3662 0241

Jô Camargo
Formada em Pedagogia pela UNINOVE. Pós-graduada em Recursos Humanos e em Marketing pela UNIP. Atuou como Secretária Executiva em empresas Multinacionais e Estatais. Desempenhou durante cinco anos a função de Coordenadora da área Secretarial e de cursos de aperfeiçoamento no SENAC/SP, coordenando eventos como Dicas&Ideias e o Fórum Internacional. Atua como Professora e Coordenadora do Curso de Graduação de Secretariado Executiva da UNIFAI – Centro Universitário.

Contato
jocamargorh@terra.com.br

Isabel Cristina Baptista & Jô Camargo

O ingresso da mulher no mercado de trabalho secretarial fez surgir os movimentos de organização de classe visando à conscientização e ao aprimoramento profissional.

Na década de 60 surge o *Clube das Secretárias* que em 15/12/1970 se transforma em "Associação das Secretárias do Rio de Janeiro" - primeira Associação Civil da categoria.

Em 1976, cria-se a ABES – Associação Brasileira de Entidades de Secretárias – como órgão de representatividade nacional. As Associações Civis de Secretários, em seus 20 anos de existência, tiveram importante papel como precursoras dos Sindicatos Estaduais.

Em 20/09/1977 a Lei nº 1421/77 institui o dia 30 de Setembro como o *Dia Nacional da Secretária*.

Em 1978, temos o *I CONSEC – Congresso Nacional de Secretárias*, com edição bienal intercalado por Seminários de Reciclagem Técnica e em 5/09/1978 é promulgada a Lei nº. 6.556/78, primeiro documento a reconhecer a profissão.

O secretariado

A profissão, que durante anos foi eminentemente feminina, sofreu vícios e preconceitos da sociedade patriarcal e machista com processos de recrutamento pouco profissionais, pautados à boa aparência e à boa datilografia, e que na maioria dos casos ficava a cargo e critério exclusivo do superior imediato. As lutas focavam uma mudança no perfil junto ao mercado de trabalho.

Embora a evolução socioeconômica na década de 80 com um empresariado mais moderno e exigente ainda não havia critérios profissionais para o recrutamento e seleção nem plano de cargos e salários.

Com a quase completa ausência de cursos específicos de formação aliada à falta de regulamentação da profissão, as ingressantes tinham as mais diversas formações e eram atraídas ou por falta de outras opções de trabalho ou por interesses salariais.

1985 - Secretário não é função, é Profissão!

Em 30/09/1985, foi aprovada pelo Presidente José Sarney e pelo então Ministro do Trabalho, Almir Pazzianoto, a Lei 7.377 que regulamentou a profissão.

Nos três anos seguintes, as dirigentes estaduais estudaram a aplicação da lei, pela ótica da categoria e pela do empregador, e redigiram um anteprojeto de lei para sua melhor adequação versando sobre as diferentes nomenclaturas, os cursos de formação profissional que ainda não estavam implantados em todo país, e sobre um período de acomodação para os que já exerciam a profissão.

Excelência no Secretariado

Somente em 10/01/1996 tem-se a Lei Complementar 9.261.

A História de São Paulo – SINSESP – Sindicato das Secretárias e Secretários do Estado de São Paulo

Em 29/04/1987, dá-se o Enquadramento Sindical pela Portaria n° 3.013/87 reconhecendo como categoria profissional diferenciada. Era o marco de mobilização da classe secretarial para a sindicalização. Em 7/12/1987, ocorre a Assembleia de fundação do SINSESP com publicação do ato constitutivo em 29/12/1987, no Diário Oficial da União, e convocação do primeiro processo eleitoral em 22/02/1988.

Já em seu primeiro ano de existência, com apenas seis meses, o SINSESP realiza sua primeira Assembleia da Categoria para amadurecer a discussão com a classe, aferir as reivindicações e avocar as negociações coletivas para posterior celebração de Convenção Coletiva e instauração de Dissídio Coletivo de Trabalho.

O Ano de 1988 e a FENASSEC – FEDERAÇÃO NACIONAL DAS SECRETÁRIAS E SECRETÁRIOS – A História Nacional

Os Sindicatos constituídos, ou em fase final do processo de investidura sindical criaram em Novembro de 1987, o Grupo Sindicalista *Força 16* para estudar e canalizar os interesses da categoria, de maneira uniforme e alcançar conquistas que fossem ao encontro dos interesses comuns.

Em 4/02/1988 as Cartas Sindicais foram solenemente entregues pelo Ministro do Trabalho e a dirigente paulista, Leida Moraes, Presidente do SINSESP, reúne-se pela primeira vez, como Sindicato, com a Confederação Nacional dos Trabalhadores do Comércio em Brasília – CNTC, e inicia a articulação política para fundação de uma federação nacional de secretários, pois, extinta legalmente a ABES, a categoria sinalizava esta necessidade.

Foi então criada A FENASSEC, em 31/08/1988, e referendada durante o 6° Congresso Nacional de Secretariado, em Curitiba/PR, para congregar os Sindicatos da categoria com o argumento de que em outubro daquele ano, mudaria a constituição e a não existência de federação específica de secretárias, a categoria responderia hierarquicamente a outra federação majoritária de trabalhadores. Estavam presentes os Sindicatos dos Estados do: PR, SC, RS, RJ, MT, BA, PE, CE, SE, AM, AL, DF, PI e SP e Associações Civis dos Estados do PA e AP.

Em 1990, a diretoria da FENASSEC encaminhou ao Ministério do Trabalho e Previdência Social, pleito para aposentadoria integral aos

Isabel Cristina Baptista & Jô Camargo

25 anos para o Secretariado justificados pelo alto grau de stress, desgaste emocional e jornadas de trabalho superiores a 8 horas diárias.

A direção da FENASSEC foi composta por vinte e quatro sindicatos trabalhando em conjunto dentro de uma mesma linha de ação e mesmos objetivos, tendo como princípio básico a liberdade e a autonomia, preservando a unicidade sindical, a solidariedade profissional e social. Desde 2009 entretanto, SINSESP, SINSESC e SINSEPAR, não estão mais filiados.

Código de Ética da Profissão e a Formação Específica

Em 7/7/1989, fruto de estudos e reuniões de trabalho das dirigentes sindicais estaduais, foi publicado no Diário Oficial da União o Código de Ética da Profissão.

Em 1989, os cursos técnicos já eram excelentes. Entretanto, para suprir a crescente procura por profissionais qualificados, as entidades sindicais atuavam junto ao Ministério da Educação para o aprimoramento dos cursos de formação, tanto nível médio como superior, por uma grade curricular mínima compatível com as exigências do mercado profissional, conquista esta alcançada com a Resolução nº 3, de 23 de junho de 2005, que instituiu pelo Ministério da Educação, as Diretrizes Curriculares Nacionais para os Cursos de Graduação em Secretariado Executivo.

Nesse mesmo ano e mês ocorreu o I Encontro Nacional de Estudos Curriculares dos Cursos de Secretariado de Nível Médio, Suplência e Superior em Curitiba - PR com o objetivo de promover estudos e ações conjuntas para a viabilização e criação de novos cursos universitários no País.

O trabalho pela conscientização da categoria profissional no que se refere à formação em cursos de Secretariado e a importância da qualificação e desenvolvimento sempre foram premissas das entidades. Sem o perfil adequado, a própria classe contribuiu para a formação de estereótipos negativos que ainda hoje permanecem no imaginário social, com conflitos que se interpenetram e crenças errôneas e equivocadas nada condizentes com o perfil profissional real e que afugentam profissionais que não conseguem quebrar tais paradigmas do passado.

O intercâmbio com entidades internacionais

Em julho de 1994, o Brasil participa da Convenção Internacional do IAAP – *International Association of Administrative Professionals*, antiga PSI – Professional Secretaries Internacional, em Orlando, Flórida, nos Estados Unidos. Oportunidade para o es-

Excelência no Secretariado

treitamento de laços de trabalho e parceria com a entidade americana, Leida Moraes, como Presidente da FENASSEC, proferiu a conferência de abertura.

Ainda em 1994, há o 1º Simpósio Internacional de Secretariado, em Manaus, AM, promovido pela FENASSEC e realizado pelo Sindicato das Secretárias do Amazonas, com outros oito países: Espanha, Portugal, Chipre, Peru, Bolívia, Paraguai, Uruguai, Estados Unidos da América, no qual discutiu-se os pontos em comum e divergentes da profissão. Entre as propostas: a integração internacional do movimento e a criação do Dia Internacional do Secretariado, a princípio para 30 de novembro. O 2º Simpósio Internacional, também em Manaus, aconteceu em 1995, ao qual se juntaram Japão e África do Sul.

Em 1997, o Brasil é convidado a participar do *III Summit* na África do Sul, onde defendeu propostas inovadoras e aceitas pelos outros países tais como: Dia Internacional do Secretariado, na última quarta-feira feira da última semana do mês de abril; a conexão entre as diversas associações existentes no mundo; banco de dados mundial sobre a profissão; a aceitação de uma organização sindical em associações estrangeiras que possuíam proibição estatutária.

Capítulo Brasil: IAAP

O SINSESP ciente de seu dever e responsabilidade, ante a alta velocidade das informações e do conhecimento afim de prover intercâmbio para comparar, discutir e debater as diferenças de atuação do Secretariado e Assistentes Administrativos brasileiros, preconizados pelas empresas americanas e europeias como sendo profissões distintas, consolidou em março de 2012 o Capítulo Brasil da IAAP – International Association of Administrative Professionals. Presentes desde 2010 nas reuniões anuais americanas da IAAP, profissionais brasileiros têm contribuído para a interação profissional dos dois países. A filiação ao capítulo é uma oportunidade ímpar não apenas para *networking*, mas também ao salutar intercâmbio e atualizações.

Código de Conduta

Com foco em sua Missão, Visão e Valores que norteiam a sua identidade, o SINSESP lançou seu Código de Conduta em 31/10/2012 com o objetivo de estabelecer os princípios éticos e normas de conduta, para orientar as relações internas e externas com todos os seus públicos de relacionamento.

Comitê de Educação e Projeto Docente & Docente

Em 2008, foi criado o Comitê Estratégico de Educação, composto por docentes e dirigentes sindicais da categoria, e que se reúne, no mínimo, três vezes ao ano. Com a parceria entre Instituições e Sindicato, espera-se que os Cursos, seja o técnico, o tecnológico ou o de bacharel, conquistem mais força e visibilidade bem como favoreçam o inter-relacionamento entre professores e coordenadores, no desenvolvimento de suas reais habilidades e competências, instrumentalizando-os com assuntos atuais e inovadores, enfatizando a interdisciplinaridade.

Partindo da inquietação de alguns Coordenadores de Cursos, foi criado o Projeto Docente & Docente, para conscientizar os professores que atuam no Curso Superior de Secretariado, no sentido de promover reflexões críticas acerca da elaboração de material uniforme para a profissão e estudo de estratégias que propiciem entrosamento entre as instituições que oferecem cursos de formação, no âmbito estadual.

Conquistas Atuais – Secretariado do Presente Constrói o Futuro

A palavra de ordem é estarmos atentos às tendências do mercado de trabalho, ouvir os anseios das Secretárias e Secretários, conscientizarmos que os profissionais precisam ser multifuncionais, qualificados e dinâmicos, mas acima de tudo abertos às mudanças para entendermos os rumos da profissão.

A carreira do Secretariado mudou de perfil na década de 90. O mercado exigiu ampliação de tarefas, atuação estratégica e nova doutrina na pesquisa científica, valorizando que os profissionais do Secretariado busquem os mestrados e doutorados e garantindo empregabilidade também na área acadêmica.

Fato importante: que os homens se interessaram pela profissão, trazendo um forte componente de "miscigenação" no gênero e assim mais profissionalização, deixando para trás a ideia de uma profissão exclusivamente feminina.

Que o sindicalismo na área secretarial não seja atingido pelo conformismo, como organizações artificiais e que beneficiem de fato e direito a categoria que representa.

Que tomados por um ímpeto inovador, desempenhem seu papel na defesa de seus associados e interpretem as aspirações da sociedade representada.

Excelência no Secretariado

REFERÊNCIAS

Profissão Secretária – Cadernos do SINSESP nº 1 – Setembro de 1989 – Publicação do Sindicato das Secretárias do Estado de São Paulo – Coordenação Editorial: Oboré Editorial Ltda.

ABC da Profissão Regulamentada de Secretária (o) – publicação do Sindicato das Secretárias do Estado de São Paulo – Setembro 1993.

Livro de Atas 1985 e 1986 – ASESP – Associação das Secretárias do Estado de São Paulo.

Livro de Atas – de 1987 a 1991 – do Sindicato das Secretárias do Estado de São Paulo.

Livro de Atas de Reuniões de Diretoria – de 1988 a 1993 – do Sindicato das Secretárias do Estado de São Paulo.

Sinsesp em Contato - nº 1, ano 1988; nº 3, ano 1989; nº 2, ano 1990; nº 5, ano 1990; nº 27, ano 1994.

Boletim FENASSEC – Publicação Trimestral da Federação Nacional das Secretárias e Secretários – Ano IV – nº 7, janeiro, fevereiro, março de 1994.

Sites consultados

Disponível em: <http://www.fenassec.com.br/b_osecretariado_historico.html>. Acesso em: 8 de jul. de 2013.

História da máquina de escrever. Disponível em: <http://www.portalsaofrancisco. com.br/alfa/historia-da-maquina-de-escrever/historia-da-maquina-de-escrever1. php>. Acesso em: 8 de jul. de 2013.

Disponível em: <http://www.sinsesp.com.br/artigos/historico/182-e-a-luta-comecou-extraido-do-livro-dicas-e-dogmas-de-vania-figueiredo-1987>. Acesso em: 13 de jul. de 2013.

Disponível em: <http://www.sinsesp.com.br/artigos/glob/177-o-trabalho-internacional--da-fenassec-novembro-1998>. Acesso em: 14 de jul. de 2013.

9

Amor pela profissão
Uma escolha consciente

Escolher uma profissão não é tarefa fácil, mas quando se possui uma vocação, vislumbrar o futuro fica mais tranquilo. O caminho é longo e árduo, mas recompensador quando se faz o que gosta. Ser um profissional de secretariado não é para qualquer pessoa, é para aquele que ama a carreira, que possui habilidades e características essenciais à profissão, e que esteja disposto a se preparar formalmente na graduação e nas infindáveis e diversificadas especializações da área

Maria Antonieta Mariano

Maria Antonieta Mariano

A secretária executiva Maria Antonieta Ferreira Mariano, Registro Profissional: SRT/MG – SE/217/87, é bacharel em Secretariado Executivo e Bilíngue, pós-graduada em Metodologia do Ensino Superior e Pedagogia Empresarial. Fundadora do Sindicato das Secretárias do Estado de Minas Gerais, do qual foi presidente, por 11 anos. Também fundadora da Federação Nacional de Secretárias. É membro do Comitê de Secretariado da Amcham – Belo Horizonte. Secretária Executiva do Núcleo Industrial Riacho das Pedras e superintendente do Setcom (Sindicato das Empresas de Transporte de Cargas do Centro Oeste Mineiro). Membro do Conselho Diretor da Associação Comercial e Industrial de Contagem. É autora da obra "Secretária: Profissão – Realidade", publicada pelo Unicentro Newton Paiva, em 1999.

Contatos
desafioevento@hotmail.com
(31) 9973-3245/3486-7007

Maria Antonieta Mariano

"Não é o diploma que forma profissionais. Só o amor à profissão pode fazê--lo, mesmo àqueles que não tiveram a instrução formal das faculdades."
(Jacqueline Collodo Gomes)

A versatilidade é, antes de tudo, o atributo mais presente nas pessoas que desejam se mover com segurança para alcançar seus objetivos. E nós, profissionais de secretariado, somos extremamente versáteis. Nossa eficiência é enorme, somos movidos pelo combustível do amor. Somos vitoriosos e vencedores. Este capítulo é sobre o amor pela profissão de secretariado e a necessidade de se ter uma formação acadêmica embasada.

O mundo evoluiu e hoje tanto mulheres quanto homens exercem esta profissão, que não deve jamais ser confundida com função. Ser um profissional de secretariado, é uma carreira, uma profissão, e não apenas uma função descrita no organograma de uma empresa.

Não poderia deixar de compartilhar um pouco do conhecimento e experiência adquiridos na área de secretariado em mais de 30 anos de profissão. A escolha consciente é a realização de um sonho, a realização de um objetivo definido, claro, realista e próspero, é não desperdiçar tempo nem energia, é saber o que se quer e qual o caminho a seguir. A escolha consciente é o mesmo que uma vida plena, sinônimo de final feliz, coerente com seus valores pessoais e profissionais.

É assim que sempre me senti em relação à profissão que conscientemente escolhi, que me realizou e me realiza profissionalmente e pessoalmente até os dias de hoje.

Terminei o curso médio e me preparava para o vestibular, época em que nos sentimos pressionados pela necessidade da escolha de uma profissão, um passaporte para o sucesso, uma escolha difícil quando não temos em mente o que queremos. A minha escolha já era uma convicção, mas na época não havia graduação em secretariado, então precisei esperar ser criado o primeiro curso na Faculdade Newton Paiva. Hoje, o curso é realizado na Universidade Federal de Viçosa e Universidade Federal de Uberaba.

Nossa escolha reflete nossa personalidade e a pessoa que somos. É necessário pesquisar, ler, aprender, prestar atenção nas pessoas à nossa volta. Por isso é tão importante o autoconhecimento e o conhecimento daquilo que se quer.

Em uma palestra do médico Márcio Lúcio de Miranda responsável pela adaptação da Escola de Educação Emocional no Brasil, soube que todos nós temos em nossa vida uma pessoa significativa, que é aquela que nos inspira a sermos iguais a ela. Ela é nosso espelho, o reflexo de tudo aquilo que buscamos ser.

Acredito que a diretora de escola da qual fui assistente, em meu

Excelência no Secretariado

primeiro emprego, representou para mim a pessoa significativa da minha vida. Um exemplo de otimismo, persistência, flexibilidade, autoconfiança. Tinha desenvoltura nos trabalhos, dedicação e era solidária, sempre disposta a ajudar e ensinar. Escolhi também ter aqueles atributos; e a partir de então comecei a trabalhar para tal.

Claro, passei por uma boa dose de conflitos, insegurança, ansiedade, mas a decisão já havia sido tomada. Otimismo e boa dose de resiliência foi o que não me deixou abater. Esta foi a minha escolha, como poderia ser qualquer outra que me desse prazer, que despertasse em mim o amor pelo que me dispus a executar. Na verdade, não é a profissão escolhida que importa, mas sim a eficácia profissional.

As características do profissional de secretariado

"The world's best-trained secretaries are in Brazil, where by law PAs have to be registered with a government agency, and since 1985, the title "secretary" can be achieved only after a four-year university programme" (The Guardian: 2001). A frase anterior é de provocar orgulho em qualquer profissional de secretariado formado no Brasil. Vinculada a um artigo sobre o concurso "Secretária do ano", realizado na Inglaterra. "As secretárias mais bem treinadas do mundo são as brasileiras, sendo que a legislação do Brasil exige que elas possuam o registro profissional expedido pelo Ministério do Trabalho. Além disso, desde 1985, com o advento da Lei 7.377, o título de "secretária" só pode ser obtido após um curso especifico na área, quer seja técnico, tecnólogo ou superior. Cada um terá sua aplicabilidade de acordo com o porte e exigências da organização onde vai atuar.

Mas, nem sempre a profissão de secretariado foi vista assim. Há alguns anos, existia um estereótipo do que era ser secretária ou secretário: uma pessoa contratada pela beleza ou por ser parente, mas nunca pela sua competência. Não havia normas para a contratação. Resolvi transformar esta ideia negativa em impulso para seguir em frente, tive uma grande vontade de mostrar o que era ser um profissional em secretariado de verdade, uma pessoa competente, que gosta daquilo que faz, realizada, que supera limites para ir além e aproveita as oportunidades que a vida lhe oferece. Tem o dever do sigilo e, por isso, não é à toa que, de acordo com a etimologia da palavra, secretária significava originalmente "a pessoa a quem são confiados os segredos e confidências de uma organização", discreto em todos os sentidos. Saber a hora de falar, de calar, e o que pode falar.

O profissional de secretariado precisa ser uma pessoa organizada, atualizada, antenada nos novos acontecimentos, ter boa per-

Maria Antonieta Mariano

cepção, pontual e ter boa memória. Deve ser ainda empreendedora, curiosa e comunicativa. Quem optar por esta profissão deve entender que nunca viverá uma rotina, os desafios são constantes e cada dia revela um obstáculo a ser superado. Tenho por hábito assim como todo profissional de secretariado, programar as tarefas do dia seguinte e muitas vezes não consigo executar nem 10% do que havia programado isso porque as prioridades e demandas costumam mudar o tempo todo e muitas vezes. Tudo isto, sem excesso de cobranças, transitando entre a vida profissional leve e ao mesmo tempo dinâmica com todos os seus desafios. Saber administrar o tempo e distribuir a atenção entre as diversas atividades a serem realizadas para tornar o dia mais tranquilo, concentrado nas soluções para resolvê-las com sabedoria. Isto significa ter planejamento, motivação para sair de casa todos os dias, dar sentido ao destino; ajudar a avançar com determinação, disciplina, empatia, segurança, persistência e gostar de pessoas.

A necessidade da formação

No início da carreira, fui assistente de secretaria de escola. Depois fui contratada para a função de secretária em um sindicato. Na época, ser secretária era uma função até a regulamentação da profissão em 1985, quando a carreira passou a existir. Não tardou muito para que os cursos de graduação e pós-graduação em secretariado fossem criados.

Formei-me na primeira turma do Curso de Secretariado no Unicentro Newton Paiva, com muita determinação. Ser secretária era vocação e precisava de formação para exercer com excelência meu trabalho e crescer na carreira. E assim o fiz.

Ser um secretário 'por excelência' é se preparar para ser um multiprofissional: é ter um pouco de psicólogo, advogado, economista, administrador, dominar as atividades da área até porque pode ser responsável por uma equipe de profissionais. Daí os cursos de especialização de acordo com a área de atuação, seja da saúde, finanças, direito, contabilidade. Na verdade, o certificado desse tipo de curso não será cobrado, mas o conhecimento com certeza será.

Conhecer mais de um idioma, em especial o inglês e espanhol, é condição para ter sucesso na carreira de secretário executivo. Tanto que a maioria dos cursos de graduação têm na grade curricular estas disciplinas. A graduação em secretariado é um curso rico em conteúdo e interdisciplinaridade, com as disciplinas específicas da profissão abordando planejamento, organização, empreendedorismo, direção de serviço de secretaria, etc.

Excelência no Secretariado

Muitas vezes, é o profissional de secretariado o porta-voz da companhia e ter uma boa redação, saber falar corretamente são habilidades cruciais para se manter empregável. Tem que gostar de escrever, pois irá redigir a maioria das correspondências que circulam na empresa, cartas, memorandos, atas, e-mails, gráficos, relatórios tanto em língua portuguesa como em outros idiomas. Assume a organização do trabalho, o gerenciamento das informações, a responsabilidade pela comunicação e expressão na organização, todo apoio logístico na promoção de uma gestão de resultados O profissional de secretariado eficiente é aquele que consegue resolver o máximo de problemas, primando pela ética profissional e valores humanos universais: paz, não violência, amor, verdade e retidão.

Por isso, acredito que todo profissional, independente da área de atuação, deveria ter o curso de secretariado, pois suas matérias completam o currículo de qualquer graduação. No curso, o futuro secretário também aprende a conviver com as pessoas, a ser mais tolerante, aprende a entrar inteiro em todas as situações não perdendo o foco ao primeiro problema que apareça, conquista o controle emocional e a tolerância.

Além da graduação de secretariado, o profissional deve se atualizar tecnicamente, em cursos, além do conhecimento adquirido com a leitura de revistas, jornais; a internet considerada conhecimentos sem limites. Cabe ao profissional traçar seu caminho e buscar ser uma pessoa bem informada e atualizada para exercer com excelência suas atribuições.

Entre os vários chefes que tive, um me chamou a atenção por utilizar palavras e expressões desconhecidas do meu repertório. Como era sua secretária, tive que aprender sobre tudo o que ele falava, então passei a anotar cada frase que ele dizia e depois pesquisava seu significado. Desta forma não somente meu vocabulário, mas, de certa forma, aumentava a cada dia o meu poder cultural e de informação.

Apesar da formação acadêmica ser fundamental e ainda que nos últimos anos mais de 14 mil vagas tenham sido criadas na área em todo o país[1], ainda há muitos exercendo a profissão de secretário sem seu registro profissional, o que será corrigido com a criação e atuação do Conselho de Classe, cujo projeto tramita no Ministério do Trabalho em Brasília-DF. É preciso uma maior consciência por parte de quem exerce a profissão. Hoje a profissionalização é mais fácil, tanto pelo número de cursos criados, quanto pela possibilidade do estudo a distância.

Pesquisa realizada à época que presidi o Sindicato de Secretárias de Minas Gerais, através de um levantamento do número de empre-

---

[1] O dado consta do estudo Radar – Tecnologia, Produção e Comércio Exterior, divulgado nesta quarta-feira pelo Instituto de Pesquisa Econômica Aplicada (Ipea).

sas na cidade e região metropolitana, comparando com o número de profissionais formados, havia, para cada profissional de secretariado em condições técnicas e legais de exercer o cargo, 14 postos de trabalho em aberto. Mas, sabemos que grande parte dessas vagas é ocupada por profissionais sem a devida habilitação.

Escolha ser feliz

Escolher ser secretário é fazer parte do terceiro grupo profissional que mais cresce no mundo, segundo dados da ONU (Organização das Nações Unidas). Mas, apenas um dado não basta para que uma importante escolha seja feita. Queremos ser felizes, mas queremos também a felicidade das pessoas que nos são caras. Este desejo está intimamente ligado às escolhas que precisamos fazer ao longo da nossa vida.

No momento em que se escolhe uma profissão, ela prevalecerá, ou seja, será impossível conciliar com outra, pois, a cada opção que fazemos, outra é descartada e assim sucessivamente ao longo da vida. Estaremos sempre escolhendo algo e descartando outro. Claro que não é um caminho sem volta. Se a nossa realização depende de outra escolha, podemos reavaliar as opções e mudar de caminho, lembrando sempre que temos chance de acertar ou de errar.

Ao se decidir ser um profissional de secretariado, saiba que existirão dores e delícias que só quem vivencia a profissão sabe. Portanto, seja qual for sua escolha, saiba que não existe certo ou errado, o que existe é a responsabilidade para arcar com as consequências.

Finalmente, escolhi deixar aqui, algumas palavras do sábio Charles Chaplin.

Só depende de mim

Hoje levantei cedo pensando no que tenho a fazer antes que o relógio marque meia-noite.

É minha função escolher que tipo de dia vou ter hoje.

Se as coisas não saíram como planejei, posso ficar feliz por ter hoje para recomeçar. O dia está na minha frente esperando para ser o que eu quiser.

E aqui estou eu, o escultor que pode dar forma.

Tudo depende só de mim.

REFERÊNCIAS

MARIANO. M. A. F. *Secretária: Profissão – Realidade*. Unicentro Newton Paiva. 1999.
SECRETARIADO EXECUTIVO EM EVIDÊNCIA. Etimologia da palavra "secretária. Disponível em: <http://secretexeevidencia.blogspot.com.br>. Acesso em: 29 de ago. de 2013.

Excelência no Secretariado

THE GUARDIAN. *How PA skills are regarded around the world.* Disponível em: <http://www.theguardian.com>. Acesso em: 29 de ago. de 2013.

VEJA. *Mercado. As dez carreiras de nível superior com maior expansão de vagas no Brasil.* Disponível em: <http://veja.abril.com.br>. Acesso em: 29 de ago. de 2013.

10

Contribuições da Educação a Distância para a formação do secretariado

Dada à velocidade que as mutações organizacionais ocorrem, aliadas à crescente necessidade de uma formação profissional específica e às contingências de deslocamento do indivíduo, a Educação a Distância (Ead), tem cumprido importante papel na formação do profissional de secretariado. Com a introdução dos cursos na modalidade Ead, muitos profissionais foram habilitados na área para o exercício da profissão, visto que devido a falta de tempo disponível ou a distância ou a falta de uma instituição de ensino superior em sua região, não poderiam receber uma formação adequada para atendimento à legislação vigente para o exercício profissional em nosso país

Marlene de Oliveira

Marlene de Oliveira

Graduada em Secretariado Executivo pela PUC/PR em 1989, pós-graduada em Administração, com ênfase em comércio exterior pela FAE em 1997. Mestre em Integração Latino-americana pela UFSM em 2003. Secretária Executiva com 34 anos de atuação em empresas multinacionais, grupos nacionais, entidades de classes com os principais executivos das empresas e instituições, presidência e vice-presidência, atuando com consultoria e instrutoria desde 1988. Na área acadêmica dedicou-se de 2000 a 2002 como docente nos cursos de Comércio Exterior e Secretariado. Atuou como coordenadora de curso de graduação e bacharelado presencial e tecnólogo em secretariado de 2002 a 2006 e como coordenadora de Curso de Tecnologia em Secretariado a distância de 2006 a 2009. Foi diretora suplente da FENASSEC – Federação Nacional de Secretários de 2006 a 2009. Atualmente, é diretora do SINSEPAR – Sindicato das Secretárias e Secretários do Estado do Paraná gestão 2013 a 2016. Coautora da coleção Manual do Profissional de Secretariado publicado em IV volumes, lançado em 2010 e autora dos livros para EaD do IFPR sobre as técnicas de secretarias e eventos. Coordenadora do Curso Técnico em Secretariado e coordenadora do Curso Técnico em Eventos e Coordenadora da Tutoria a distância do IFPR/Ead.

Contatos
www.profamarlenesecretariado.blogspot.com
marlenedeoliveira@hotmail.com

Marlene de Oliveira

Origem e evolução da Educação a Distância

Para compreendermos a novidade, de diversos cursos na área de secretariado, hoje oferecidos na modalidade a distância, precisamos conhecer um pouco da sua origem e evolução em nosso país. Em 1940 encontramos os primeiros registros legais sobre a Educação a distância, a partir de agora denominada Ead, através da Reforma Capanema, que tinha como proposta os primeiros sinais de flexibilização dos processos de gerenciamento dos estudos pelos alunos. Faremos um resgate histórico para que possa entender como se deu a sua evolução.

- **1940 a 1970:** os avanços se restringem à legalização desta modalidade em nível de ensino supletivo.
- **1970 e 1980:** fundações privadas e organizações não governamentais iniciam a oferta de cursos supletivos a distância, focados na complementação de estudos nos níveis de Ensino Fundamental e de Ensino Médio.
- **1990:** a modalidade da Educação a Distância (Ead) era utilizada principalmente para ofertar cursos livres por correspondência, dentro do conceito de educação aberta.
- **1996:** surgem os primeiros cursos de mestrado oferecidos com o uso de videoconferência.
- **2003 a 2007,** ocorre significativo crescimento de matrículas no ensino universitário por Ead e também o aumento do número de instituições que obtiveram do Ministério da Educação o credenciamento para a oferta de cursos superiores a distância
- **2006 a 2008:** graduação da primeira turma de tecnólogo em secretariado em Ead.
- **2007:** lançamento do primeiro curso de pós graduação para secretariado em Ead, chamado MBS e atualmente Pós em Assessoria Executiva em Secretariado, totalmente *e-learning* (pela *internet*).

Modelos de metodologias utilizadas na Educação a Distância no Brasil

Na história da modalidade de ensino a distância – Ead em nosso país, nos últimos 15 anos (1994-2009), encontramos metodologias diferenciadas pelas universidades brasileiras. Como não havia um histórico anterior, essas universidades tiveram de ser criativas e rapidamente encontrar um modelo pedagógico que pudesse se adequar às diversas tecnologias atuais. O uso de uma tutoria para atendimento dos alunos, tanto na modalidade presencial, quanto na modalidade online, acabou resultando em modelos diversificados, aplicados em universidades públicas e privadas, conforme podemos verificar no quadro a seguir:

Excelência no Secretariado

Modelos de EaD estruturados e em funcionamento no Brasil (1994 - 2009)		
Modelo	**Descrição**	**Instituições**
1 **Tele-educação via satélite**	Geração e transmissão de teleaulas com recepção em franquias ou telessalas, Suporte de tutoria presencial e on-line aos alunos, com entrega de material didático impresso ou em meio digital (CD) ou on-line, via internet.	Ead. com/UNITINS; FTC; UNOPAR; UNIDERP; COC; UNIP; UNINTER; CESUMAR; Estácio; UNIMEP; UNISA; METODISTA; CLARETIANOS; CESUMAR.
2 **Polos de apoio presencial (semipresencial)**	Atendimento aos alunos em locais com infraestrutura de apoio para aulas e tutoria presencial, e serviços de suporte como biblioteca, laboratório de informática. Uso de materiais impressos de apoio, ou de conteúdos em mídia digital (CD ou on-line).	Instituições do consórcio CEDERJ; UFMT; UnB; UFAL; UDESC; UFPR; UFSC; UFSM; UFOP; UDESC; e instituições vinculadas ao Programa Universidade Aberta do Brasil, do Ministério da Educação.
3 **Universidade virtual**	Uso intensivo de tecnologias de comunicação digital para o relacionamento dos tutores com os alunos, e destes entre si com. Bibliotecas digitais e envio aos alunos de material didático impresso ou digitalizado. Os tutores atendem remotamente aos alunos a partir da unidade central da instituição. Os locais de apoio aos alunos são utilizados apenas para realização de provas.	Univs. Católicas do PR; MG; DF e RS; UNISUL; FGV; AIEC; UFSC; UNIFESP; UNIS; Newton Paiva; UNIVERSO; UnB; UFF; UNIFESP; UFPE; ANHEMBI; IESBE.
4 **Vídeo-educação**	Atendimento aos alunos em vídeo-salas com equipamento para a reprodução de aulas pré-gravadas, material didático impresso como apoio às aulas em vídeo. Tutoria presencial e on-line.	ULBRA; Univ. Castelo Branco; UNIASSELVI; IESDE.
5 **Unidade central**	Sistema onde a unidade central da instituição recebe regularmente a visita dos alunos para atividades presenciais de práticas de laboratório. A tutoria é feita de maneira remota durante o período de oferta das disciplinas de base conceitual.	Universidade Federal de Lavras. Algumas IES fazem uso deste modelo, como a UnB e a UNICSUL, para realizar etapas em laboratório em alguns cursos.

Quadro – Modelos de Ead (1994-2009)
Fonte: Adaptado de VIANNEY, J. TORRES, P. L e ROESLER, L, 2011.

Os cursos de secretariado na modalidade a distância em nosso país, na sua maioria, utilizam a tecnologia de tele-educação via satélite, com apoio de tutores nos polos presenciais e a distância e do material didático impresso.

A Rede E-Tec Brasil
Tem como objetivo principal desenvolver a Educação Profissional e Tecnológica na modalidade de educação a distância. O E-Tec é uma das ações que integram o Programa Nacional de Acesso ao Ensino Técnico e Emprego (PRONATEC) que também articulam, dentre as suas atribuições, o Brasil Profissionalizado e a Expansão da Rede Federal.

Público-Alvo da Rede E-Tec
Conforme poderemos verificar, esses cursos gratuitos têm o objetivo principal de atender a uma demanda da população que precisa ser incluída no mercado de trabalho e não tem condições financeiras de custear seus estudos, incluindo os futuros profissionais de secretariado e conforme abaixo.

- Jovens e adultos;
- Professores vinculados diretamente à Rede e-Tec Brasil;
- Os estudantes regularmente matriculados no ensino médio para cursos técnicos concomitantes*;
- Os estudantes que concluíram o ensino médio para os cursos técnicos subsequentes**;
- Os estudantes que concluíram o ensino fundamental para os cursos técnicos vinculados à educação de jovens e adultos – PROEJA;
- Os estudantes e professores participantes de programas de educação de jovens e adultos - EJA

*concomitantes: cursos junto com o ensino médio
**subsequentes: cursos após a realização do ensino médio
Fonte: elaborado pela autora, 2013.

Ambiente Virtual de Aprendizagem – AVA

Com uma abundância de novos espaços eletrônicos de interação e a explosão da educação a distância, há a tendência de que esses espaços eletrônicos sejam cada vez mais utilizados para facilitar a aprendizagem, tanto como suporte para distribuição de materiais didáticos quanto como complementos aos espaços presenciais de aprendizagem. Mas o que é ambiente virtual de aprendizagem?

Excelência no Secretariado

O ambiente de aprendizagem é um sistema que fornece suporte a qualquer tipo de atividade realizada pelo aluno, isto é, um conjunto de ferramentas que são usadas em diferentes situações do processo de aprendizagem. Na concepção de Moran (1993), as tecnologias possibilitam uma nova postura na escola ao propiciar aos alunos e professores a oportunidade de trocar informações com outros alunos da mesma cidade, do país ou do exterior, no seu próprio ritmo. Para Pereira, Schimitt e Dias (2007) "o AVA – Ambiente Virtual de Aprendizagem é uma aprendizagem baseada na Internet, educação ou aprendizagem online, ensino ou educação a distância via Internet, *e-learning*".

Com a introdução dos cursos na modalidade Ead para o secretariado, muitos profissionais foram habilitados na área para o exercício da profissão, em virtude de residirem em uma cidade que não há faculdades ou universidades e, caso haja, não ofertam o curso de secretariado bacharelado ou tecnólogo (que são cursos superiores que formam hoje o secretário executivo, ou cursos técnicos subsequentes ou integrados com o ensino médio). Desta forma, sem a contribuição do Ead, não teríamos um grande número de profissionais exercendo a profissão devido a dificuldade de tempo, mobilidade e acesso ao ensino superior e técnico em secretariado.

REFERÊNCIAS

ARETIO, Lorenzo García. *La educación a distancia y la Uned.* Madrid: Universidad Nacional de Educación a Distancia, 1996.

MORAN, J. M. *A escola do amanhã: desafio do presente-educação, meios de comunicação e conhecimento.* Revista Tecnologia Educacional, v. 22, jul./out. 1993.

PEREIRA, A. T. C.; SCHMITT, V.; DIAS, M. R. A C. *Ambientes Virtuais de Aprendizagem.* In: PEREIRA, Alice T. Cybis. (orgs). AVA - Ambientes Virtuais de Aprendizagem em Diferentes Contextos. Rio de Janeiro: Editora Ciência Moderna Ltda., 2007.

VIANNEY, J. TORRES, P. L e ROESLER, L. *Educación superior a distancia en Brasil* in Torres, P. L e RAMA, C. (Coor). La Educación Superior a Distancia en America Latina y el Caribe - Realidades y tendencias. Santa Catarina, UNISUL. 2010.

11

A importância da formação específica

Neste mercado instável, com mudanças contínuas, torna-se necessário que os profissionais busquem mais qualificação e se preparem para uma competitividade avassaladora

Walkíria Almeida

Walkíria Almeida

Mestranda em Gestão Internacional pela ESPM - Escola Superior de Marketing e Propaganda. Especialista em Gestão Empresarial pela FECAP. Professora de Secretariado Executivo Trilíngue na FECAP. Conselheira do Sindicato das Secretárias e Secretários do Estado de São Paulo-SINSESP, gestão 2012/2016 e membro do Comitê Estratégico de Educação. Diretora da empresa PhorumGroup, consultora da Toucher Desenvolvimento Humano e facilitadora de cursos na Unisescon - Universidade Corporativa do SESCON- Sindicato dos Contabilistas do Estado de São Paulo e na ESAFI- Cursos e Treinamentos. Possui 30 anos de experiência como Secretária Executiva de empresas de grande porte.

Contatos
www.phorumgroup.com.br
w_almeida35@hotmail.com

Walkíria Almeida

O profissional de secretariado, ao longo da sua trajetória, evoluiu muito, pois além da formação específica deve ter senso crítico, postura, ética, capacidade de articulação, visão generalista e maturidade emocional.

Sabe-se que a história do profissional de secretariado é constituída de trabalho, lutas e conquistas, estas que ocasionaram a promulgação das leis de regulamentação no 7.377, de 30 de setembro de 1985 e 9.261, 10 de janeiro de 1996.

Um dos nossos objetivos com este capítulo é conscientizar um número maior de empresas e de profissionais para a importância da formação específica.

Ocorre que, mesmo com a regulamentação da profissão, até hoje encontramos pessoas das áreas de Administração, Letras e outras, atuando como profissional de secretariado, sem a devida qualificação da formação específica.

É importante lembrar que as áreas de Administração e Letras são muito importantes no mundo corporativo, porém são profissões com objetivos diferentes.

Ainda assim, há empresas que recrutam profissionais com outra formação e, posteriormente, precisam investir em cursos de desenvolvimento, para preencher a lacuna das competências técnicas, humanas e comportamentais necessárias e inerentes à Gestão Secretarial. Do lado da empresa, há o prejuízo de investir em conhecimentos específicos que deveriam vir na bagagem do contratado. Há ainda possibilidade da organização ser autuada, por estar ilegal perante o órgão regulador da profissão de secretariado, a Superintendência Regional do Trabalho e Emprego – SRTE.

Infelizmente, a SRTE que deveria fazer essa fiscalização não tem um ativo suficiente para tal, o que acaba permitindo a continuidade dessa prática.

Do lado do profissional, a maior perda é quanto ao desenvolvimento do perfil de agente facilitador, próprio da profissão. Normalmente, os profissionais contratados com outras formações não têm dificuldade para assimilar algumas atividades técnicas ou de processos. Porém, apresentam uma defasagem nas competências humanas que apenas são desenvolvidas e adquiridas no curso específico.

Destaca-se outro aspecto que prejudica a qualidade do trabalho do profissional que não tem a formação secretarial específica: quando o mercado da sua formação original não oferece oportunidade, há uma migração "irregular" para a área de secretariado, o que além dos prejuízos já citados, pode também ter efeito negativo no lado motivacional desses profissionais. Trabalhar em outra área àquela da for-

Excelência no Secretariado

mação pode significar um motivo de frustração, o que, naturalmente, pode ser refletido na atuação profissional.

A experiência pessoal na área, no exercício da profissão, bem como docente, na Graduação e também como Diretora e Conselheira na Entidade de Classe – SINSESP - Sindicato das Secretárias e Secretários do Estado de São Paulo, evidencia que muitos dos profissionais com formações distintas contribuem para desqualificar algumas atividades da profissão, exatamente por desconhecerem não somente sua essência e missão, mas por não trazerem os conhecimentos e requisitos necessários ao adequado desempenho da mesma.

Mesmo com um trabalho árduo de conscientização, realizado pelo SINSESP desde sua fundação em 7 de setembro de 1987, ainda encontramos pessoas que desconhecem o real perfil do profissional dessa área além de encontrarmos no mercado de trabalho profissionais exercendo irregularmente a profissão.

Com foco na Área de Educação, a diretoria do SINSESP, Gestão 2008-2012, retomou as reuniões com os Coordenadores do Curso Superior de Secretariado, quando então surgiu a ideia de se criar um projeto - chamado Projeto Docente & Docente - com objetivo de conscientizar os professores que atuam nos Cursos de Formação Específica, no sentido de promover reflexões sobre a evolução educacional da profissão. Concomitantemente, foi criado igualmente o Comitê Estratégico da Educação para propiciar um entrosamento entre as Universidades que oferecem o curso, em âmbito estadual.

Esperamos uma mudança de postura por parte das empresas, no sentido de respeitar-se a legislação específica para a contratação, pois além de uma grande maioria não ter essa diretriz, muitas utilizam do "artifício" de alterar o nome do cargo do profissional para *assistentes, auxiliares, assessores* entre outros, mantendo tais profissionais desempenhando as atividades.

Nota-se o desconhecimento quando, em caso de uma fiscalização, as atividades desenvolvidas serem cruzadas com o nome do cargo, o que mostrará a inadequação.

Somente o Conselho da profissão poderia assumir esta fiscalização, ao invés da Superintendência Regional do Trabalho e Emprego.

A Luta pelo Conselho teve início em 1997, com a então presidente Leida Maria Mordenti Borba Leite de Moraes e que contou com a adesão de uma grande parte da categoria do secretariado brasileiro.

A FENASSEC e todos os sindicatos de secretariado do Brasil se uniram e fizeram um trabalho intenso em Brasília, a fim de conseguirem o apoio de alguns parlamentares.

Em 2003, alguns membros da diretoria da FENASSEC estiveram

Walkíria Almeida

reunidos com o Secretário Adjunto do Trabalho, Dr. Marco Antonio de Oliveira, quando entregaram o pedido para que o Ministério do Trabalho tomasse a iniciativa de apresentação de um novo Projeto de Criação dos Conselhos Federal e Regionais de Secretariado.

Tivemos alguns atos solenes em homenagem à profissão e pela luta em prol da criação do Conselho de Secretariado nas Assembleias Estaduais de todo Território Brasileiro.

Continuamos na luta pelo Conselho Federal e Estadual de Secretariado.

HISTÓRIA DA FORMAÇÃO

Curso Técnico em Secretariado

Através de pesquisa, descobrimos que o curso Técnico de Secretariado teve início em São Paulo, na Fundação Escola do Comércio Álvares Penteado, em 1943, embora tenha sido aprovado em 1973 e reconhecido posteriormente, em 1979.

Graduação

No Brasil, o primeiro Curso de Secretariado Executivo foi criado em 1969, na Universidade Federal da Bahia (UFBA), em Salvador, sendo reconhecido apenas em 1998, por meio do parecer no. 331/98. O curso pioneiro a obter o reconhecimento oficial, no entanto, foi o da Universidade Federal de Pernambuco (UFPE), em Recife, no ano de 1978, por meio do Decreto no 82.166/78.

Em março de 2004, foram aprovadas as Diretrizes Curriculares Nacionais (DCN), por meio do Parecer no CNE/CES 102/2004, para o Curso de Secretariado Executivo, cujo objetivo principal é a garantia do padrão de qualidade para os cursos.

Ainda de acordo com as DCN, o curso de secretariado deverá formar bacharéis com sólida formação geral e humanista, com capacidade de análise, interpretação e articulação de conceitos e realidades inerentes à administração pública e privada, com aptidão para o domínio em outros ramos do saber, desenvolvendo postura reflexiva e crítica que fomente a capacidade de gerir e administrar processos e pessoas.

Sendo assim, as Instituições de Ensino devem comprometer-se em preparar profissionais para assumirem esse novo papel, construírem uma carreira de sucesso e, acima de tudo, levantarem a bandeira de uma profissão muito importante no cenário corporativo.

Excelência no Secretariado

Pós-graduação

Hoje, temos no Brasil muitos cursos de Pós-graduação na área. Isso mostra a necessidade constante de evolução do profissional de secretariado, bem como evidencia os desafios vividos no cotidiano, para atender executivos mais exigentes. Mesmo com toda essa trajetória de evolução profissional, existem algumas incoerências no mercado:

- Alguns cursos de graduação têm dificuldade para formar turma, levando a inferência de que a demanda pelo profissional esteja diminuindo, o que sabemos que não é verdade diante dos números de contratações;
- Por outro lado, os cursos de capacitação, reciclagem e desenvolvimento, encontros, *workshops*, acontecem de janeiro a novembro, com a participação de um número expressivo de profissionais da área pública e privada, além dos Congressos Nacionais e Internacionais que acontecem de dois em dois anos com expressiva participação da categoria; Além desse fato, o número de profissionais de secretariado nas empresas continua crescendo e a redução ocorrida é similar àquela verificada em outros cargos.

Ao fazer a opção, sem muito conhecimento da grade curricular e das possibilidades do mercado de trabalho, estudantes optam "inconscientemente" pelo curso que lhes parece mais famoso. Entretanto, na hora de ingressar no mercado de trabalho, encontram a opção de atuarem como "profissionais de secretariado" sem nenhum empecilho e essa situação se mantém.

Mesmo que ainda exista um número tímido de empresas com a postura de respeitar a lei e tão somente contratar profissionais com a devida formação específica, temos que parabenizar o movimento já realizado por algumas:

- Muitas empresas, tanto do setor público e privado, promovem, internamente, cursos regulares credenciados para fornecer o registro no SRTE - ou subsidiam para que suas profissionais realizem o curso nas entidades competentes.
- Algumas empresas utilizam o critério da formação específica não só para o registro na carteira profissional, como também para possibilitar cursos de desenvolvimento na carreira, tanto *in company,* como nas opções regulares existentes no mercado.

Walkíria Almeida

O mercado internacional reconhece esse diferencial justamente pela existência dos Cursos de Graduação, enquanto que nacionalmente, ainda estamos distantes de tornar esse fato nossa realidade; o jornal inglês "The Guardian", em 30.04.2001, publicou que o Brasil é referência no assunto Secretariado. A matéria discorre informando que as melhores secretárias[1] do mundo são as brasileiras.

As Secretárias Brasileiras são as mais preparadas do mundo
As melhores secretárias do mundo são as brasileiras. A Legislação brasileira exige que as secretárias sejam registradas em uma agência governamental, e, desde 1985, o título de "secretária" só pode ser obtido após um curso universitário de quatro anos de duração.

Com isso, reafirma-se o reconhecimento internacional da profissão, e, principalmente, do estágio de evolução dos cursos de graduação existentes no Brasil.

Este capítulo não tem a intenção de ser pessimista. Muito pelo contrário. Seu objetivo é mostrar a força da profissão, bem como todos os benefícios e necessidades da Formação Acadêmica Específica.

O orgulho de "ser profissional de secretariado" deve ser uma bandeira ostentada por todos que fazem parte dessa área, pois somente dessa maneira teremos mais êxito em todos os nossos projetos e conseguiremos dar mais visibilidade à profissão tão importante no cenário corporativo.

REFERÊNCIAS

ALMEIDA, Walkiria Aparecida Gomes. *Mudanças de paradigmas na gestão do profissional de secretariado*. Trabalho de conclusão de curso - gestão empresarial. Fecap, 2010.

NEIVA, Edméa Garcia e D'ELIA, Maria Elizabete Silva. *As novas competências do profissional de secretariado*. 2ª Edição. São Paulo: IOB, 2009.

RIBEIRO, Nilzenir de Lourdes Almeida. *Secretário: do escriba ao gestor: um estudo sobre o novo perfil do profissional do secretariado*. São Luís: Edfama, 2002.

BRASIL. LEI n.o 7377/85. Disponível em: <http://www.planalto.gov.br/ccivil_03/leis/L7377.htm>. Acesso em: 01 de jul. de 2013.

BRASIL. Diretrizes Curriculares Nacionais para os Cursos de Secretariado Executivo. Disponível em: <http://portal.mec.gov.br/index.php?option=com_content&view=article&id=12991>. Acesso em: 25 de set. de 2013.

SINSESP- Sindicato das Secretárias do Estado de São Paulo. Disponível em: <www.sinsesp.com.br/o-sinsesp/conselho>. Acesso em: 25 de set. de 2013.

SINSESP- Sindicato das Secretárias do Estado de São Paulo. Disponível em: <www.sinsesp.com.br/o-sinsesp/educacao/157>. Acesso em: 28 de set. de 2013.

Excelência no Secretariado

Parte 2

O desafio de gerar, mensurar e atuar com alto desempenho nos resultados corporativos

Excelência no Secretariado

12

Correlações entre atividades-fim e meio diante da dinâmica organizacional

Este capítulo tem como propósito fazer uma análise reflexiva sobre as correlações existentes nos ambientes organizacionais, de maneira a observar que as atividades-fim ou meio, por mais distintas que são conceitualmente, estão bastante correlacionadas e interagentes, bem como o estabelecimento dos objetivos estratégicos e táticos para com as ações operacionais diante do contexto organizacional

Alexandre Schumacher & Keyla Portela

Alexandre Schumacher & Keyla Portela

Alexandre Schumacher
É Professor do Instituto Federal de Educação, Ciência e Tecnologia do Mato Grosso. Doutorando em Economia e Direção de Empresas pela Universidad de La Rioja, Espanha. Mestre em Administração de Empresas pela Universidad Tecnica de Comercializacion y Desarrollo. Especialista em Comércio Exterior para Empresas de Pequeno Porte pela Universidade Católica de Brasília. Especialista em Docência no Ensino Superior pela Faculdade de Ciências Aplicadas de Cascavel. Especialista em Administração pelo Instituto Superior do Litoral do Paraná. Bacharel em Administração Hospitalar pela Faculdade de Ciências Aplicadas de Cascavel. Bacharel em Secretariado Executivo Bilíngue pela Universidade Estadual do Oeste do Paraná.

Contato
a.j.schumacher@hotmail.com

Keyla Portela
Professora do Instituto Federal de Ciência e Tecnologia de Mato Grosso - IFMT. Doutoranda em Linguística Aplicada e Estudos da Linguagem pela Pontifícia Universidade Católica de São Paulo. Mestre Ciências da Educação, Universidade de Lisboa, Portugal. Bacharel em Secretariado Executivo Bilíngue pela Universidade Estadual do Oeste do Paraná.

Contato
keylaportela@bol.com.br

Alexandre Schumacher & Keyla Portela

Para podermos compreender melhor as relações diretas entre atividades-fim e atividades meios, bem como, as perspectivas de atuação dos níveis estratégicos, tático e operacional devemos buscar os conceitos existentes sobre essas atividades.

A atividade-meio trata-se de serviço necessário, mas que não tem relação direta com a atividade principal da organização, ou seja, é um serviço não essencial e, como atividade-fim, aquela que caracteriza o objetivo principal da empresa, a sua finalidade ou destinação.

Exemplo: uma empresa frigorífica, onde são abatidos animais para venda ao mercado nacional de cortes de carne para supermercados e açougues. Atividade-fim, "produção" setor de abate e beneficiamento da carne. Atividade-meio: "departamento de recursos humanos e suas rotinas" é uma atividade necessária na empresa, no entanto, pode ser terceirizada e que sua execução não está relacionada de forma direta com o objetivo principal da empresa, de sua finalidade ou destinação.

Não obstante, devemos também buscar compreender as definições de Estratégico, Tático e Operacional, que devemos observar sobre o prisma das informações emanadas desses níveis e suas correlações na dinâmica organizacional. Pois, um grande aliado no planejamento de ações futuras é o conhecimento das ações feitas no passado, possibilitando identificar suas falhas e acertos. Esse conhecimento é a essência de uma boa estrutura de planejamento.

Informações estratégicas: são as decisões do mais alto nível hierárquico da empresa, que geram fatos com consequências duradouras, a partir do planejamento estratégico, como por exemplo, uma nova filial, novo produto, novos estados para atuação, novos serviços agregados, onde são utilizadas informações internas da organização e externas do mercado.

Informações táticas: são decisões definidas no nível gerencial e produzem efeitos a médio prazo e de menor impacto na estratégia da empresa, com dados e informações sintéticas de uma unidade da empresa ou departamento.

Informações operacionais: são decisões relacionadas ao controle e às atividades operacionais da empresa, para alcançar os padrões de funcionamento preestabelecidos, com controles do detalhe ou do planejamento operacional, criando condições para a realização adequada dos trabalhos diários da organização.

No entanto, existem muitas distorções de compreensão por gestores sobre o real significado dessas informações ou objetivos orga-

Excelência no Secretariado

nizacionais, pois existe uma grande confusão entre muitos gestores e acadêmicos, pois definem seus objetivos estratégicos com foco no curto prazo, gerando assim um alto grau de ansiedade e resultados que nunca são alcançados. Outra observação importante a ser feita é que o planejamento está relacionado com o futuro. E os objetivos organizacionais constituem a "mola mestra" da gestão organizacional.

Fonte: http://blog.passadori.com.br/sinergia-voce-sabe-realmente-o-que-significa/

Existem três níveis organizacionais: estratégico, tático e operacional. Eles interagem com os objetivos da organização: o estratégico como um todo, tático com cada divisão ou unidade da organização e o operacional com cada tarefa ou operação a ser executada. A missão corresponde ao que a empresa se propõe a fazer, e para quem. A visão de futuro da organização deve ser cuidadosamente definida e divulgada entre todos dentro dela.

Essas informações e objetivos são diferentes no que tange a espaço organizacional e de tempo. Dentro das informações e objetivos estratégicos temos desenvolvidos os objetivos táticos e operacionais. Esse desenvolvimento tem grande importância, pois através dele que se pode alcançar os objetivos organizacionais de maneira macro.

Para que essas informações sejam de fato utilizadas no cotidiano organizacional e de fácil compreensão, se faz necessário que se tornem guias para as ações, devem ser pautadas em informações e fatos realísticos, de maneira que se possa mensurar os resultados ao longo do tempo e do desenvolvimento de suas ações.

Além disso, existe a necessidade eminente de se enxugar os níveis hierárquicos, assim buscando organizações enxutas e flexíveis, permitindo o desenvolvimento de estruturas mais competitivas em termos de fluidez e flexibilidade.

A ascendência vertical está cedendo lugar para o relacionamento horizontal, voltado aos clientes internos e externos. Deve-se buscar utilizar equipes funcionais, focadas em tarefas e estruturas horizontais para aproximar cada vez mais a organização do seu cliente.

As organizações devem partir para amplitudes administrativas mais amplas, que reduzem a supervisão direta e facilitam a delegação de responsabilidade e maior autonomia às pessoas. Bem como o processo de transferência de responsabilidades e decisões às pessoas envolvidas. Os gerentes devem delegar mais para fortalecer seus subordinados para que eles possam decidir sobre as ações relacionadas às suas atividades.

As organizações estão se estruturando sobre unidades autônomas e autossuficientes de negócios, cada qual atuando como um centro de resultado específico, com metas e resultados a alcançar. Para tanto, torna-se necessário um sistema de informações que proporcione a integração do todo da organização.

As organizações estão interligadas por meio da tecnologia da informação, pois ela possibilita estruturar uma organização integrada sem a necessidade de todos estarem em um mesmo local físico.

Podemos observar que as organizações estão preocupadas com os fins, pois almejam alcançar os objetivos, resultados e metas e não apenas com o comportamento das pessoas ou com os meios.

Assim, de maneira mais focada em seus clientes, busca orientar o comportamento das pessoas e não mais fiscalizar por meio de regulamentos, procedimentos, horário de trabalho e demais maneiras, mas sim, dando espaço para a missão da organização.

Consciência da relação da atividade-fim para com a atividade meio na atuação do profissional de secretariado

A qualidade do trabalho dos profissionais de secretariado depende, em sua maioria, da organização das atividades do ambiente onde atua e de seus superiores imediatos, bem como, da equipe que lhe dá suporte na dinâmica organizacional.

A agilização dos dados e das informações vem sendo feita por meio da informatização, que permite a captação da informação mais rapidamente com dados atualizados.

Em um ambiente de trabalho, isso se faz presente em várias atividades inerentes à responsabilidade do profissional de secretariado, pois existe a necessidade de obter rapidez das informações. Essa in-

Excelência no Secretariado

fluencia de forma direta na segurança das tomadas de decisões organizacionais, dinamizando os dados vindos de outros níveis gerenciais.

A precisão dos dados para a competitividade do mercado é fundamental para a tomada de decisões. Isso significa um aumento de rentabilidade diretamente ligada à velocidade da informação como suporte à tomada de decisões, com melhoria de qualidade e resultados, por isso é uma grande responsabilidade do profissional que manuseia essas fontes de informação, bem como, o tratamento delas para que possam ser apreciadas e a partir delas tomadas as decisões necessárias.

O profissional de secretariado tem como característica de sua função atuar na área administrativa e esta é responsável pela centralização e controle do fluxo de informações que servirão de base para a tomada de decisões.

Dentre as atividades meios mais importantes para que se possa desempenhar na prática as ações ao alcance dos objetivos estratégicos, temos a comunicação, pois sem ela não podemos desempenhar quase nenhuma outra atividade. A atividade-meio tem relação direta com a atividade-fim devido à contribuição direta e relevante para as tomadas de decisões, permite a realização de consultas e operações (simulações, cálculos e projeções) com os dados corporativos e do mercado.

Além disso, essas informações devem ser de caráter confidencial, permitindo acesso somente às pessoas que estiverem envolvidas no processo e delas necessitem para desenvolver suas funções.

O que é desenvolvido como atividade-meio tem a responsabilidade de gerenciar o fluxo do tempo a ser desencadeado para a execução de cada atividade com intuito de alcançar os objetivos propostos nas atividades-fim.

A administração do tempo, como a gestão de agendas pessoais dos superiores imediatos, com a utilização de recursos de comunicação internos e externos possibilita a consulta cruzada dos compromissos. Não obstante, devemos observar que essa atividade tem a incumbência de verificar os horários livres comuns de todos os participantes de forma que agilize o processo e alcance os resultados esperados com maior eficiência. Em conjunto com o controle do tempo e suas correlações, deve ser priorizado o acompanhamento e controle de cronogramas de projetos, de maneira que se possa agir com proatividade antes que os problemas se instalem de maneira crônica e de difícil manuseio com as ações de correções.

Depois de analisarmos as relações existentes entre as atividades-fim para com as atividades-meio e, dentre elas, as correlações de níveis hierárquicos, tais como as informações estratégicas, táticas e operacionais podemos dizer que as atividades mudaram de ma-

Alexandre Schumacher & Keyla Portela

neira significativa ao longo do tempo, com características tecnológicas e avanços na introdução de ferramentais eletrônicos na dinâmica organizacional, no entanto, a realidade organizacional não mudou no que diz respeito ao elemento humano. Por mais que existam equipamentos e softwares muito utilizados e de grande significância na dinâmica organizacional e assim repercutindo nos resultados competitivos junto ao mercado, não se pode negar que as relações humanas ainda são o alicerce de uma organização de sucesso e sua contribuição para uma sociedade mais humana e responsável.

Podemos observar também que o conhecimento da função e do ambiente de trabalho de maneira profunda e profissionalizada faz do profissional um exímio descobridor de novos saberes com a rápida percepção da obsolescência de funções e atividades disseminadas cotidianamente pelo macroambiente.

Muitas atividades estarão sendo substituídas por *softwares* ou por outros profissionais menos remunerados. E a cada dia são necessárias mais eficiência e eficácia no aprendizado de novas atividades e de inovações tecnológicas.

Diante do exposto, podemos afirmar que cada vez mais a aprendizagem contínua é a "mola" propulsora do mercado, pois mesmo que o indivíduo seja coagido pela força da contingência apreender e dominar conhecimentos de aplicabilidade imediata em atividades em que necessite agregar a si mesmo, é o "capital cognitivo" que permite permanecer ativamente no mercado de trabalho, vinculado a uma organização ou não.

As atividades organizacionais, sejam elas estratégicas, táticas ou operacionais estão intrinsecamente correlacionadas com o potencial competitivo da organização da qual faz parte, pois a instabilidade do mercado exige das organizações e de seus profissionais a atuação de maneira multifuncional e proativa.

Assim, sabemos que os ambientes de trabalho atuais, muito competitivos e seletivos, geram um crescimento com resultados organizacionais às custas das competências pessoais de seus profissionais, e não apenas das habilidades técnicas.

As organizações necessitam de profissionais cidadãos, envolvidos com o todo e preocupados com resultados satisfatórios à sociedade, pois para acompanhar as exigências do mercado globalizado e dinâmico, são necessárias as seguintes características: polivalência, multifuncionalidade, flexibilidade, saber trabalhar em equipe, ser criativo e estar predisposto a aceitar mudanças e desafios constantes.

A relação direta das atividades-fim com as atividades-meio, bem como o entrelaçamento das informações e objetivos estratégicos com os táticos e as execuções operacionais acompanham um pro-

Excelência no Secretariado

cesso histórico, ou seja, as grandes revoluções tecnológicas e científicas que marcam nossa época.

Dessa maneira, não há mais espaço para o profissional que pensa e age isoladamente, que focaliza apenas em sua especialidade e/ou particularidade.

13

Indicadores de resultado – Como identificar, mensurar e dar visibilidade aos níveis decisórios quanto aos resultados

Novas exigências foram incorporadas à profissão de secretariado: possuir uma visão holística da organização, antecipar-se às emergências e auxiliar diretamente o alcance dos objetivos corporativos são aspectos inerentes àqueles que buscam um resultado de alta performance e consequentemente, um diferencial em sua atuação

Cibele Ortega

Cibele Ortega

Formada em Automação de Escritórios e Secretariado pela FATEC-SP. Pós-graduada em Assessoria Executiva pela Universidade Ítalo-Brasileiro e em Ensino de Espanhol para Brasileiros pela PUC-SP. Desenvolveu sua carreira nos últimos 13 anos assessorando importantes executivos do ramo segurador e bancário. Atualmente, é Secretária Executiva Trilíngue no Grupo Segurador Banco do Brasil e MAPFRE. De 2010 a 2012, foi docente no Curso Superior de Secretariado Executivo Trilíngue da FMU. Autora do artigo científico "Secretária Executiva: estresse e emoção no trabalho" pela Revista de Gestão e Secretariado. É Presidente do Grupo de Secretariado Executivo da Câmara Espanhola de Comércio, atuando na organização de eventos e palestras direcionadas ao público secretarial.

Contatos
cibelecortega@hotmail.com
(11) 9 9788-3575

Cibele Ortega

NOVA REALIDADE

Desde o início da década de 90, o perfil do profissional de secretariado sofreu importantes alterações, deixando de ser extremamente tecnicista e absorvendo características comportamentais e estratégicas. Exímia datilografia ou boa redação em língua materna já não eram suficientes. Tornou-se então fundamental a inclusão tecnológica, o aprendizado de idiomas estrangeiros e a constante atualização quanto aos acontecimentos globais.

Um intrigante questionamento ainda persiste: apesar das perceptíveis mudanças e da incontestável importância desse profissional nas organizações, por que alguns acreditam que suas atividades *são simplistas, corriqueiras e impossíveis de serem mensuradas ou atreladas* às *diretrizes estratégicas*?

O objetivo deste capítulo é demonstrar as possíveis medições das atividades desempenhadas pelo profissional de secretariado, rompendo crenças e estereótipos. A partir de um exemplo corporativo, serão apresentadas ferramentas estratégicas e indicadores de gestão utilizados para medir a eficiência e eficácia de suas ações. Também se evidenciará que essa gestão de desempenho é um impulsionador-chave tanto para o crescimento da organização, quanto para a carreira do indivíduo.

DEFININDO AS METAS

As grandes organizações, nacionais ou multinacionais, definem direcionamentos correspondentes à sua **Missão, Visão e Valores**. Para que os preceitos definidos se tornem reais, todos os colaboradores, incluindo o profissional de secretariado, devem atuar de maneira assertiva e com foco no eficaz cumprimento de suas atividades. Assim, é necessário que, antes de definir suas metas, o secretário conscientize-se dos seguintes princípios:

- **Essência do Negócio da Organização em que atua**, isto é, se a **Missão** ressalta *"o cuidado e a proteção às pessoas"*, o secretário deverá apresentar um comportamento humanizado e acolhedor ao lidar com seus clientes internos e externos. Tal ação deve ser espontânea, ratificando sua identificação com a essência da organização. Muitos não se atentam a esse fator obtendo resultados insatisfatórios pela falta de sintonia entre seus valores e os organizacionais. O profissional deve certificar-se de que partilha dos mesmos ideais da companhia; caso contrário, o resultado será afetado.
- **Papel do executivo** que ele assessora e a compreensão de que as decisões da alta administração geram impacto no cum-

Excelência no Secretariado

primento dos planos de ações. Por assessorá-lo em assuntos estratégicos, deve gerenciar adequadamente o tempo de seus compromissos e atentar-se ante qualquer pendência que possa influir negativamente nos objetivos departamentais. É agir de maneira proativa e com empatia, colocando-se na situação vivenciada pelo executivo.

- **Papel do secretário** é entender sua importância em todo o contexto empresarial, quebrar seus próprios paradigmas e desenvolver ações que busquem não apenas a eficiência operacional, mas também a comportamental e a estratégica. Buscar um alinhamento resiliente e considerar tanto as questões organizacionais quanto as do executivo.

Conscientizando-se da importância dessas três dimensões, o secretário passa ao segundo passo: aplicar os princípios essenciais da organização em seu dia a dia. A **Missão, Visão e Valores** organizacionais vão além dos textos publicados em *intranets* ou murais e devem estar presentes no comportamento dos colaboradores. Em geral, as organizações de alta performance baseiam-se nos seguintes conceitos:

(a) Satisfação do cliente interno e externo;
(b) Velocidade de resposta diante de problemas e solicitações;
(c) Qualidade e precisão nas informações;
(d) Crescimento sustentável do negócio.

Pode-se dizer que as organizações buscam o reconhecimento de seus clientes e colaboradores por meio da agilidade na solução de problemas, com base em respostas corretas e com custo adequado para manter a lucratividade dos negócios. O planejamento estratégico anual deve alinhar-se aos conceitos estabelecidos na **Missão, Visão e Valores** organizacionais. Obviamente, o desdobramento nos planos departamentais manterá a mesma tendência, bem como as metas e objetivos de cada colaborador.

Uma vez entendida a relação entre **Organização – Executivo – Secretário** e que os planos estratégicos atrelam-se à essência da **Missão, Visão e Valores** organizacionais, o secretário estará apto para refletir e descrever suas próprias atividades e estabelecer objetivos e metas condizentes para cada um deles. Ressalta-se que tal ação deve ser realizada com o Executivo e que, indicadores desafiadores, porém atingíveis, devem prevalecer.

ESCLARECENDO CONCEITOS

Uma vez familiarizado aos preceitos da **Missão, Visão e Valores**

Cibele Ortega

organizacionais e ao **plano de negócio anual e departamental** e estabelecidos seus objetivos e metas, estará apto a identificar atividades e atribuir seus indicadores. Sendo assim, é importante que o secretário faça as seguintes análises:

Como a organização desenvolve seus planos de negócios?
Qual a diferença entre objetivos e metas?
Consigo visualizar com clareza quais são os indicadores de minhas atividades?

Os planos de negócios são definidos pela aplicação de ferramentas estratégicas. Um departamento específico ligado à alta direção define a melhor abordagem estratégica a ser utilizada. Um clássico exemplo é o **BSC** *(Balanced Scorecard)*, metodologia desenvolvida por professores da Universidade de Harvard e aplicada no setor público e no privado. Empresas que gerenciam suas estratégias por meio do **BSC** definem indicadores baseados em **quatro** perspectivas principais:

- **Financeira:** definição de objetivos financeiros de longo e curto prazo, visando à fidelização dos clientes, a conquista de novas carteiras e o crescimento da rentabilidade dos negócios.
- **Clientes:** diversificação da carteira de clientes, bem como a satisfação de seus consumidores. Há uma preocupação com a imagem e a marca da organização, definindo-se indicadores específicos para mapear o nível de exigência dos que utilizam seus serviços.
- **Processos:** eficiência e qualidade dos procedimentos internos da organização que refletem diretamente na satisfação do cliente. São definidos indicadores que mensuram quão precisas, velozes e sustentáveis são as etapas de cada fluxo.
- **Pessoas:** investimento e valorização dos colaboradores. Determinam-se indicadores para medir o nível de satisfação interna, bem como o investimento em capacitação, reciclagem e requalificação de seu capital intelectual.

A diferenciação conceitual entre objetivos e metas é fundamental para a confecção de um plano de atividades. Vejamos um conceito simples e didático:

- **Objetivo:** o que se deseja atingir ou alcançar em um tempo preestabelecido. Exemplo: *redigir atas de reunião com 100%*

Excelência no Secretariado

de precisão e enviá-las aos participantes em até 24h, após o término de cada evento.

- **Meta:** o parâmetro ou o indicador estabelecido para mensurar o cumprimento ou não do objetivo. Do exemplo anterior, temos: *redigir atas de reunião com* <u>100%</u> *de precisão e enviá-las aos participantes em até* <u>24h</u>, *após o término de cada evento.*

Nesse caso, 100% correspondem à **meta de qualidade**, ou seja, a ata deve retratar integralmente as informações e decisões tratadas na reunião. Já o prazo de 24 horas, refere-se à **meta de pontualidade**. Significa que o envio do texto para conferência e assinatura dos participantes não pode ultrapassar o ciclo de 1 dia. Aprofundando a análise, vemos que as duas metas estão correlacionadas a dois conceitos contidos na Missão, Visão e Valores:

(a) Qualidade e precisão nas informações;
(b) Velocidade de resposta.

Cabe ao profissional de secretariado colocar em prática os aspectos definidos na Missão, Visão e Valores, além de compreender quais sãos as perspectivas especificadas no planejamento estratégico da organização. Não há mais espaço para alienação ou indiferença, caso deseje assumir um papel de gestor de informações, pessoas e processos. É necessário fazer uso da estratégia organizacional e alinhá-la às suas atividades, desenvolvendo uma postura de líder quanto aos custos e à qualidade em suas tarefas.

COMO ESTABELECER E GERENCIAR AS METAS SECRETARIAIS?

Considerando as informações até então apresentadas, pode-se afirmar que as atividades secretariais são definidas de forma estratégica e devem ser mensuradas por meio da análise das métricas de gestão. Para exemplificar e ratificar as questões explanadas, apresentamos os passos da elaboração do plano de gestão de desempenho de *uma Secretária Executiva Trilíngue* que atua em uma multinacional localizada em São Paulo.

Inicialmente, a profissional levantou os princípios essenciais da organização e os objetivos macros definidos no plano de negócios. Em seguida, realizou uma análise e uma correlação de todo esse panorama com as suas atividades principais. A cada uma das atividades foram atribuídos pontos, sempre levando em consideração a importância de cada ação e sua influência no cumprimento do objetivo macro e da essência da Missão e Visão.

Ressalta-se que as atividades da profissional estão relacionadas

Cibele Ortega

basicamente à lucratividade da organização e à satisfação dos clientes e colaboradores. Esses são os objetivos macros definidos pela abordagem estratégica da companhia. Há também uma relação entre a Missão, Visão e Valores organizacionais com as métricas e o teor de seus objetivos. Tal análise inicial evidencia a necessidade do pensar estratégico no comportamento do secretário, bem como o conhecimento aprofundando quanto ao negócio da organização em que atua.

Em seguida, acontece uma reunião com o executivo para aprovação das métricas propostas. Os objetivos e metas, com pesos específicos e atrelados ao objetivo macro da atividade secretarial, são inseridos no Sistema de Gestão de Desempenho da profissional.

Atividades	
1.1.4. Prestar todo e qualquer suporte de rotina administrativa ao DG e aos gestores da Unidade	
1.1.4.12 Assessorar na gestão e acompanhamento da agenda do Diretor Geral da Assistência verificando diariamente o cumprimento dos compromissos existentes e o agendamento de novas solicitações.	10
1.1.4.13 Atender às solicitações de agendamento de reuniões dos Superintendentes Executivos e do Gerente Executivo de Relacionamento e Negócios, sempre que estas envolverem a agenda do Diretor Geral. Efetuar o acompanhamento semanal dessas demandas, bem como seu cumprimento.	10
1.1.4.14 Redigir atas de reuniões com 100% de precisão e enviá-las aos participantes, cumprindo o prazo de 24 horas após o término de cada encontro.	10
1.1.4.15 Acompanhamento das pendências das reuniões: mensalmente e sete dias antes do próximo encontro, comunicar formalmente aos participantes os pontos que ainda aguardam solução.	5
1.1.4.16 Acompanhamento das pendências das reuniões: três dias antes da reunião, encaminhar a pauta aos participantes com os assuntos principais e as pendências referentes ao último encontro.	5
1.1.4.17 Oferecer suporte administrativo ao Diretor Geral na execução e controle dos reembolsos de despesas por meio de consulta mensal ao Sistema Eletrônico de Pagamentos.	5
1.1.4.18 Gerir as requisições de táxi por meio de análise mensal do relatório de custos e aplicabilidade da norma de procedimento mediante cada solicitação.	5
1.1.4.19 Gerir as solicitações de viagens nacionais e internacionais de toda a Diretoria e Gerência Executiva de Relacionamento e Negócios por meio da análise mensal do relatório de custos e aplicabilidade da norma de procedimento mediante cada solicitação.	5
1.1.4.20 Garantir que 80% das solicitações de táxi e viagens cumpram com os critérios de suas políticas.	10
1.1.4.21 Acompanhar as tarefas destinadas à menor aprendiz da área e fornecer *feedback* trimestral para o auxílio em seu desenvolvimento profissional.	5
1.1.4.22 Organizar reuniões específicas da Diretoria Geral de Assistência efetuando 100% dos pagamentos dentro do vencimento.	10
1.1.4.23 Elaborar documentos (e-mails, apresentações, entre outros) nos idiomas português, inglês ou espanhol garantindo 100% de precisão nas informações.	10
1.1.4.24 Concluir o Curso de Gestão de Alta Performance.	10
Peso total informado: 100%	

Sistema de Gestão de Desempenho: Descrição de objetivos e metas.

Constata-se que os objetivos da profissional estão diretamente vinculados às atividades de *follow-up*, gestão de agendas, controle de custos, aplicabilidade das normas e políticas, elaboração de documentos em distintos idiomas, liderança e aperfeiçoamento contínuo. As métricas refletem principalmente a questão da pontualidade na

Excelência no Secretariado

entrega de documentos e a precisão nas informações, bem como a divulgação e o cumprimento das políticas internas. Caso desempenhe suas tarefas com eficácia e eficiência, isso refletirá nos objetivos departamentais e na projeção da organização como um todo.

Por fim, os indicadores são coletados, os resultados analisados e possíveis desvios corrigidos ao longo do ano. Trimestralmente, o executivo realiza reuniões de *feedback* com a profissional, quando são redefinidos direcionamentos e novas ações para manutenção ou ajuste no cumprimento das metas. Todo o procedimento é registrado no Sistema de Gestão de Desempenho, o qual servirá como prova documental diante de qualquer auditoria interna ou externa.

Ao final do ano, a profissional obtém uma nota que nada mais é que, o percentual de cumprimento dos objetivos. Em conjunto com o executivo há o fechamento do Sistema de Gestão de Desempenho, servindo a pontuação de base para o cálculo da participação de lucros e resultados que a profissional receberá. Dessa forma, a colaboradora possui um fator motivador externo para atuar com foco em seus resultados. A organização, por sua vez, conquista a fidelização de seu capital humano com altas probabilidades de atingir suas metas definidas no plano de negócio.

RESULTADOS!

O perfil secretarial mudou e se tornou mais participativo, arrojado e estratégico. Ainda que um resquício de preconceitos e estereótipos vinculados à profissão teime em pairar no ar, os fatos são aparentes: está comprovado que as grandes organizações enxergam o profissional de secretariado como atuante e fundamental no relacionamento interpessoal e resultados organizacionais. Uma prova dessa nova perspectiva é o estabelecimento e a mensuração dos indicadores das rotinas secretariais. Esse "olhar estratégico" à profissão deve ser celebrado, já que retrata a importância da profissão no âmbito corporativo.

Assumir uma postura secretarial contemporânea é sinônimo da busca incansável pelo aperfeiçoamento, da ânsia pelo conhecimento e da vontade de fazer mais e melhor pelo simples fato de que a organização e o executivo esperam mais que dedicação: buscam a capacidade de análise e interpretação com um toque de comprometimento e confiança que só o secretário tem.

REFERÊNCIAS

ALONSO, Maria Ester Cambrea. *A arte de assessorar executivos*. São Paulo: Edições Pulsar, 2002.

MAZULO, Roseli; SILVA, Sandra Cristina Liendo da. *Secretária: rotina gerencial, habilidades comportamentais e plano de carreira*. São Paulo: Senac, 2010.

NEIVA, Edmeia Garcia; D'ELIA Maria Elizabeth Silva. *As novas competências do profissional de secretariado*. 2. ed. São Paulo: IOB, 2009.

14

"Poder de ascendência do profissional sobre os órgãos decisórios"

"O homem é um animal teleológico, que atua geralmente em função de finalidades projetadas no futuro. Somente quando se leva em conta a finalidade de uma ação é que se pode compreender seu sentido."[1] (BOBBIO,2004)

Ivelise Fonseca

Ivelise Fonseca

Doutora em Direito do Estado (2012), sob orientação do professor Nelson Nazar, PUC-Pontifícia Universidade Católica, mestrado em Direito pela Pontifícia Universidade Católica de São Paulo (2005) e graduação em Direito pelo CENTRO UNIVERSITÁRIO UNIFMU (2002). Autora da obra *Efeitos da Reprodução Humana Assistida no Direito*. Atualmente é professora na FMU-Faculdades Metropolitanas Unidas, professora na Universidade de Santo Amaro. Tem experiência na área de Direito. Professora no sistema do Ensino a Distância; professora atuante junto ao curso de Ciências Contábeis, no ensino a distância- para correção de atividades. Professora da pós-graduação em MBA, Unisa. Também foi professora mestre, pela Faculdade Hoyler, para o curso de Administração, já participou como professora no quadro de professores dos cursos de Administração,Serviço Social e Segurança do Trabalho. Foi professora mestre, LFG-Pós-graduação, para TCCs e foi professora mestre na universidade Anhanguera Educacional. Foi membro do Grupo de Discussão & Capitalismo Humanista, dirigido pelo prof. Ricardo Sayeg-PUC-SP. Atua como membro da Comissão de Liberdade Religiosa da OAB-SP (desde 2009), relatora do 20º Tribunal de Ética da OAB-SP. Apresentadora do programa de TV: *Diálogos de Justiça*, produzido pela TV Unisa.

Contatos
ivelise.fonseca@uol.com.br
(11) 2528-0006

Ivelise Fonseca

A profissão de secretariado executivo, historicamente já destacada, merece a devida reflexão, por se apresentar em constante mudança.

A Gestão Secretarial requer alto desempenho, com o desenvolvimento de ferramentas tecnológicas, tem resultado em aceleração e ampliação destas finalidades e objetivos, no exercício profissional.

Anteriormente, as atividades tinham como finalidade: o atendimento telefônico, organizações de agendas, como já foi visto em seu desenvolvimento histórico. Já recentemente, o desígnio que concede sentido, nas ações do profissional de secretariado executivo, tem relação direta ao ato de assessorar, gerir, compartilhar responsabilidades, influenciando, de alguma forma, órgãos de decisão, dentro das instituições.

O fato é que a cada dia que passa o profissional de secretariado tem alargado sua atuação e somado mais atividades em seu desempenho, podendo inclusive ser caracterizado como um dos gestores estratégicos, na composição das atividades.

Em pesquisa de campo com secretárias executivas, questionadas se existe ou não poder de ascendência, em relação aos órgãos decisórios, em suas participações, vieram somar o destaque e a dinâmica deste profissional.

Profissional 1

"Dependendo do tipo de classificação da empresa, por exemplo, centralizada ou descentralizada. Acredito que a secretária, dependendo do tempo de casa e da confiabilidade, possa ter uma coparticipação nos poderes decisórios."

Profissional 2

"Sim, pois com a tabulação dos problemas que são resolvidos, contribui para a melhoria no atendimento, podendo com isso facilitar a decisão em uma negociação."

Claro que a expectativa do ser humano, em sua colocação profissional, é de galgar passos de sucesso. E para tal jornada, o alto desempenho é pressuposto de destaque e avanços.

Por isso, é valorosa a predisposição de manter-se na ampliação de paradigmas, como por exemplo, variando a postura subalterna em sua atuação e ciente, de que estando na função de secretário executivo, a performance alcança e influencia diretamente os órgãos decisórios, do gestor, para o qual se atua.

Muitas vezes, a empresa para qual se presta serviço ainda está em desenvolvimento paulatino para compreender esta amplitude na

---

[1] *A era dos direitos*, p.48

Excelência no Secretariado

atuação do profissional. Ainda assim, cabe àquele técnico demonstrar, por meio de uma postura diferenciada, o seu comprometimento com os resultados da empresa.

Nesta ótica, Douglas de Matteu destaca que *"algumas pessoas sobrevivem, outras vivem. Umas contam histórias, outras fazem história. Algumas vivem reclamando, outras realizando. Algumas pessoas focam o 'ser', e outras o 'ter'. Em meio a essas dualidades, o grande desafio é acessarmos nossa capacidade infinita de transformar, desenvolver e evoluir!"* [2] (MATTEU, 2012)

Logo, esta ação evolutiva do secretariado executivo, para uma visão de grande desenvolvimento e de reconhecimento de seu poder de ascendência, decorre também de sua autoconsciência em relação às suas habilidades, e a devida adequação a este perfil profissional, apontado no mercado de trabalho.

Competência, discrição, bom senso, maturidade emocional também são alguns dos ingredientes que fortalecem esta ascendência da atuação do profissional, no desenvolver de suas funções, e no bom resultado para as decisões de seu gestor.

A ascendência, esta influência, do profissional do secretariado executivo em relação aos órgãos decisórios da empresa, também resultam para sua efetividade, do preparo daquele, na atuação, com alguns elementos especiais, como por exemplo: o conhecimento da estrutura organizacional da empresa, desenvolvimento da habilidade de comunicação interpessoal, tomada de decisões acertadas com calma e bom senso.

Primeiramente, conhecer o planejamento estratégico e a estrutura organizacional da empresa, tomando ciência completa, inclusive do ramo de negócio da organização, para que sua atuação tenha efetiva ascendência, também é admirável por gerar inclusive segurança para o seu gestor, para que este possibilite maior espaço de atuação do profissional no seu ambiente de trabalho. Até porque o perfil de sua atuação também varia com o porte e atividade da empresa.

O dinamismo, facilidade no trato, a flexibilidade para as circunstâncias, o conhecimento técnico em relação ao ramo negocial, e ainda as multifunções empreendidas pelo profissional do secretariado embasam suas tabulações e propostas, no decorrer de seu dia a dia.

Assim: *"Conhecimento é poder, e saber como a rede opera é o primeiro passo em direção à solução de potenciais problemas"*. (CHRISTAKIS, 2010). Aí está também o papel de coapoiador do profissional de secretariado, atributo que, ao ser desenvolvido, vem a confirmar esse poder de ascendência, em relação ao seu superior, ou ainda aos órgãos decisórios.

---

[2] *Master Coaches- Técnicas e relatos de mestres do coaching, p.135*

Ademais, ponderando sobre este perfil profissional, Maria Elizabete Silva D'Elia demonstra a polivalente atuação, afirmando que o profissional de secretariado é um agente facilitador:

> Como agente facilitador é o elo entre empresa, clientes internos e externos. Como coordenador de informações, administra relacionamentos e conflitos. O profissional de secretariado trabalha para a organização e não só para o executivo. Conhece a filosofia, a cultura e o clima da empresa. É polivalente, tem formação eclética, investe no autoconhecimento e está sempre atento aos cursos de atualização existentes no mercado. Tem capacidade de se adaptar às mudanças. Eticamente, evita dualidades comportamentais, comunicando-se de forma rápida e eficaz. Tem noções de administração, planejamento, comunicação, psicologia, liderança, marketing, finanças, além de ser especialista nos conhecimentos de sua área.

Com essa contribuição, é possível deduzir que o profissional de secretariado tem em si, ao se aprimorar e desenvolver suas habilidades, este poder de ascendência, no mercado, especialmente quando atento também ao elemento da comunicação.

Assim, a afirmativa é coerente da atuação do secretariado com seu poder de ascendência, inclusive levando em consideração as variáveis, quanto ao tempo de casa, no tocante à atuação profissional, o grau de confiança desenvolvido por seus superiores, em sua atuação e, também, dependerá exclusivamente do desenvolvimento daquele profissional, ao galgar passos, buscando efetivar essa ascendência, como elemento facilitador, nas grandes decisões, no meio empresarial. Por isso a importância da busca do aperfeiçoamento e também da comunicação eficaz.

Segundo elemento a ser notado é a comunicação interpessoal. Como agente facilitador, sua comunicação deve ser eficaz, clara e torna-se admirável quando, aquele profissional, ascende em sua conversação, tornando-se o elo entre os departamentos estruturais na empresa, para qual presta serviço.

Na habilidade gerencial, como consequência do papel gestor do perfil do secretariado, a possibilidade de desenvolvimento deste poder de ascendência é muito eficaz, tendo em vista, que com a comunicação adequada, aquele é instrumento de interação entre seu superior e o meio institucional.

Nessa interação realizada a todo instante, cabe também o destaque do poder decisório. E esse processo de decisão, especialmente nas instituições, também tem ligação direta com o perfil do secretariado.

O processo de tomada de decisão, ao ser refletido por Daniela Amanda de Almeida Faria & Flávia Lopes Pacheco "envolve situações em que o profissional deve fazer uma escolha ou opção, e pode ser

Excelência no Secretariado

influenciado tanto pelos fatores internos, quanto pelos fatores externos da instituição. E este ato de decidir encontra-se inerte à natureza humana podendo este processo ser desenvolvido de forma simples, com ajuda de recursos que facilitem o alcance de seus objetivos, ou de forma mais complexa. Porém, de ambas as maneiras, são necessários os conhecimentos das habilidades tanto humanas como conceituais, o que exige uma visão sistêmica do todo." (Daniela Amanda de Almeida Faria & Flávia Lopes Pacheco apud Gomes 2013).

O ato de decidir é buscar uma solução para um determinado fato. E fatores como a globalização, o conhecimento, a comunicação, as circunstâncias e informações influenciam no momento seletivo da solução.

No ato decisório, o executivo de uma empresa ou ainda, os órgãos decisórios, baseiam-se também nas informações colhidas e reunidas pelo profissional do secretariado executivo. Tanto é assim, que relembrando os elementos especiais destacados e a pesquisa de campo empreendida, a comunicação interpessoal e o acionamento dos diversos departamentos estruturais, por parte do secretário executivo, resultam na reiteração do ato empreendido, muitas vezes por parte do superior ou do órgão decisório.

Nas diversas funções do secretariado executivo, confirma seu alto desempenho, a habilidade de ao ser demandado, para solucionar, certas questões, ainda que de âmbito de seu superior, aquele busque acionar diversos departamentos estruturais correspondentes, na busca da minimização do caso, para que, ao ser apresentado ao seu superior, assim o faça, da maneira mais clara e objetiva.

Com este perfil gerencial e de habilidade na comunicação, possivelmente, como averiguado em pesquisa, haverá resoluções de demandas, sem o envolvimento direto do gestor superior, e este provavelmente confirmará em sua decisão, o ato empreendido.

A ousadia nesta breve reflexão é observar que o poder de ascendência do profissional do secretariado, não está ligado tão somente à sua posição hierárquica, e sim especificamente, à sua capacidade de alto desempenho, sua forma de comunicação, a agilidade, nas resoluções, o conhecimento técnico, a busca também pelo aprimoramento, a possibilidade de se apresentar como coapoiador de seu superior, e inclusive quando se apresenta o bom senso e a calma, na gestão de sua atuação profissional, frente ao mercado intenso e dinâmico.

Há, no perfil profissional de secretariado executivo, como pressuposto de sua atuação, a reivindicação da consciência de sua lealdade e do bom senso, visto a autoridade que decorre de sua função, no cotidiano diretamente de seu gestor superior.

Não obstante a importância e a autonomia do gestor superior e dos órgãos decisórios, temática respeitada, mas não enfrentada nesta reflexão, o mercado requer deste perfil o bom senso e a eficácia, nos atos empreendidos, último elemento a ser destacado.

Bom senso, decisões sábias, capacidade de análise, coleta de informações técnicas concentradas, preparo científico, busca de conhecimento, comunicação interpessoal, agilidade, são alguns dos elementos que somados na atuação do perfil do secretariado, causam a ascendência no poder decorrente de sua habilidade profissional, inclusive influenciando direta ou indiretamente os órgãos decisórios.

Para concluir, o desejo é que se absorva a intenção motivadora, aqui descrita, do conhecimento de tamanha influência, e preponderância da atuação do perfil deste profissional nos atos decisórios, realizados no mercado de trabalho em que se atua. Ser agente facilitador é colaborar consciente, de que quando se muda, muda-se tudo ao seu redor. E estando apto para tais mudanças, suas atuações repentinas serão conectoras com os atuadores ao redor. Sua influência é real! Embora real a influência e ascendência do profissional em secretariado sobre órgãos decisórios, muitos ainda negam tal realidade.

REFERÊNCIAS

BOBBIO, Norberto. *A era dos direitos*. Rio de Janeiro: Elsevier, 2004. 7ª reimpressão.

CHRISTAKIS, Nicholas A. *O poder das conexões: a importância do networking e como ele molda nossas vidas*. Rio de Janeiro: Elsevier, 2010.

NEIVA, E. G., D`ELIA, M. E. S. *As novas competências do profissional de Secretariado*. 2. ed. São Paulo: IOB, 2009.

EDLER, Richard, *Ah, se eu soubesse...*, São Paulo: Negócio Editora, 1997.

FARIA, Daniela Almeida e Flavia Lopes Pacheco. *O Secretário Executivo e a Tomada de Decisão em uma Instituição de Ensino Superior do Estado de Sergipe*. Revista de Gestão e Secretariado, Vol. 4, n. 1, p.104-125, São Paulo, 2013.- fonte extraída do site DOI: 10.7769/gesec.v4i1.141. Acesso em: 03 de out. de 2013.

MATTEU, Douglas, *Master coaches: técnicas e relatos de mestres do coaching*. São Paulo: Editora Literare Books International, 2012.

SABINO, Rosimeri Ferraz; MARCHELLI, Paulo Sérgio. *O debate teórico-metodológico no campo do secretariado: pluralismos e singularidades*. Cad. EBAPE.BR, Rio de Janeiro, v. 7, n. 4, dez. 2009. Disponível em: <http://www.scielo.br/scielo.php?script=sci_arttext&pid=S1679-39512009000400006&lng=pt&nrm=iso>. Acesso em: 06 de out. de 2013. http://dx.doi.org/10.1590/S1679-39512009000400006.

VIEIRA, Maria Aparecida. *A função gerencial da secretaria executiva*. Disponível em: <http://www.fenassec.com.br/c_artigos_perfil_funcao_gerencial_secretaria_executiva.html>. Acesso em: 04 de out. de 2013.

Excelência no Secretariado

15

O profissional de secretariado – Equilíbrio entre qualidade de vida e qualidade profissional

O mundo moderno cobra cada vez mais resultados, energia, qualidade de vida e qualidade profissional de todos os profissionais, entre eles o de secretariado. A competitividade do mercado de trabalho é cada vez maior e seletiva. O número de competências exigidas se amplia, diariamente, aliado a uma demanda pelo aprender permanente

José Rubens D´Elia

José Rubens D´Elia

É diretor da Toucher Desenvolvimento Humano. *D'Elia Sports Consulting* (nome fantasia).Treinador olímpico e fisiologista de mais de 1000 atletas profissionais e atletas corporativos. Entre eles: os velejadores Robert Scheidt e Lars Grael, os pilotos Bruno Senna, Christian Fittipaldi e Jean Azevedo. Há 18 anos, realiza palestras, *coaching, workshops*, imersões e vivência para grupos. Sua metodologia desenvolvida e aprimorada através de anos de trabalho, oficializada no seu Livro "Fábrica de Campeões", é praticada como uma estratégia de sucesso para atletas-profissionais e profissionais-atletas. Consultor especialista em atividade física, do novo programa da Rede Globo, Bem-Estar. Comentarista das provas de Maratona, Ciclismo e Triatlo nos canais da Rede Globo de Televisão (aberta, Sportv e Globonews). Colunista das revistas especializadas O2, Bike Action, Dirt Action e Speedway, além do site Ativo.com. Colunista e apresentador do programa semanal – Vida Saudável, da Rádio Globo. Autor dos livros "Fábrica de Campeões" e "CICLISMO – Treinamento, Fisiologia e Biomecânica".

Contato
www.deliasports.com.br/

José Rubens D´Elia

Passou a fazer parte do perfil do profissional secretário a sua qualidade de vida pessoal, seu nível de equilíbrio emocional e seu papel de cidadão. Todo esse quadro, que é manchete desde o final da década de 90 e predomina no século XXI, ainda não foi incorporado nas atitudes, pois envolve uma grande mudança de comportamento. Muitos se encontram "perdidos" entre tantas solicitações e necessidades, sem saber, principalmente, como conciliar a qualidade de vida e qualidade profissional, independentemente, de ambas terem conexão direta e influenciarem no seu desempenho final.

Normalmente, a opção de muitos é pela qualidade profissional, pelo legado deixado pela família, escola e primeiros modelos do mundo do trabalho. No conflito diário, o trabalho tem mais força. Existe uma "permissão" clara para os *workaholics*. Trabalhar é sempre virtude, mesmo com os malefícios do exagero. Já o descanso, a qualidade pessoal, ainda contam com um ibope baixo, mesmo com toda a comunicação favorável a respeito.

Conciliar qualidade de vida com qualidade profissional é uma escolha, que passa, necessariamente, pela consciência, mudança de hábitos e comportamentos. Segundo a Organização Mundial da Saúde, os aspectos que têm impacto na saúde do ser humano são os seguintes:

- 10% - Plano de Saúde
- 17% - Meio Ambiente
- 20% - Herança Genética
- 53% - Hábitos e Atitudes

A boa notícia é saber que 53% está nas nossas mãos. Ao mesmo tempo que o grande poder está sob a nossa responsabilidade, ele também pode representar o "calcanhar de Aquiles". Ser responsável pelos nossos atos é um grande desafio. Exige muita coragem e persistência. Os velhos hábitos contam com o estímulo do "automático" que nos surpreende, mesmo quando "escolhemos" mudar.

Como quebrar esse círculo vicioso e instalar o virtuoso? Não há uma receita mágica, nem livro de regras para você profissional de secretariado. Mas, há caminhos já trilhados, que podem ser percorridos, com ajustes ao perfil da profissão polivalente e dinâmica, como também ao seu estilo de vida. Steven Covey, um dos grandes mestres quando se fala em novos hábitos, nos ensina os três fatores essenciais para iniciar a mudança:

- Conhecimento
- Capacitação

Excelência no Secretariado

- Escolha da mudança

Logo, é necessário conhecer o que você quer mudar. Em seguida, aprender a fazer o que é necessário para mudar. E o passo final é escolher mudar. Covey confirma que o sucesso está nas nossas mãos.

Aristóteles já dizia: "Somos o que repetidamente fazemos." E foi agregado valor ao pensamento: "Somos o que repetidamente fazemos, mas somos principalmente o que fazemos para mudar o que somos." Na atual arena corporativa, só terá sucesso o profissional de secretariado que cuidar da matéria-prima mais importante: a sua qualidade pessoal. Felicidade e sucesso fazem parte da nossa vocação. Podemos usufruir de ambos, sem prejuízo da nossa saúde, se estivermos dispostos a construir esse novo caminho.

É necessário fazer o melhor uso de "nós mesmos", de maneira integral, ou seja, desenvolvendo todas as dimensões do ser humano: física, mental, emocional e espiritual. O mundo exige. O cenário corporativo cobra. Empregabilidade é sinônimo de competência humana e competência profissional. Desenvolver essas duas vertentes da competência possibilita alcançar o perfil do profissional de secretariado que o mercado busca: gerador de resultados, criativo, conciliador, equilibrado, comprometido com a evolução e aprendizado permanente.

O trabalho secretarial é maravilhoso. Mas, não pode ser um esconderijo, uma fuga. Para muitas pessoas, o trabalho pode ser uma fuga; principalmente, para aqueles que não se identificam com os demais papéis exercidos na vida. Assumir a responsabilidade de algo, que não gera prazer, gera uma lacuna, que várias vezes é preenchida com o excesso de trabalho. O mantra da geração *workaholic* é "adoro o que eu faço". Concordamos que é necessário ter paixão pelo que se faz. Mas, como nas relações afetivas, se a paixão for cega, o prejuízo é grande.

Quando o profissional só pensa em trabalho, esquecendo-se de que é um ser integral, a energia sofre um processo de declínio, prejudicando a motivação e a produtividade. Profissionais secretários vencedores começam a descobrir que o corpo é a casa em que moram e que precisarão dele durante toda a vida. O nosso corpo pede muito pouco para nos devolver a energia e disposição que precisamos:

- Sono adequado
- Alimentação balanceada
- Atividade física sistemática

José Rubens D'Elia

- Relaxamento
- Meditação

Você, profissional de secretariado, que é mestre em administrar a agenda dos gestores, precisa usar essa mesma habilidade para se colocar também na agenda, com a mesma prioridade. A pressão diária não vai diminuir. O número de horas de trabalho também não. Não temos controle sobre esses fatores. Mas, podemos controlar a nossa atitude em relação a eles.

A afirmação de Ken O'Donnel pode nos preparar para conviver com o "caos", mas escolhendo atitudes de equilíbrio e qualidade. "Eu sou um ser de paz. Paz é o meu estado natural. Por mais que as pessoas e as circunstâncias me puxem para fora do barco da evolução espiritual, eu posso me segurar ao mastro da paz". O mais gratificante é perceber que a resposta está dentro de nós. Como diz sabiamente Michelangelo "Tudo está dentro da pedra. Só raspo as saliências desnecessárias". O ser humano é uma obra-prima pronta. Porém, precisa aparar suas arestas diariamente.

O mundo caminha para a velocidade máxima. Não sabemos mais qual será o limite máximo. Só sentimos e percebemos que o homem quer bater o recorde de correr, cobrar, viver sob pressão, sem se preparar para dar conta do que até justificaria viver sob esse estado, que é conquistar o sucesso e felicidade. Qual é então a estratégia? Qual a saída? Ou melhor, existem caminhos? Ou o destino dessa geração de profissionais é viver estressada, infeliz e sem saúde"?

Você, profissional de secretariado, tem uma missão dupla. Primeiro, precisa ser modelo e implantar a sua própria mudança. Depois, pelo seu papel profissional estratégico e agregador, atuar como um facilitador do seu ambiente e, gradativamente, do cenário corporativo. Com a sua aprendizagem, você ajudará muitas pessoas a perceberem que as ferramentas estão acessíveis. Mas, é necessário fazer o movimento de querer ativá-las.

A lição mais importante: saber olhar para dentro. O nosso território interior é quase inexplorado. Já fomos à lua, a outros planetas, mas temos a maior dificuldade para comprar o *ticket* para a viagem mais encantadora: a descoberta de nós mesmos.

Percorrer esse caminho, como fizeram os "bandeirantes", desbravando os lugares nunca trilhados, propiciará descobrir o tesouro, que nos dará tudo o que precisamos para conviver com o mundo de hoje e o de amanhã, sem abrir mão da felicidade, da saúde, do bem-estar e do sucesso.

Ao fazer essa escolha, é necessário assumir um grande com-

Excelência no Secretariado

promisso. Essa viagem não terá a velocidade a que estamos acostumados no dia a dia. Não haverá uma velocidade padrão. Dependerá da história de vida de cada um. Todos nós nascemos com as qualidades originais e com recursos internos para conquistar a saúde, o sucesso e a felicidade. Precisamos resgatar e acessar novamente esse estado natural de alta performance. Não há um caminho único. Cada profissional escolhe e monta a sua rota, com ingredientes que estão disponíveis para todos nós.

Como agente facilitador no mundo empresarial, você profissional de secretariado precisará desenvolver essas novas chaves para abrir a porta do equilíbrio entre vida pessoal e profissional:

- autoconhecimento
- permissão para desenvolver a sua qualidade pessoal
- prática de atitudes que nutram e reforcem o estado interno de qualidade, para poder interagir com profissionais "em estado de desequilíbrio" sem perder o eixo
- consciência dos sentimentos que revigoram a sua energia pessoal e possam também nutrir o ambiente pessoal e profissional
- predisposição para "captar" as necessidades emocionais do ambiente de trabalho e identificar as carências principais
- desenvolvimento da comunicação de "ponte", para erradicar os "muros" erguidos com o *stress*, a intolerância, o individualismo
- recarga diária das baterias, com um ritual de qualidade, adequado ao seu perfil, a sua disponibilidade, às suas crenças e à sensação de prazer

Inicie a nova caminhada e cuide da sua ecologia interior. Antes que os "complicadores "ocupem os seus diálogos internos, sinalizando que você não "terá tempo", quero contribuir com a sua primeira grande quebra de paradigma: você tem tempo. Como todos, você recebe, diariamente, 24 horas, que correspondem a 1440 minutos. Nossa proposta é homeopática. Usufrua de 15 minutos diários para você. Podemos garantir que é uma forma viável para iniciar o cultivo da sua qualidade de vida.

Para facilitar a organização do seu ritual de qualidade, relaciono algumas atitudes saudáveis, que cabem perfeitamente nesses 15 minutos. Observe que algumas delas necessitam apenas do tempo que você já utiliza para realizá-las. A mudança é na atitude.

Outra motivação para enfraquecer qualquer desculpa que "o lado interno sabotador" queira apresentar: as práticas sugeridas

José Rubens D´Elia

são todas com custo zero e com a duração de poucos minutos. Garantimos que o resultado é poderoso e compensador.

Dia de qualidade

1. Ao acordar, espreguiçar.
2. Alongar.
3. Agradecer mais um dia de vida.
4. Tomar banho com prazer. Usar os benefícios da água, em termos de nutrição, renovação, limpeza física e espiritual.
5. Tomar café com prazer. Exercitar o merecimento em cada refeição. Prestar atenção no que come e como come.
6. Escolher a sua roupa com carinho. Você merece estar bem.
7. Ler uma mensagem positiva, de acordo com a sua crença.
8. Sair de casa, gostando da autoimagem.
9. Escrever uma afirmação positiva para o seu dia.
10. Usar o percurso, para meditar e programar o seu dia.
11. Chegar ao trabalho feliz. Cumprimentar as pessoas, olhando-as nos olhos, chamando-as pelo nome (da forma que apreciam ser chamadas).
12. Se for sua crença, rezar pelo seu trabalho, pelas pessoas do seu departamento/divisão e, principalmente, pelas pessoas de difícil relacionamento.
13. Programar seu dia. Investir alguns minutos para organizar e identificar as prioridades em A-B-C.
14. Renovar a energia no meio do dia ou nos momentos necessários. Respirar, alongar, ler uma mensagem, dar uma volta, tomar água, falar com alguém alto-astral.
15. Agradecer todas as realizações do dia e parabenizar-se por tudo que realizou.

Ao perceber os benefícios desse ritual, você, poderá aumentar, gradativamente, o tempo dedicado a você, porque perceberá que tudo flui, quando estamos bem internamente.

O equilíbrio entre a sua qualidade de vida pessoal e qualidade profissional será uma conquista diária, que exigirá ajustes, disciplina, flexibilidade, mas, principalmente, que você se coloque em primeiro lugar, dando a si o carinho e a atenção que merece, para poder continuar a serviço dos gestores, das empresas e dos seus vários papéis.

REFERÊNCIAS

CARLSON, Richard & BAYLEY, Joseph. *No ritmo da vida*. Rio de Janeiro: Rocco, 2002.

COVEY, Stephen R. *Os 7 hábitos das pessoas muito eficazes*. 19. ed. São Paulo: BestSeller, 1989.

Excelência no Secretariado

CHOPRA, Deepak. *As sete leis espirituais do sucesso*. São Paulo: Best Seller, 1994.
DONNEL, Ken , *Lições para uma vida plena*. São Paulo: Gente, 2002.
GELB, Michael *O aprendizado do corpo: introdução à técnica de Alexander*. São Paulo:
NIVEN, David. *Os 100 segredos das pessoas saudáveis*. Rio de Janeiro: Sextante, 2004.

16

Valiosos profissionais - Secretárias, secretários e assessores

Valorização da profissão e participação nos resultados empresariais

O trabalho da Secretária Executiva como gestora de informações, pessoas e processos facilita a busca dos resultados, por meio de um assessoramento estratégico e inovador, maximizando o tempo do executivo, que deve permanecer voltado para a gestão do negócio

Márcia Rizzi

Márcia Rizzi

Bacharel em Ciências Jurídicas, pós-graduada em Administração pela FAAP, Liderança e Gestão de pessoas pela Amana Key, MBA em RH pela USP. *Coach* com formação pelo ICI Integrated Coaching Institute e IDPH – Instituto de Desenvolvimento do Potencial Humano. Desenvolveu carreira na Caixa Federal onde esteve como Gerente Geral, Gerente Regional e Superintendente de Negócios. É *coach*, palestrante e facilitadora de treinamentos na área comportamental. É autora de diversos manuais para treinamento e coautora dos livros: - *Ser+ com Coaching; Palestrantes Campeões, Manual Completo de Coaching, Gestão de Pessoas* e *Líder Coach*. É coordenadora editorial e coautora dos livros *Ser+ em Gestão do Tempo e Produtividade, Ser+ com Equipes de Alto Desempenho* e *Ser+ em Excelência no Atendimento ao Cliente*.

Contatos
www.marciarizzi.com.br
marizzi@uol.com.br

Márcia Rizzi

Pensar estrategicamente

Os efeitos da globalização estão presentes em todos os setores da economia aumentando a produtividade, gerando novas demandas, acelerando assim a economia, e em nosso país se faz sentir, acentuadamente, nas exigências de qualificação para o exercício de inúmeras atividades profissionais. Nesse cenário, algumas profissões enfrentaram o desafio de se reinventar, ou passaram por alterações que afetaram de forma significativa as rotinas diárias, assim, algumas se valorizaram enquanto outras se extinguiram. Empresas cresceram aceleradamente, adquiriram outras, se reorganizaram, e se reinventaram exigindo o mesmo de seus profissionais. Hierarquias e equipes enxutas fazem parte da estrutura organizacional levando atividades, até então delegadas apenas a gestores, a fazer parte do cotidiano de qualquer profissional. Neste cenário, nosso foco fica nas secretárias e assessores de toda ordem.

O livro "O Trabalho das Nações" da Organização das Nações Unidas-ONU, define a profissão de Secretária (o) como uma das mais promissoras por englobar multiplicidade e diversidade de tarefas. Assim, a profissão de Secretária é afetada diretamente com as mudanças e tendências do mercado por sua atuação nas organizações, pois, dentre suas habilidades estão as funções de assessoria, participação nos assuntos que envolvem a empresa de modo geral e tomada de decisão, além do domínio de outros idiomas. Ao lado disso tudo, as enxutas estruturas organizacionais abriram espaço para que o profissional do secretariado assumisse um papel estratégico dentro das organizações, o de gestor. Portanto, conhecer o negócio da empresa, sua missão, seus produtos, suas finalidades e a administração, é fundamental.

As secretárias não trabalham mais para um determinado executivo e sim para a empresa, estão mais envolvidas nos negócios da empresa e o executivo está delegando mais responsabilidades, exigindo cada dia mais da secretária para o alcance dos resultados esperados. Para atender a demanda, a Secretária Executiva tem que estar sempre atualizada e antenada ao que ocorre no mundo, ou seja, estar sempre aprendendo para assim, ter amplos conhecimentos para sua atuação. O que se espera atualmente é que essa profissional seja inovadora, capaz de gerenciar, coordenar e administrar, não somente o espaço físico, mas também pessoas, recursos e informações. E, para tanto, nada mais importante do que estar qualificada e atualizada.

Os pontos fortes da profissão são a expansão de limites com aumento de responsabilidades, cargo considerado de alta confiança, relativa estabilidade e bom salário, considerando o padrão brasileiro.

Excelência no Secretariado

Por outro lado, os pontos que ainda precisam melhorar são a grande variação de salários, muitas denominações para a profissão e falta de plano de carreira.

Assessoramento estratégico

A secretária é o agente facilitador, consultor e empreendedor. Sua atuação compreende a empresa, seus públicos e seus objetivos. O trabalho da Secretária Executiva como gestora de informações, pessoas e processos facilita a busca dos resultados, por meio de um assessoramento estratégico e inovador, maximizando o tempo do executivo, que deve permanecer voltado para a gestão do negócio.

Cabe à secretária atuar como um "filtro" na organização, a maior parte dos problemas deve ser filtrada por ela, evitando levar pequenos problemas para o executivo. A este, cabe a decisão final apenas em casos importantes e que representem algum tipo de risco para a organização. Neste momento, a visão da empresa como um todo também se faz necessária, uma vez que o executivo espera que junto com o problema venham sugestões para resolução. Para bem desempenhar, mesmo não exercendo cargo diretivo em uma organização, a secretária executiva atua como gestora e líder dos colaboradores.

Cabe aos que secretariam: compreender os campos da administração e recursos humanos, contabilidade, economia geral, direito e matemática comercial, legislação social, comércio internacional, técnicas redacionais e secretariais, organização de eventos e enquanto bilíngue, atuar nas quatro habilidades (fala, escrita, leitura e áudio compreensão) dos idiomas.

A satisfação dos clientes internos e externos é o principal objetivo da secretária executiva. Ela tem consciência que muitas vezes a sua postura refletirá a realidade de toda uma organização, bem como fortalecerá ou prejudicará a imagem da mesma.

Como chegar lá

Curso técnico ou superior para formação em secretariado e cursos frequentes para atualização passaram a ser uma necessidade e não mais uma opção.

Academicamente, a secretária executiva está sendo preparada para estar apta a assessorar e articular a área administrativa das empresas, instrumentalizando, em termos de idiomas e comunicação geral. A administração, planejamento e organização são conceitos que a Secretária Executiva deverá dominar em toda a sua extensão, além de estar

Márcia Rizzi

preparada para ser inovadora, criativa, empreendedora, comunicadora e articuladora. Como assessora e facilitadora, vem sendo o elo entre a empresa e seus clientes internos e externos e como coordenadora de informações administra relacionamentos e conflitos.

O mercado de trabalho está cada vez mais exigente com relação à formação das Secretárias Executivas, e a procura é por profissional com postura de gestora e assessora. Assim, os cursos de atualização envolvem temas como: Administração do Tempo, Planejamento e Organização, Trabalho em Equipe, Comunicação, Relacionamento Interpessoal, Inteligência emocional, Delegação com foco em resultados, Influência sem autoridade, Negociação, Organização de eventos, Etiqueta Empresarial, Gestão de conflitos, dentre vários outros.

Regulamentada pela Lei 7377 de 30/08/85 e 9.261 de 11/01/96, a profissão de secretária, tem também o Código de Ética (cópia da Lei e do Código de Ética podem ser acessadas no site www.fenassec.com.br).

Balanço profissional

A profissão de secretária mudou muito na última década e solidificou a imagem profissional de valorização e respeito.

Empreendedorismo, versatilidade, flexibilidade para trabalhar onde há trabalho, dedicação e empenho para acompanhar eventos em horários que extrapolam sua jornada, gestão de pessoas delegando e desenvolvendo, controle emocional para lidar com a complexidade e diversificação do ser secretária.

A Secretária Executiva utiliza, para o desempenho das suas funções, além das técnicas secretariais, ferramentas de motivação, liderança, comunicação, gestão, dentre outras.

Com o avanço da tecnologia, a Secretária Executiva foi buscar conhecimentos necessários e fundamentais para tornar seu trabalho ágil, conseguindo assim, mais tempo para desenvolver outras atividades. Deixou de ser somente apoio, para introduzir novas metodologias e exercer funções criativas, atendendo assim, as necessidades das organizações. O executivo começou a reconhecer e valorizar o papel da Secretária Executiva, quando esta passou a preparar materiais diversificados e criativos, específicos para apresentações em reuniões internas e externas, onde o executivo apresenta o trabalho idealizado por ele, mas criado, realizado e administrado pela profissional Secretária Executiva.

Em 30 de setembro, data comemorativa do dia da secretária (o) são merecidamente reconhecidas e tratadas como *super star*.

Excelência no Secretariado

Homenagem

Ao preparar este texto me percebo pensando, o que seria da minha carreira sem secretárias e assessoras da competência profissional e grandeza humana como as que fizeram parte da minha equipe ao longo dos 25 anos de carreira em um grande banco... Sabidamente, sem esse valioso apoio, minha carreira não teria acontecido de maneira tão próspera quanto ocorreu. Então, ao citá-las a seguir, minha homenagem e gratidão, por todos os momentos de partilha e pela amizade que, com muitas, se estende até hoje.

Márcia Pichatelli; Elizete Cominato; Tsato, Ana Maria Sasia, Cidinha, Nilce, Cristiane, Sonia Kubota, Dulce, Renata Berton, Kátia Sentinaro, Magali Medina, e recentemente, Shaiene R. Monteiro.

"Treine e valorize suas secretárias, porque elas podem, num único contato, melhorar ou destruir a imagem da sua empresa."
Daniel Godri

Parte 3

Gestão secretarial: A sutileza e a essência da gestão do conhecimento e das práticas gerenciais

Excelência no Secretariado

17

A atuação do secretariado executivo na gestão da informação e do conhecimento

As organizações antenadas com o mercado transformam **os dados e informações em conhecimento**. Assim, promovem meios para o profissional conciliar as metas individuais e coletivas, disponibilizando o seu conhecimento para atingir os objetivos organizacionais. Nesse contexto, o Secretário Executivo surge como gestor desses processos, estimulando e compartilhando suas experiências acadêmicas e profissionais com criação e inovação

Ana Cristina Silva

Ana Cristina Silva

Mestre em Ciências da Educação. Pós-graduada em Gestão de Pessoas, Qualificação em Gestão por Processos e Formação Gerencial. Bacharel em Secretariado Executivo. Autora do Capítulo - *Desafios e Perspectivas da Gestão de Pessoas: Conhecimentos, Habilidades e Atitudes*, do livro *Gestão Secretarial: o Desafio da Visão Holística*. Autora do Artigo: *Atuação e Competências do Secretário Executivo: Assessor, Gestor, Consultor, Empreendedor*. Desenvolve pesquisas em: Educação, Gestão de Pessoas, Administração, Tecnologia e Secretariado. Possui 21 anos de experiência em Assessoria e Gestão. Tem dez anos de experiência na docência do ensino superior e cursos de extensão. Atua com os seguintes temas: Estrutura Organizacional, Clima Organizacional, Assessoria e Gestão, Gestão de Pessoas, Gestão da Informação e do Conhecimento, Gestão Secretarial, Comunicação e Negociação nas Organizações, Gestão de Atendimento, Cerimonial e Protocolo, Etiqueta Corporativa e Social.

Contato
anacbrs@yahoo.com.br

Ana Cristina Silva

As transformações mercadológicas impactam sobremaneira a atuação do profissional de tal forma que influenciam o desenvolvimento do trabalho compatível com as expectativas da organização antevendo possíveis problemas e se antecipando com as soluções. Diante disso, a gestão passa a ter um papel fundamental para proporcionar a interação e vivência do conhecimento no processo de administrar as atividades profissionais para garantir o alcance de todos os recursos disponibilizados pela organização e para atingir os seus objetivos organizacionais.

Por outro lado, o domínio do conhecimento e a sua prática fazem parte de um processo de conjunções encaixando-se em um sistema orgânico. Assim, a gestão exercida pelo profissional tende a gerar benefícios daquilo que já existe na organização, aproveitando a oportunidade para compartilhar crescimento e desenvolvimento das metas organizacionais por meio das tomadas de decisões fundamentadas na transformação dos dados e informações com o apoio das funções administrativas. Assim, as soluções disponibilizadas pela massa intelectual existente na organização colaboram à superação das barreiras do ambiente interno de trabalho. Pois, compreende-se que a Gestão do Conhecimento é um processo que "visa gerir o capital intelectual da organização e estimular a conversão do conhecimento". (OLIVEIRA e ALVES, 2008, p.85)

Diante desse contexto, a gestão deve ser praticada e utilizada de tal forma que possa contribuir para o aproveitamento dos conhecimentos tácitos e explícitos dos profissionais. Entretanto, a organização precisa incrementar e valorizar sua fonte intelectual para aumentar a capacidade de produção com a Gestão do Conhecimento desde o nível estratégico ao nível operacional. Além disso, deve promover meios para disseminar e multiplicar esses conhecimentos em prol do alcance dos resultados organizacionais. Por outro lado, a preocupação com os meios utilizados para o compartilhamento do conhecimento deve existir, e estes devem ser bem escolhidos e delineados, caso contrário podem ocasionar dificuldades nesse compartilhamento.

Cabe destacar que a busca e importância dada ao capital intelectual surge a partir dos conhecimentos adquiridos pelo indivíduo. Nessa visão surge o Secretário Executivo como gerador de conhecimento, compartilhando-o por meio das suas ações com efetivação da Gestão da Informação e do Conhecimento ao atuar nas suas dimensões profissionais de gestor e assessor quando estimula e transforma sua experiência em valor agregado para a organização otimizando determinadas atividades. Discutir Gestão da Informação e Conhecimento na atuação secretarial sem citar a comunicação da

Excelência no Secretariado

empresa fragiliza a ideia de que sua atuação é importante nesse processo. Por isso, o papel desse profissional ao apresentar ao seu executivo a posição estratégica tantos dos grupos formais, mas também dos informais no compartilhamento e gerenciamento desse conhecimento é extremamente importante. Pois, o secretário desde os primórdios de sua história teve o poder do conhecimento em várias áreas e os transmitia a seu superior contribuindo com as tomadas de decisão. (NONATO, 2009)

Contudo, com a evolução profissional os atuais secretários adquiriram muitos conhecimentos os quais os aproximam cada vez mais dos níveis estratégicos da organização. Por isso, devem desenvolver competências que os ajudem a utilizar de forma eficiente "(...) o valor do conhecimento e o nível de uso" (PROBST, RAUB, ROMHARDT, 2002, p.169), significa dizer estar preparado para participar ativamente do processo da Gestão do Conhecimento, afinal existem barreiras, inseguranças, medo de expor as ideias em determinadas situações. Nessa perspectiva, o Secretário Executivo precisa acompanhar a evolução da gestão atuando como cogestor, buscando a direção esperada pela organização e pelos colaboradores em seu ambiente organizacional. Além disso, precisa transformar os dados e informações em oportunidades, buscando a integração "(...) de modo a viabilizar a ação organizacional, vindo esta a ser uma das principais tarefas gerenciais" (OLIVEIRA e ALVES, 2008, p. 53).

Entender o significado da Gestão da Informação e do Conhecimento bem como conhecer detalhes e relacionar essa nova prática organizacional torna-se obrigatório para o profissional que pretende agregar valor para sua organização. (...) o secretariado vem despontando com inúmeros conhecimentos, talvez a maioria presente somente no cotidiano do trabalho, sem ainda terem sido explorados e registrados. (MATIELO e DURANTE, 2001, p.52) Essa afirmação retrata a gama de conhecimentos que precisam ser pesquisados e estudados, bem como aproveitados, compartilhados, mapeados e disseminados pelo Secretário Executivo.

Conforme Miranda (2008) apesar da Gestão da Informação e a Gestão do Conhecimento serem diferentes na sua essência, são da mesma família da Gestão de Dados. Contudo, para uma melhor Gestão do Conhecimento torna-se necessário saber aproveitar o capital intelectual existente na organização. O Secretário Executivo está inserido neste contexto. Porém, não é fácil detectar-se tendo em vista que esse elemento-chave está na mente das pessoas. Assim, para compartilhar esse conhecimento é preciso a distinção entre dados, informações e conhecimentos bem como entender a sua relação.

Ana Cristina Silva

Essa lógica se sedimenta ao apresentar que as organizações devem ultrapassar os desafios identificando como trabalhar produtivamente com esses elementos de tal forma que possa agrupar todos os dados encontrados na organização, em categorias, dando-lhes aplicabilidade e transformá-los em **conhecimento.**

Sendo assim, pode-se afirmar que a sustentação do conhecimento organizacional está relacionada ao capital intelectual individual e coletivo que, por outro lado, precisa dos dados e das informações para desenvolvimento de suas atividades. A organização precisa ter bem definidas suas estratégias e devem estar bem estruturadas para dificultar qualquer reprodução. Ou seja, se os recursos são os conhecimentos presentes nos indivíduos, tornam-se muito mais estratégicos e valiosos.

Nesse contexto encontram-se os indivíduos, principalmente nos níveis estratégico e tático, podendo ser o profissional de Secretariado Executivo com o seu conhecimento tácito, mapeando esses conhecimentos, identificando-os, em quais níveis se encontram, como podem ser aproveitados e apresentados colaborando com o tratamento de dados pelo pessoal do sistema de informação. Essa etapa de descoberta, análise e pesquisa é imprescindível, pois, devido sua relevância torna-se necessária uma metodologia com modelos que orientem como fazer uso desse recurso estratégico de forma plena no respectivo processo.

Assim, o Secretário Executivo precisa ter o posicionamento e o entendimento de sua posição e atuação na organização refletindo de qual maneira poderá colaborar nesse processo de gestão a partir da definição das dimensões que mais se aproximam e estão vinculadas à área secretarial: assessoria e gestão (SILVA, 2009). Essa posição e reflexão tem papel fundamental tanto para a organização como para o profissional tendo em vista que para administrar o conhecimento, precisa-se "(...) avaliar as forças e franquezas da empresa em função dos elementos construtivos de gestão do conhecimento (...)".(PROBST, RAUB, ROMHARDT, 2002, p.215). A Gestão do Conhecimento está voltada para o conhecimento tácito buscando a informação tácita e explícita criando meios para estimular a inovação e a integração no compartilhamento, bem como o investimento em tecnologia para motivar "a descoberta do conhecimento", com inovação e apresentando um grande desenvolvimento organizacional. (BAIR e STEAR, 1997 apud MIRANDA, 2008)

Contudo, o conhecimento precisa ser bem utilizado buscando uma aplicação prática com resultados relevantes aos objetivos organizacionais, por isso a tecnologia da informação entra como ge-

Excelência no Secretariado

renciadora dos mecanismos para transformar os conhecimentos em novos produtos e serviços. Nesse contexto, o Secretário Executivo tem um papel fundamental, pois atua em constante comunicação com o nível estratégico, podendo contribuir com os objetivos organizacionais. Pois, as competências essenciais para gerir, disseminar e compartilhar a informação e o conhecimento proporcionarão a esse profissional uma posição estratégica e valiosa na organização e no mercado de trabalho. Compreende-se que a existência e necessidade de informação e conhecimento já existem há milhares de anos, mas a forma da sua utilização e sua efetiva aplicação é essencial para o alcance dos resultados organizacionais, "(...) o uso de conhecimento individual e organizacional para atingir as metas da empresa. (PROBST, RAUB, ROMHARDT, 2002, p.165)

Quadro 1 – Gestão da Informação e do Conhecimento: Papel do Secretário Executivo

Gestão da Informação	Gestão do Conhecimento	Atuação do Secretário Executivo
Princípios, métodos e técnicas utilizados na prática administrativa	Administrar ativos intelectuais	Dar subsídios ao nível estratégico - Assessoramento
Apoiar processos internos para garantir a qualidade das operações do negócio	Saber utilizar o conhecimento	Sugerir ideias Criação de valor
Armazenamento e controle centralizado da informação	Inventariar o conhecimento da organização	Apoiar a organização na sistematização para a catalogação dos ativos intelectuais
Enfatizar as pesquisas em repositórios de dados altamente estruturados	Estimular as iniciativas	Apresentar atividades e tarefas inovadoras
Coletar, classificar e distribuir a informação	Retenção seletiva de informações, documentos e experiência	Colaborar na formação de banco de dados especializados
Recuperar a informação	Recuperar os ativos do conhecimento	Transformar informação em conhecimento
Atingir a missão e objetivos organizacionais	Decisão estratégica	Facilitador da estratégia definida pelo nível estratégico
Foco no registro e processamento de informação explícita	Criar cultura empresarial propícia ao conhecimento	Colaborar no compartilhamento do conhecimento

Adaptado de Probst, Raub, Romhardt (2002) e Bair e Stear, (1997) apud Miranda (2008).

É importante ter a percepção que o conhecimento precisa de um processo de ações para que possa apresentar resultados. Por isso, a tecnologia e os sistemas de informação têm um papel imprescindível nesse processo, pois se não forem utilizados os métodos adequados para a inovação poderá ocorrer o fracasso em todos os níveis desde o tecnológico até o da própria empresa. Diante disso, elementos contributivos para o sucesso serão a eficiência de todos os níveis organizacionais. Apesar dos métodos contribuírem para o sucesso dessa transformação, cabe destacar que muitas vezes a organização não

Ana Cristina Silva

consegue ter acesso ao conhecimento dos seus funcionários. Por isso, o apoio do profissional de Secretariado Executivo nesse contexto é extremamente relevante tendo em vista que sua interação e atuação perpassa em todos os níveis organizacionais.

Portanto, torna-se necessário a esse profissional compreender sua importância na Gestão da Informação e do Conhecimento, buscando entendimento e as melhores práticas para contribuir ao respectivo processo de transformação do conhecimento para o alcance de resultados da Organização em que trabalha.

REFERÊNCIAS

MATIELO, Caroline de Fátima e DURANTE, Vaz Daniela Giareta. *Gestão do conhecimento secretarial e suas implicações para a Organização.* Revista do Secretariado Executivo, Passo Fundo, p. 49-63, n. 7, 2011.

MIRANDA, R. C. R. *Gestão da Informação e do Conhecimento: Paralelos e Contrastes.* Anais. II Congresso Ibero-Americano de Gestão do Conhecimento e Inteligência Competitiva (GeCIC). Brasília: Ibict, 2008. Disponível em:<http://si2008.ibict.br/anais/download_anais. php?file=gecic/painel_02/Roberto_Miranda.pdf>. Acesso em: 10 de ago. de 2010.

NONATO JÚNIOR, R. *Epistemologia e Teoria do Conhecimento em Secretariado Executivo: a Fundação das Ciências da Assessoria.* Fortaleza: Expressão Gráfica, 2009.

OLIVEIRA, Rezilda Rodrigues e ALVES, Bartolomeu de Figueiredo Filho. *Contexto de Compartilhamento do Conhecimento – O Caso do Serpro-Recife.* In: ANGELONI, Maria Terezinha (Org.) *Gestão do Conhecimento no Brasil: Casos, Experiências e Práticas de Empresas Públicas.* Rio de Janeiro: Qualitymark. 2008. p.51-60.

PROBST, G; RAUB, S.; ROMHARDT, Kai. *Gestão do Conhecimento: os Elementos Construtivos do Sucesso.* Porto Alegre. Bookman. 2002.

SILVA, Ana Cristina Brandão Ribeiro. Os desafios e perspectivas da Gestão de Pessoas: conhecimentos, Habilidades e Atitudes. p. 171-179. PORTELA, Keyla Christina Almeida; SCHUMACHER, Alexandre José. Gestão Secretarial: o desafio da visão holística. Volume I - Cuiabá: Adeptus, 2009.

Excelência no Secretariado

18

Gestão de pessoas: Dimensões profissionais

A gestão de pessoas pode ser compreendida como um sistema com interesses globais da organização, pois o desenvolvimento das competências dos colaboradores deve atender aos objetivos setoriais e organizacionais. O desafio dessa gestão: integrar objetivos organizacionais e individuais, para uma plena satisfação de ambas as partes, além de motivar a equipe a empenhar-se pela causa organizacional

Ana Cristina Silva

Ana Cristina Silva

Mestre em Ciências da Educação. Pós-graduada em Gestão de Pessoas, Qualificação em Gestão por Processos e Formação Gerencial. Bacharel em Secretariado Executivo. Autora do Capítulo - *Desafios e Perspectivas da Gestão de Pessoas: Conhecimentos, Habilidades e Atitudes,* do livro *Gestão Secretarial: o Desafio da Visão Holística.* Autora do Artigo: *Atuação e Competências do Secretário Executivo: Assessor, Gestor, Consultor, Empreendedor.* Desenvolve pesquisas em: Educação, Gestão de Pessoas, Administração, Tecnologia e Secretariado. Possui 21 anos de experiência em Assessoria e Gestão. Tem dez anos de experiência na docência do ensino superior e cursos de extensão. Atua com os seguintes temas: Estrutura Organizacional, Clima Organizacional, Assessoria e Gestão, Gestão de Pessoas, Gestão da Informação e do Conhecimento, Gestão Secretarial, Comunicação e Negociação nas Organizações, Gestão de Atendimento, Cerimonial e Protocolo, Etiqueta Corporativa e Social.

Contato
anacbrs@yahoo.com.br

Ana Cristina Silva

O Secretário Executivo e sua atuação na Gestão de Pessoas é um assunto muito complexo partindo-se do princípio de sua natureza, mas, acima de tudo um grande referencial a ser analisado e estudado no sentido de promover discussões em torno de sua grande colaboração no atual mercado competitivo. Compreende-se que em determinadas organizações, as delegações de competências são equivocadas. Por quê? Torna-se necessário detectar os conhecimentos, habilidades e atitudes dos indivíduos, para delegar responsabilidades, caso contrário não passará de uma tarefa a ser cumprida. Afinal, cada um tem competências diferentes entre si, pois se entende que competência está vinculada às múltiplas inteligências que o indivíduo possui. Inteligências que por si só são interligadas e mais aguçadas de pessoa para pessoa.

É comum ouvirmos que algumas pessoas têm inteligência para a arte, enquanto outras têm para a lógica, entre outras. E assim, questionamos, todos somos inteligentes, e a diferença é somente em relação às múltiplas inteligências. Essa realidade é tão contundente que se observa em determinadas regiões indivíduos que se sobressaem mais do que outros. Por isso, o entendimento das dimensões profissionais propicia a atuação do profissional como elemento integrante e influenciador no ambiente que atua. Praticar competências é um dos meios eficazes para o alcance dos objetivos organizacionais.

Nessa visão, o Secretário Executivo surge como uma mola propulsora para o êxito organizacional tendo em vista o seu conhecimento multidisciplinar de atuar em diversos níveis, transferindo assim seus conhecimentos individuais e profissionais à organização no seu ambiente interno e externo desenvolvendo com sintonia, conhecimentos, habilidades e atitudes, de tal forma que se consolide o ciclo de competências no âmbito da Gestão de Pessoas.

Conforme Fleury e Fleury (2001), as competências devem ser pensadas como um conjunto das capacidades humanas e devem ser alinhadas às necessidades dos cargos ou posições estabelecidas nas organizações. Já Silva (2005) explica que cada ação nas organizações requer uma competência diferenciada. As essenciais são as **Organizacionais, Técnicas e Individuais** – que atendem às necessidades da organização. As **Organizacionais** referem-se à visão dos gestores sobre as influências que impactam o negócio em que atuam. As **Técnicas** fazem parte da atividade operacional, da metodologia e procedimentos adotados e controles sobre os resultados e, por fim, as **Individuais** que estão ligadas à forma de interagir da pessoa.

Sendo assim, o mapeamento das competências individuais e profissionais é fundamental para qualquer organização. Diante disso, questiona-se: O *"turnover"* é frequente na organização? A mudança do funcionário para outros setores ocorre em pouco tempo de trabalho? Se essas situações ocorrem com frequência a intervenção da Gestão de Pessoas é imprescindível. Fundamentando-se nos conceitos apresentados infere-se que a importância das competências é um pressuposto básico no qual o profissional com visão ampla que agrega atitudes, habilidades e valores, além do conhecimento adquirido para a realização de atividades relacionadas ao seu cargo é requisitado e valorizado pela organização.

Na figura abaixo, observa-se a sintonia das competências, bem como o posicionamento e interação do profissional e organização pelas habilidades e entorno que na realidade são ações vinculadas às dimensões profissionais e associadas às competências.

Figura 1 – Interação do profissional e organização

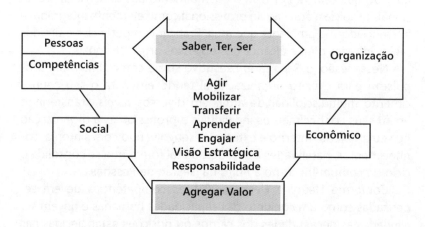

Adaptado de Fleury e Fleury (2001).

Partindo-se desse princípio, destaca-se a atuação do Secretário Executivo na organização, apresentando seu papel como gestor de pessoas. A partir dessa afirmativa, destaca-se a seguinte indagação. Quais as contribuições do Secretário Executivo para alcançar os objetivos da Gestão de Pessoas? As respostas a essas indagações funda-

---

[1] Índice de Rotatividade de Pessoas na Organização - http://www.catho.com.br/carreira-sucesso/gestao-rh/turnover-como-evitar-saidas-que-prejudique-sua-empresa

Ana Cristina Silva

mentam-se na formação acadêmica e na experiência profissional do Secretário Executivo compreendendo a Gestão de Pessoas e fazendo um comparativo com as competências secretariais ponderando como ele pode atuar como gestor de pessoas. Assim, destaca-se que os conhecimentos explícitos adquiridos ao longo da graduação o permite a atuar nas mais diversas áreas. Diante disso, considera-se que esses conhecimentos associados à educação continuada – especialização do Secretário Executivo em áreas do conhecimento que contemplam em seu conteúdo programático disciplinas relacionadas com o assunto, bem como de outras áreas do conhecimento proporcionam a possibilidade desse profissional atuar na Gestão de Pessoas.

Segundo as diretrizes curriculares do curso de Secretariado Executivo, "(...) deve propiciar uma formação que revele um profissional capaz de articular e utilizar raciocínio lógico, crítico e analítico; que tenha visão generalista da organização (...), que tenha habilidade para lidar com novos modelos de gestão; que seja líder, gestor e assessor administrativo (...)". Brasil (2005). Compreende-se que tais competências os deixam aptos a atuar como Gestor podendo exercer o gerenciamento de pessoas. Compreende-se assim que a capacidade gerencial exige justamente as dimensões citadas pelas diretrizes curriculares. Isso demonstra que a gestão exige os conhecimentos tácitos e explícitos de cada indivíduo e que, portanto, essa formação pode ser aprendida, desenvolvida ao longo da formação acadêmica do gestor e também de sua experiência profissional e individual.

O profissional deve ter noção das suas competências para uma gestão com qualidade, precisa mapear as lacunas e planejar a captação e desenvolvimento de pessoas, descrever essas competências, levantar o que tem documentado, bem como entender os processos necessários para selecionar competências externas, definir mecanismos de desenvolvimento, acompanhar e opinar os resultados alcançados e remunerar por competências.

Essas tarefas devem ser executadas de tal forma que as práticas estejam associadas às competências e ao desempenho. De acordo com Vergara (2009), o conhecimento amplo; lidar com a complexidade das organizações; ser flexível é fundamental para a atuação como gestor, pois as mudanças do ambiente interno e externo que impactam na organização são constantes. Além disso, deve ser sensível à realidade organizacional, principalmente no que tange às diferenças individuais nas equipes; ser capaz de conviver com as incertezas presentes nas decisões

Excelência no Secretariado

gerenciais e ainda lidar com as exigências de um aprendizado contínuo. Nessa perspectiva, destaca-se a exigência do mercado de trabalho por profissionais que extrapolem a fronteira das atividades básicas, refletindo estrategicamente com base na eficiência e utilizando suas competências em prol da organização. "(...) Influenciar as empresas a investirem em seu capital intelectual por meio de estratégias que proporcionem satisfação aos seus empregados de forma a estimular os indivíduos a agregarem valor à organização" Silva (2009). Nesse caso, o Secretário para alcançar o resultado esperado e ser um dos empreendedores das políticas de pessoal deverá trabalhar em conjunto com o setor de Gestão de Pessoas elaborando planos instrucionais cuja demanda seja fruto de sua prospecção em todas as áreas da organização.

O Secretário Executivo por sua formação tem dimensões inerentes a sua atuação: assessoria, consultoria, empreendedorismo e gestão, elementos que fazem parte das competências profissionais citadas por alguns teóricos. Silva (2009) destaca que a reflexão deve fazer parte do desenvolvimento do trabalho dos profissionais, observando que os métodos mudam e não podem ser habituais. "(...) as competências requeridas ao perfil adequado às novas transformações não se resumem a instruções prescritas. Torna-se necessário rever seus métodos, entendendo que os métodos habituais não são adequados a todas, ou seja, precisam acompanhar a evolução do mundo (...)".

Tal fato é observado pela formação e preparação desse profissional para o mercado de trabalho. "O bacharel em Secretariado Executivo deve apresentar sólida formação geral e humanística, com capacidade de análise, interpretação e articulação de conceitos e realidades inerentes à administração pública e privada, ser apto para o domínio em outros ramos do saber (...)" Brasil, 2005. Nota-se nessa afirmativa que as competências do Secretário Executivo o permitem exercer a função de gestor.

O Secretário Executivo como Gestor de Pessoas

As competências do Secretário Executivo como Gestor de Pessoas o aproximam dos níveis estratégicos da organização, podendo-se observar as suas competências que são aplicadas na gestão de pessoas conforme o quadro a seguir.

Ana Cristina Silva

Quadro 1 – Conhecimentos, Habilidades e Atitudes do Secretário Executivo aplicadas à Gestão de Pessoas

COMPETÊNCIAS SECRETARIAS - CHAS			GESTÃO DE PESSOAS	
Conhecimentos	Habilidades	Atitudes	Secretário Executivo	Setor
Fundamentos da organização	Processos decisórios	Aprendizado contínuo tomador de decisão	Promover meios para implementar e assegurar a vantagem competitiva	Assegurar uma vantagem competitiva
Psicologia organizacional	Lidar com Pessoas	Sensível à realidade organizacional Formação humanística	Colaborar no processo de motivação aos colaboradores Colaborar com programas	Proporcionar motivação aos colaboradores Manter qualidade de vida dos trabalhadores
Gestão de Pessoas	Agregar pessoas em função de objetivos comuns Lidar com pessoas	Capaz de diferenciar as competências do profissional	Agir com ética profissional	Assegurar uma política ética e de abertura
Empreendedorismo	Inovação	Observador, criativo, flexível	Promover mudanças Inovar	Gerenciar mudanças
Planejamento estratégico	Análise de fatores externos e internos	Ser determinado	Fornecer subsídios ao nível estratégico	Colaborar no alcance dos objetivos organizacionais Assegurar a missão
Gestão secretarial	Aplicação das dimensões secretariais	Ser analítico Ser reflexivo	Conhecer ferramentas organizacionais	Aplicar ferramentas organizacionais
Negociação	Conciliação	Ser articulador, ponderável	Participar do processo de negociação	Assegurar a harmonia e o consenso

Adaptado das Matrizes Curriculares do Curso de Secretariado Executivo de 3 (três) IES do Distrito Federal.

Diante do exposto e comparando as competências do Secretário Executivo com o foco da Gestão de Pessoas, compreende-se que as competências secretariais inseridas na formação acadêmica colaboram com alcance dos objetivos organizacionais. Dessa forma, pode-se inferir que esse profissional tem as condições necessárias para atuar satisfatoriamente na Gestão de Pessoas da organização.

É importante comentar que as IES transferem uma formação aos alunos contemplando várias disciplinas. Porém, considerando as demandas do mercado de trabalho se faz necessário observar todos os fatores que envolvem a prática dessas disciplinas. A teoria deve ser aplicada na prática para desenvolver todas as competências demandadas pelo mercado. Mudanças são recomendadas na atual sistemática da Gestão de Pessoas por algumas empresas para inserir o Secretário Executivo na elaboração de análises de tarefas, descrição e análise de cargo de maneira a se radiografar e se estabelecer o nível

Excelência no Secretariado

de necessidades, sem esquecer obviamente da análise organizacional.

REFERÊNCIAS

BRASIL. CNE. *Conselho Nacional de Educação. Câmara de Educação Superior.* Resolução CNE/CES N° 3/2005, de 23 de junho de 2005. *Institui as Diretrizes Curriculares Nacionais para o curso de graduação em Secretariado Executivo e dá outras providências.* Diário Oficial da União de 27 de 2005, n° 121, p. 79. Seção 1.

FLEURY, Maria Tereza Leme; FLEURY, Afonso. *Construindo o conceito de competência.* Rev. adm. contemp., Curitiba, v. 5, n. spe, 2001. Disponível em: <http://www.scielo.br/scielo.php?script=sci_arttext&pid=S1415-65552001000500010&lng=en&nrm=iso>. Acesso em: 17 de ago. de 2010.

SILVA, Mateus de Oliveira. *Gestão de Pessoas através do sistema de competências: estratégias, processos, desempenho e remuneração: fundamentos e aplicação.* Rio de Janeiro: Qualitymark, 2005.

SILVA, Ana Cristina Brandão Ribeiro. *Os desafios e perspectivas da Gestão de Pessoas: conhecimentos, Habilidades e Atitudes.* p. 171-179. PORTELA, Keyla Christina Almeida; SCHUMACHER, Alexandre José. *Gestão Secretarial: o desafio da visão holística. Volume I* - Cuiabá: Adeptus, 2009.

VERGARA, Sylvia Constant. *Gestão de Pessoas.* 7. ed. - São Paulo: Atlas, 2009.

19

Secretários-docentes: Um diferencial para a ampliação da docência secretarial

As dimensões organizacionais que abrangem o profissional de secretariado o privilegiam no desenvolvimento de novas competências e habilidades, tornando-o apto a ser multiplicador de conhecimento. No ambiente educacional esse profissional é privilegiado, pois o ensino deriva de seus saberes e experiências organizacionais, uma vez que a profissão se caracteriza com orientações e atuações práticas

Cibelle Santiago & Willyane Silva

Cibelle Santiago & Willyane Silva

Cibelle Santiago
Mestranda em Gestão do Desenvolvimento Local Sustentável, UPE. Especialista em Cerimonial e Protocolo, ESURP/2011. Graduação em Secretariado Executivo, UFPE/2010. Atualmente é sócio-empresária na SANTIAGO Produções, Cerimonial e Eventos, Secretária Executiva em empresa privada e Professora no Curso de Graduação em Secretariado da ESURP. Organizadora do V ENESEC, UNIFAP/2012; II ENESEC, UFPE/2009; I ERESEC, UFPE/2008. Palestrante no Projeto de Extensão RECOSEC/UFPB/2012/2013.

Contato
santiago.cibelle@gmail.com

Willyane Silva
Mestranda em Gestão do Desenvolvimento Local Sustentável-UPE. Pós-Graduada em Cerimonial e Protocolo-ESURP. Graduada em Secretariado Executivo, UFPE. Graduanda em Administração. Técnica em Turismo/IFPE. É servidora pública do IFPE, atua, atualmente, na Direção de Extensão da Proext. Professora de Programas de Extensão. Coordena projetos de extensão e pesquisa. Membro de corpo editorial de Periódico de Extensão.

Contato
freirewillyane@gmail.com

Cibelle Santiago & Willyane Silva

A presente futura carreira

Considerando que, na contemporaneidade, o profissional de secretariado executivo vem aprimorando suas habilidades e competências com vistas a adequar-se ao mundo do trabalho e às exigências deste, faz-se necessária uma contínua ressignificação das práticas gerenciais desse profissional. Nessa perspectiva, a Gestão Secretarial tem se fortalecido e o quantitativo de profissionais interessados em seguir essa carreira vem crescendo. Todavia, observa-se que é necessária uma ampliação de profissionais da área de Secretariado engajados com a educação, que se tornem multiplicadores de um conhecimento tácito ora gerencial, ora acadêmico. Assim, é preciso que a educação secretarial seja, cada vez mais, contemplada com profissionais que tenham graduação em Secretariado Executivo e, além da experiência profissional, adquiram inserção no meio acadêmico para que consigam transmitir aos estudantes a teoria e a prática simultaneamente. Discutiremos, neste capítulo, o número reduzido de secretários atuando como docentes. O objetivo desta discussão é identificar as estratégias que os secretários-docentes utilizam para estimular que o aluno em secretariado siga a carreira docente, assim como verificar quais os fatores que levaram os profissionais de Secretariado a atuarem como docentes.

Sabe-se, ainda, que existem docentes que não têm a formação em Secretariado Executivo, mas que ministram algumas disciplinas específicas e, por outro lado, muitos profissionais de Secretariado limitam-se a exercer apenas as atividades administrativas. De acordo com Farias e Reis (apud FRANÇOSO; JONAS, 2011, p. 2), isso "se deve ao fato do curso de Bacharelado em Secretariado Executivo, como o próprio nome diz, não ter como objetivo formar profissionais para a docência". Contudo, faz-se necessário que os estudantes dos cursos de graduação de Secretariado estreitem os conhecimentos teóricos com a prática exercida pelos próprios docentes secretários. Para disseminação dos saberes adquiridos em sala de aula pelos secretários-docentes e a didática conduzida pela aplicação prática, há uma maior necessidade de professores com formação específica em Secretariado para que os estudantes, além de interagirem com práticas profissionais, busquem no seu educador o exemplo a ser seguido e o exercício da mentoria e das potencialidades da profissão.

Portanto, o crescimento acadêmico dos estudantes e a profissionalização em prol da docência é um dos papéis relevantes a ser desenvolvido pelos docentes, que estejam engajados com o crescimento da profissão de Secretariado Executivo. Segundo Freire

Excelência no Secretariado

(1997, 27) "é preciso insistir: este saber necessário ao professor – que ensinar não é transferir conhecimento (...), mas também precisa ser constantemente testemunhado, vivido". Sob esse aspecto, Gil (2011, p.19) complementa que "no caso de disciplinas de cunho mais prático convém também que o professor detenha sólida experiência na área". Entende-se, então, que as disciplinas específicas de secretariado devem ser lecionadas por professores que tenham graduação em secretariado. Para isto, é imprescindível que os profissionais da área secretarial se interessem e sigam a carreira docente, pois o discente necessita de professores que, além de conhecer a teoria, a associem às suas experiências práticas.

Deste modo, o secretário-professor poderá dialogar com os estudantes com propriedade sobre saberes de uma atividade que ele já desenvolve, podendo contribuir para despertar o interesse pela docência. Assim, compreende-se como é relevante ampliar o número de docentes na área de secretariado, que tenham a formação específica, sem, contudo, deixar de proporcionar a interação com outros conhecimentos que complementem o saber do estudante. Em concordância com Tardif (2002, p. 39), "o professor é alguém que deve conhecer sua matéria, sua disciplina e seu programa [...] e desenvolver um saber prático baseado em sua experiência cotidiana com os alunos". Deste modo, o professor é um instrumento de oportunidades para que os estudantes, através dos saberes adquiridos, identifiquem e despertem suas competências e habilidades.

A metodologia empregada

Este capítulo deriva de um artigo científico, ainda não publicado, que foi desenvolvido pelas autoras sob uma metodologia de natureza bibliográfica que embasou uma pesquisa de campo. A pesquisa bibliográfica permite ao pesquisador reunir teorias que embasem os objetivos do estudo científico enquanto que a de a pesquisa de campo estuda um fenômeno de determinado universo para analisar a prática por meios de teorias (GIL, 2010). A pesquisa de campo é uma fase que é realizada para estudar um fenômeno de determinado universo, visando analisar a prática por meios de teorias. Portanto, o lócus da pesquisa foi a Universidade Federal de Pernambuco, pois, segundo Nonato Júnior, (2009) foi a primeira Universidade que teve o curso de secretariado reconhecido pelo MEC, no ano de 1978. Os sujeitos da pesquisa foram os professores da graduação em secretariado da referida IES, apenas, aqueles com formação específica.

A abordagem foi qualitativa que, de acordo com Minayo (2007), são expressões não quantificáveis que podem ser analisadas de acordo com as especificidades dos pesquisados. Através desta abordagem, foi possível explorar o universo de professores secretários a partir da análise do questionário aplicado com os professores da respectiva profissão. Dessa maneira, compreendeu-se apropriada a utilização de questionário aberto para que o sujeito explanasse sua percepção e concedesse dados que propiciassem a promoção da inferência pelos autores. Para o desenvolvimento dos resultados, os questionários foram tabulados e suas respostas foram analisadas conforme a percepção e inferência das autoras deste capítulo.

A análise dos dados

Para fundamentar as teorias citadas no decorrer do trabalho, serão apresentados os dados abarcados na pesquisa de campo, através da colaboração de dois questionários, embora foram aplicados três questionários. Dessa forma, então, utilizamos a descrição professor A e professor B, em suas respectivas respostas.

Quando questionados sobre **quais estratégias que os secretários-docentes utilizam para estimular que o aluno em secretariado siga a carreira docente.** O professor A diz que é "através de processos formais e informais de mentoria". Esse processo formal pode ser realizado através de orientação em atividades de monitoria, por exemplo. Infere-se que o mentorado pode ser acompanhado através da orientação adequada de um trabalho de conclusão de curso, de artigos, dissertações, além do exercício da docência, pois o educador deve atuar enquanto mediador pedagógico. A mentoria pode ser desenvolvida por orientação intelectuais, práticas, mercadológicas. Além da confiabilidade e o estímulo à autonomia do estudante atuando como mediador pedagógico.

O professor B, por sua vez, cita outra estratégia dizendo que tenta "despertar os alunos para verem a docência como mais uma possibilidade de área de atuação na carreira, mostrar as oportunidades de mercado, através dos editais de concursos para seleções de professores universitários para o curso de secretariado". Infere-se que as instituições de ensino público e federal realizam concursos para a contratação de novos professores, de maneira que existem alguns pré-requisitos para que tais profissionais possam ocupar o cargo, tais como Graduação em Secretariado, com Mestrado ou Doutorado. Vê-se, então, um nicho de mercado para atender a uma necessidade específica, no entanto, devido ao número reduzido de secretários que investem na formação continuada, as vagas são ce-

Excelência no Secretariado

didas aos profissionais de outras áreas do conhecimento.

Hoje, sendo secretário-docente quais os fatores que levaram os profissionais de Secretariado a atuarem como docentes?

O professor A afirmou que "por possuir um desejo de ser professor e, sobretudo, de querer ser um mentor capaz de auxiliar no outros no processo", ou seja, infere-se que o interesse pela docência é um processo dialógico do estudante para o docente e docente para o estudante. Da mesma forma que a vocação para a docência está vinculada à vontade intrínseca do estudante em atuar na área educacional, a decisão para O professor B afirma que os seus fatores estão relacionados à "visão da possibilidade de desenvolvimento de carreira. A percepção adquirida enquanto aluna, da necessidade de entender as disciplinas específicas em sua prática, sendo lecionadas por professores de áreas afins". Esta escolha está atrelada à participação de professores que direcionem e oportunizem os estudantes e profissionais aos caminhos da docência, demonstrando as possibilidades de utilizar suas competências e habilidades para o alcance dos resultados esperados pela sociedade, pelos profissionais da área, pelos espaços acadêmicos, pelos gestores educacionais e empresariais.

Entende-se, então, o quão é importante ter professores graduados em secretariado, pois no decorrer de sua vida acadêmica ele atuou como profissional desempenhando as atividades secretariais. Essa experiência o permitirá dialogar e interagir com mais intimidade do assunto junto ao aluno, devendo complementar a sua vivência prática com a teoria.

Um caminho a seguir: docência

O conhecimento das especificidades da profissão é inerente a quem nela atua, contudo o desenvolvimento das competências pedagógicas necessita ser incluídas no novo perfil do secretário. Todavia, para que o secretário se insira nesta carreira profissional e permaneça galgando outros caminhos da área educacional, é necessário que ele se aperfeiçoe continuadamente e seja envolvido em ações acadêmicas. No que tange aos motivos que estimularão secretário a seguir a carreira docente, esclarece-se que o mercado disponibiliza muitas oportunidades para professores universitários do curso de secretariado. Contudo, foi possível verificar que o desejo de compartilhar as competências secretariais são fatores decisivos para que secretários canalizem sua formação acadêmica e profissional à docência. Além disto, tem-se a necessidade de docentes formados na área que pudessem correlacionar o conteúdo das disciplinas à

Cibelle Santiago & Willyane Silva

realidade cotidiana dos secretários, motivo pelo qual estimulou as autoras desenvolverem este estudo. Espera-se que mais secretários busquem inteirar-se pela docência, primando pela formação de novos secretários com qualidade no ensino para que estes possam atender às exigências do mercado de trabalho.

O trabalho revelou que a UFPE no ano de 2013, tem-se apenas três docentes com essa formação básica, ratificando a necessidade de abertura de espaços para este profissional: secretário-docente. Espera-se, então, que outros professores estimulem os secretários a seguir o exercício da docência para que esta se torne mais uma opção de carreira pelos seus educandos. Esclarece-se que os professores graduados em outras áreas do conhecimento podem lecionar as disciplinas específicas de secretariado, como já ocorre atualmente, porém, no entanto, alguns detalhes que apenas são apreendidos na prática poderão não ser abordados, permitindo que o aluno vivencie sem o ensino prévio. Ratifica-se que o secretário terá mais capacidade técnica e aptidão para ensinar sobre as técnicas secretariais, além de trabalhar as quatro competências (assessoria, consultoria, empreendedorismo e co-gestão) com mais propriedade.

Atualmente, o secretário-professor, em qualquer que seja a instituição de ensino superior em que esteja alocado, tem a sua importante participação neste processo de formação, o qual servirá de agente inspirador para que tantos os discentes quanto os profissionais se descubram como protagonistas desta nova área de atuação: a docência.

REFERÊNCIAS

FRANÇOSO, A. C.; JONAS, R. A. P. *O profissional docente formado em secretariado executivo: a importância de sua atuação na graduação.* Anais 2º ENASEC, Passo Fundo: UPF, 2011.

FREIRE, Paulo. *Pedagogia da Autonomia: saberes necessários à prática educativa.* São Paulo: Paz e Terra, 1997.

GIL, Antonio Carlos. *Metodologia do ensino superior.* 4 ed. São Paulo: Atlas, 2011.

_____. *Como elaborar projetos de pesquisa.* 5 ed. São Paulo: Atlas, 2010.

MINAYO, Maria Cecília. (Org.) Pesquisa Social: teoria, método e criatividade. 25.ed. Petrópolis: Vozes, 2007.

NONATO JÚNIOR, R. *Epistemologia e teoria do conhecimento em secretariado executivo: a fundação das ciências da assessoria.* Expressão Gráfica: 2009.

TARDIF, Maurice. *Saberes docentes e formação profissional.* Petrópolis: Vozes, 2002.

Excelência no Secretariado

20

A atividade secretarial nos consultórios médicos

A humanização, então, requer um processo reflexivo acerca dos valores e princípios que norteiam a prática profissional, pressupondo, além de um tratamento e cuidado digno, solidário e acolhedor por parte dos profissionais da saúde ao seu principal objeto de trabalho – o doente/ser fragilizado –, uma nova postura ética que permeie todas as atividades profissionais e processos de trabalho institucionais

Dirce Stein Backes
Valéria Lerch Lunardi
Wilson D. Lunardi Filho

Denise Zaninelli

Denise Zaninelli

Desde dezembro de 1994, Secretária Executiva da Presidência e do Grupo Fleury. Desde 2009, Professora Universitária de Técnicas Secretariais na Universidade São Judas (1ª. a 3ª. séries). Pós-graduada, (Lato Sensu) em Assessoria Executiva pelo Centro Universitário Uni-Ítalo. Pós-graduada (Lato Sensu) em Gramática da Língua Portuguesa pela Faculdade São Marcos. Especialização em Secretariado Executivo pela Faculdade Ítalo Brasileira. Licenciada em Letras (Português/Inglês) pela Faculdade Ibero Americana. Graduada no curso de Tradutores-Intérpretes, idioma Inglês, pela Faculdade Ibera Americana. Diretora do Sindicato das Secretárias do estado de São Paulo – São Paulo – SP. Membro da International Association of Administrative Professionals - Kansas City, MO – USA.

Denise Zaninelli

A humanização no atendimento

Segundo A. Tavares de Sousa (1996), "durante muito tempo, o objeto de estudo da medicina pareceu ser a doença. Curar o mal, atenuar ou suprimir o sofrimento, evitar a morte iminente, tais foram os objetivos que, desde as origens, o homem procurou o ato médico. Mais tarde, os esforços para evitar ou prevenir a doença e para conservar a saúde, vieram também a integrar-se na medicina teórica e prática."

Atualmente, a humanização e o investimento no bem-estar do paciente são objeto de intenso debate no mercado de saúde.

Muitas dificuldades enfrentadas pelos usuários da saúde podem ser evitadas quando se ouve, compreende, acolhe, considera e respeita suas opiniões, queixas e necessidades.

Vale salientar que, com a maior facilidade de acesso a todo tipo de informação, o público-alvo deste mercado demanda um atendimento mais integrado, em que possa existir maior interação com os médicos e acesso às suas próprias informações de saúde. O tratamento das doenças com qualidade e segurança já não é suficiente. O paciente busca um monitoramento particular e individualizado, seja em casa ou no consultório.

Um atendimento humanizado pressupõe a união de um comportamento ético com conhecimento técnico. A presença dos profissionais de secretariado nos consultórios médicos reforça a prática de um atendimento diferenciado e humanizado.

O atendimento humanizado implica no atendimento com respeito não importa qual seja a posição social do paciente. Atualmente, não apenas a experiência que o usuário terá como paciente é capaz de determinar sua fidelidade, mas a soma de todos os momentos experimentados naquele ambiente. Nesse contexto, é imperioso o investimento em qualificação, tanto das equipes médicas como do pessoal de atendimento.

Para os profissionais de secretariado que atuam em consultórios médicos, a atividade de atendimento aos clientes requer uma interação e o estabelecimento de empatia no intuito de promover uma comunicação mais aberta e amenizar o estresse do cliente frente a sua patologia.

O atendimento em um consultório não se resume em direcionar os pacientes para as salas do médico, envolve não só atender pacientes bem como administrar tarefas rotineiras. Os secretários dos médicos constituem um público importante para as clínicas, são o elo entre os clientes e o médico, hospitais e operadoras de saúde.

Os profissionais de secretariado desempenham papel vital em todo o sistema médico e representam a linha de frente no relacionamento

Excelência no Secretariado

com os diferentes públicos e seu atendimento é fundamental para a satisfação dos clientes.

Entendendo as *soft skills*

No meio profissional, fala-se cada vez mais das *soft skills* que são algumas atitudes comportamentais inatas ou aperfeiçoadas por cada pessoa. *Skills* significa habilidades ou capacidades. É um termo da Língua Inglesa usado para designar a capacidade de concretização de forma rápida e eficiente um determinado objetivo. Pode-se dizer que são as aptidões, o jeito e a destreza aplicados por cada pessoa em determinada tarefa.

As *soft skills* servem para medir o nível de especialização do profissional, ou seja, a forma como desempenha as tarefas que se propõe a executar, a sua preparação e competência para um desempenho eficiente. Estão relacionadas com a inteligência emocional, com as habilidades mentais de cada pessoa. As *soft skills* determinam a capacidade de gestão e de relacionamento interpessoal, diferenciando de forma positiva um profissional.

Geralmente se associam à atitude positiva, autoconfiança, capacidade de trabalho em equipe, gestão do tempo e capacidade de agir em situações de pressão.

No consultório médico, a profissional de secretariado deverá ter as *skills* de:

- Adotar o perfil e o comportamento ideal de um profissional de secretariado;
- Organizar todas as atividades e administrar o tempo;
- Entender seu papel, a importância do atendimento com cortesia, respeito e qualidade;
- Atender pessoas difíceis, acalmar os pacientes irritados;
- Tornar o ambiente na sala de espera o mais agradável e acolhedor possível;
- Resolver reclamações;
- Realizar o atendimento telefônico correto.

O atendimento humanizado está em todas as práticas do profissional de secretariado do consultório médico. É o papel de tudo receber, tudo interligar, tudo mover. É o elemento que, de certa forma, conecta uma conversa à outra, interconecta os diferentes espaços de conversa. Em qualquer encontro trabalhador-usuário, em qualquer de nossas conversas, não cessamos de "acolher".

Denise Zaninelli

Esse conteúdo de atividade (a princípio de recepção, mas que está presente como parte de qualquer outra atividade que se dá no serviço) é a alma do chamado acolhimento-diálogo e desempenha, dessa forma, um papel central nas atividades do profissional de secretariado. Examinando mais de perto esse dispositivo presente em cada encontro, identificamos dois traços principais, já indicados nos dois componentes de sua própria designação: acolhimento-diálogo. Primeiramente, o acolhimento, que põe em relevo, antes de tudo, o caráter de um acolhimento "moral" da pessoa (usuária do serviço) e de suas demandas (o que pode envolver, muitas vezes, um sofrimento importante); esse gesto receptivo se faz acompanhar (dentro dos limites dados pelas circunstâncias concretas, como o bom senso faz supor) de um diálogo. Esse diálogo se orienta pela busca de um maior conhecimento das necessidades que o usuário se faz portador e dos modos para satisfazê-las.

O agir ético

A atuação do profissional de secretariado não diz respeito apenas aos conteúdos e atitudes, mas também a valores. Na verdade, fatos, conceitos, procedimentos estão intimamente ligados aos valores humanos. Desse modo, o trabalho secretarial, dentro do consultório médico, deve respirar ética.

A Hipócrates deve também a medicina um alto padrão de ética profissional cuja versão atualizada de seu juramento é adotada do Brasil[1]:

> "Prometo que, ao exercer a arte de curar, mostrar-me-ei sempre fiel aos preceitos da honestidade, da caridade e da ciência. Penetrando no interior dos lares, meus olhos serão cegos, minha língua calará os segredos que me forem revelados, o que terei como preceito de honra. Nunca me servirei da minha profissão para corromper os costumes ou favorecer o crime. Se eu cumprir este juramento com fidelidade, goze eu para sempre a minha vida e a minha arte com boa reputação entre os homens; se o infringir ou dele afastar-me, suceda-me o contrário."

O profissional de secretariado que atua no consultório médico será guiado pelo sigilo médico, o princípio ético mais rígido e ao mesmo tempo o mais observado e respeitado pelos médicos.

O médico será responsável pelo treinamento de seus profissionais de secretariado para que façam a observância do **"Código de Ética Médica - Res. (1931/2009) - Capítulo IX - Sigilo profissional:**

É vedado ao médico:

---

[1] Reproduzido da Revista Paraense de Medicina, vol. 17(1):38-47, abril-junho de 2003. *Juramento de Hipócrates.* Página visitada em 22 de fevereiro de 2010.

Excelência no Secretariado

Art. 78. Deixar de orientar seus auxiliares e alunos a respeitar o sigilo profissional e zelar para que seja por eles mantido."

No que diz respeito ao profissional de secretariado será também de sua responsabilidade obedecer ao seu próprio código de ética profissional:

Capítulo IV - Do sigilo profissional

Art.6º. - A secretária e o secretário, no exercício de sua profissão, devem guardar absoluto sigilo sobre assuntos e documentos que lhe são confiados.
Art.7º. - É vedado ao profissional assinar documentos que possam resultar no comprometimento da dignidade profissional da categoria.

Neste importante processo de interação entre paciente e consultório médico, a experiência do profissional de secretariado é de vital importância. Sua busca em aumentar sua eficiência deve ser constante. Observar, compartilhar informações e conhecimento, indagar, perceber e reconhecer as preferências e necessidades dos pacientes assume extrema relevância na procura das melhores decisões em saúde que atendam às expectativas de cada indivíduo.

REFERÊNCIAS

BACKES DS, LUNARDI, VL, LUNARDI, WD Filho. *A humanização hospitalar como expressão da ética.* Rev Latino-am. Enfermagem 2006 janeiro-fevereiro; 14 (1):132-5.

CAPRARA A, FRANCO, AL. A *relação paciente-médico: para uma humanização da prática médica.* Cad Saúde Pub 1999 jul-set; 15 (3): 647-54.

Código de Ética do Profissional em Secretariado. Disponível em: <http://www.fenassec.com.br/b_osecretariado_codigo_etica.html>. Acesso em: 30 de jul. de 2013.

Codigo de Ética Médica. Disponível em: <http://www.cremesp.org.br/?siteAcao=PesquisaLegislacao&dif=s&ficha=1&id=8822&tipo=RESOLU%C7%C3O&orgao=Conselho%20Federal%20de%20Medicina&numero=1931&situacao=VIGENTE&data=17-09-2009>. Acesso em: 30 de jul. de 2013.

MARTIN, LM. *A ética e a humanização hospitalar.* O Mundo da Saúde 2003 abril/junho; 27(2): 206-18.

21

O secretário e os processos de fusões e aquisições

O conhecimento do modelo de fusões e aquisições, como um todo, faz do profissional de secretariado um novo e diferente profissional neste setor, que, além de atender ao mercado de trabalho com excelente atuação, demonstra qualidade. Além disso, tem, cada vez mais, uma visão definida de sua identidade e reconhecimento do seu papel

Diana Goulart

Diana Goulart

Bacharel em Instrumento Musical (Piano) e pós-graduada em Educação Musical desenvolveu a carreira de Secretariado Executivo a partir de 1996, quando trabalhou no Morgan Stanley e na Estáter Gestão e Finanças, principalmente. Mantém seu foco na área de Secretariado, buscando sempre o "Coaching em Secretariado Executivo", visando "*time management, "feedback"*, delegação de tarefas e supervisão de secretárias e recepcionistas". É colaboradora da Toucher Desenvolvimento Humano e cursa "Secretariado Executivo Trilíngue" na Fecap (SP).

Contatos
dngoulart@hotmail.com
(11) 98269-0772

Diana Goulart

As operações de "Fusões e Aquisições" ganharam vulto no país nos últimos 10 anos e o volume e complexidade dessas operações intensificou-se a partir da procura por maior eficiência empresarial, pelo aumento das ofertas públicas de ações e movimentos de consolidação em vários setores.

O profissional de secretariado como parte do contexto organizacional precisa compreender como funciona o processo das operações de "Fusões e Aquisições" ou *Mergers and Acquisitions* - "M&A", na língua inglesa. A compreensão das etapas de M&A aliada às competências técnicas, leva esse profissional a atuar com qualidade nesse processo financeiro.

"Fusões e Aquisições" é o termo genérico usado para transações de compra, venda, fusão, reestruturação societária e *joint venture*, que é a combinação de diferentes empresas ou alianças estratégicas, fundamentais na expansão de instituições nos diferentes setores da economia. É um processo financeiro complexo com diferentes partes envolvidas, como, por exemplo, a empresa ou o acionista, a contraparte, assessor financeiro, assessor jurídico, empresas de auditoria e a mídia. Cada negócio envolve um trabalho extenso de análise, diagnóstico e avaliação da empresa, identificação de alvos (compradores ou vendedores), estabelecimento de estratégia de negociação, verificação das informações, coordenação e condução do processo como um todo e conclusão das negociações. Nem todas as empresas que estão atuando dentro da área de M&A, executam necessariamente todas as funções; o assessor financeiro, por exemplo, alinha-se com o cliente no sentido de executar a transação mais favorável dentro da regulamentação aplicável, do posicionamento da contraparte e perante outros acontecimentos que afetem a transação, participando de todas as etapas do processo, até seu fechamento. Há empresas, nesse processo que só executam a avaliação do negócio.

Um projeto em fusões e aquisições é um extenso processo que compreende etapas como: pesquisa de mercado, preparação, propostas preliminares, *due dilligence*, negociação, propostas finais, fechamento e divulgação. Algumas empresas também se envolvem no financiamento, ou seja, na captação dos recursos necessários para viabilizar a transação. De modo geral, a transação pode durar de seis meses a um ano, pelo número de variáveis que o processo comporta. Para melhor entendimento, 'pesquisa' e 'preparação' consistem no entendimento da empresa e seu setor de atuação em profundidade, identificação de potenciais alvos (compradores ou vendedores), racional da transação, etc. *Due dilligence* é um processo de investigação, confirmação e auditoria nas informações das empresas em questão. Essa fase é fundamental para confirmar os dados disponíveis aos potenciais compradores ou

Excelência no Secretariado

investidores e envolve informações financeiras, contábeis e fiscais, além de aspectos jurídicos, proporcionando maior segurança na negociação, em benefício de todas as partes. Além dessas etapas, é necessário considerar o que estabelecem os órgãos reguladores desse tipo de operação. No Brasil esses órgãos são a "CVM" – Comissão de Valores Mobiliários e o "CADE" – Conselho Administrativo de Defesa Econômica.

São exemplos de operações na área de fusões e aquisições: compra das "Casas Bahia" pelo "Grupo Pão de Açúcar"; venda da "Ipiranga" para a "Ultra, Braskem e Petrobras"; venda da "Aracruz" para a "Votorantim Papel e Celulose" e criação da empresa "Fibria"; compra do "Unibanco" pelo "Itaú"; compra do "BankBoston" pelo "Itaú"; fusão da "Sadia" com a "Perdigão"; compra da "Osklen" pela "Alpargatas"; fusão da "BMF" e "Bovespa"; venda da "Amil" para a "United Health Group"; fusão da "Drogasil" e "DrogaRaia", compra do "Banespa" pelo "Banco Santander"; compra do "Banco Real" pelo "Banco ABN"; compra do "Banco ABN" pelo "Banco Santander", entre muitas outras.

Quanto aos documentos que circulam num processo de M&A, todos são de extrema confidencialidade e assinados pelas partes envolvidas, como por exemplo, o "acordo de confidencialidade" para evitar vazamento de informação; o "mandato" – documento que define e determina os detalhes da operação entre o assessor financeiro e a empresa contratante, tais como prazos, etapas, remuneração, condições do pagamento e o "contrato de compra e venda ou associação" - documento que define o acordo final da transação e que deve ser meticulosamente elaborado pelos advogados de ambas as partes, revisados pelos demais assessores e partes antes da assinatura final.

O profissional de secretariado, apesar de não interferir diretamente nas decisões técnicas de um projeto de M&A, atua ativamente nesse processo. Participa das etapas de toda a transação e estende-se desde algumas áreas do conhecimento, passando pelas diversas competências e habilidades técnicas e atitudinais tais como: organização e planejamento, serviços ao cliente interno e externo, atuação como "*gatekeeper*", além de sua eficiência operacional.

No dia a dia das empresas de M&A, a rotina gira em torno de muitas reuniões internas e externas, ligações telefônicas, vídeo e teleconferências, viagens nacionais e internacionais e circulação e trânsito de documentos variados acerca do processo. Entretanto, de todas as competências quer sejam técnicas quer sejam humanas, a maior e mais importante é sem dúvida a capacidade de *confidencialidade.*

O Secretário como *gatekeeper*, pode ser definido como o primeiro contato de alguém externo, ou seja, a porta de entrada da empresa para qualquer cliente. O papel do *gatekeeper* é fundamental, uma

Diana Goulart

vez que é através dele que as empresas aproximam-se, tornando-se potenciais clientes ou assessores. A grande cilada para o *gatekeeper* é deixar-se manipular por alguém que o procura para obter informações confidenciais da empresa ou dos executivos. No M&A, até a ausência dos mesmos, é uma informação que às vezes, não pode ser fornecida.

Vale destacar que há alguns anos, talvez, o assessor não se desse conta da importância dessa tarefa. Hoje, o Secretário é muito mais um *"aproximador"* entre as corporações e tem consciência desse papel. É fundamental que o Secretário entenda o objetivo do negócio para que saiba fazer bom uso dessa posição, tendo em mente que passa a ser um Gestor da Segurança da Informação em todas as etapas do processo de M&A. O sentido da *confidencialidade* passa a ter um valor inestimável nesse processo. Ser, portanto, o agente facilitador desse processo de contatos entre as corporações e que podem gerar grandes transações é algo que faz com que a posição do profissional de secretariado executivo tenha relevância muito maior dentro do mundo corporativo e principalmente, dentro da área de M&A.

Dominar as técnicas de atendimento é um papel do Secretário e que deve ser desempenhado com qualidade. É essencial estar atento às primeiras informações: nome das pessoas, da empresa, telefones, e-mails, nome dos assistentes e quaisquer outras informações que se receba, sem distorcê-las. O mesmo vale para e-mails. Tais atitudes podem até parecer simples, pois são técnicas que o Secretário já domina, mas é preciso aliá-las ao conhecimento do processo de M&A para que tenha atitudes coerentes dentro do todo.

São muitas responsabilidades frente à equipe, sejam sócios, diretores, analistas ou quaisquer outros gestores. Normalmente, há muitas pessoas envolvidas em um só projeto como advogados, contadores, entre outros. E há uma verdade inegável: será sempre ao Secretário que os executivos e toda a equipe recorrerão, para solicitar os serviços. Por isso, além do quesito *confidencialidade*, o quesito *disponibilidade* é outra competência muito importante no processo de M&A, pois o processo muitas vezes exige que se passem horas ininterruptas no ambiente de trabalho.

Nesse caso, o conhecimento do modelo de fusões e aquisições como um todo, faz do profissional de secretariado um novo e diferente profissional neste setor financeiro, que além de atender ao mercado de trabalho com excelente atuação, demonstra qualidade. Além disso, tem, cada vez mais, uma visão definida de sua identidade e reconhecimento do seu papel. Lembrando de que a qualidade parte da essência desse profissional. Segundo D'Elia[1], *"suas ações de qualidade são o mais forte aval de seu credenciamento como profissional da área".*

O ambiente de trabalho e o relacionamento com a equipe são im-

---

[1,2] Profissionalismo – Não Dá Para Não Ter.

Excelência no Secretariado

portantes para que possa executar as suas atividades com qualidade. Vale dizer que quanto menor a empresa, maior a percepção de tudo o que acontece; e quanto maior a empresa, menor a percepção. Ainda, segundo D'Elia[2], *"um profissional competente é também congruente"*. Cabe ao Secretário encontrar o equilíbrio entre tudo isso e tornar-se um profissional harmônico, adequado e coerente nas suas atitudes e tarefas.

Além de todos esses aspectos, o Secretário dentro dos processos de M&A, pode ainda desempenhar um outro e importante papel: agente facilitador de mudanças. É exatamente nos processos de fusões e aquisições que o Secretário atua com o importante papel de equilíbrio dos setores onde houve mudanças nas empresas, cabendo a ele, atuar em muitos ambientes organizacionais de maneira tal, que facilite esse processo.

O agente facilitador de mudanças também contribui na acomodação cultural que um processo de M&A pode gerar. As culturas organizacionais das partes envolvidas podem por vezes chocar-se, ou por vezes, interagir. O Secretário, como parte integrante do processo tem conhecimentos e ferramentas para, no relacionamento que estabelece com os colaboradores, contribuir para minimizar conflitos, inseguranças e até mesmo as resistências, sem com isso, ser necessário quebrar a confidencialidade inerente ao processo. Segundo, Mata, 2008:

> "É justamente o comportamento do Secretário Executivo frente às mudanças que afeta o comportamento do departamento ou setores organizacionais quanto à adesão e assimilação. Sua atuação é determinante para um clima de ajustes e de visibilidade quanto aos benefícios da mudança."

Nos processos de M&A, o Secretário deve primar pela sua excelência executiva. Há algumas escolhas: ser um profissional de secretariado que entende do seu segmento de negócio e como ele funciona dentro da área em que está inserido, ou simplesmente aceitar ser um mero assistente que não entende do que faz e porque o faz. E isso não é bom, nem para a carreira e nem para a imagem profissional. Além do que, isso não gera satisfação. O mais compensador é o Secretário ser reconhecido por entender e fazer bem o seu trabalho, dentro da sua área. Nesse caminho, estará entre os melhores profissionais do mercado.

O reconhecimento para muitos, pode ainda não ser como se gostaria, mas tem vindo a passos largos para aqueles profissionais que executam com eficiência e se dedicam ao que fazem. Por isso, competência, dedicação, inteligência, observação, confiança, simpatia, maturidade e talento aliados à visão global; e o amplo conhecimento do campo de atuação, conduzem o profissional de Secretariado cada vez mais ao reconhecimento, não apenas em seu local de trabalho, mas principalmente na veloz e mutável sociedade contemporânea.

Diana Goulart

O profissional que se especializa em determinada área deixa de ser somente um generalista e se torna um especialista, o que também pode lhe conferir um papel de maior responsabilidade dentro da empresa. Compartilhar informações e delegar tarefas: isso é gestão do conhecimento. Essa é a evolução da gestão secretarial e dentro do mercado de M&A, também há lugar para a evolução desse profissional. Compartilhar, delegar e administrar é sinal de maturidade e pode ser o papel atribuído ao supervisor de um time de assistentes, por exemplo. Aí está a evolução na carreira.

REFERÊNCIAS

D'ELIA, Maria Elizabete Silva. *Profissionalismo – Não Dá Para Não Ter.* 5. ed. São Paulo: Editora Gente, 1997.

RIZZI, Marcia, SITA, Maurício. *Ser + Em Gestão de Tempo e Produtividade.* São Paulo: Editora Literare Books, 2011.

GOLEMAN, Daniel. *Inteligência Emocional: a teoria revolucionária que define o que é ser inteligente.* 2. ed. Rio de Janeiro: Editora Objetiva, 2007.

SCHUMACHER, Alexandre José. *Gestão Secretarial: o desafio da visão holística.* Volume I.- Cuiabá: Adeptus, 2009.

Excelência no Secretariado

22

A tecnologia da informação como patrimônio empresarial

Na realidade atual das empresas, é preciso que cada funcionário seja protagonista nas decisões dela, ou seja, que saiba refletir sobre a importância de seu papel e imprima seu estilo e ritmo, avaliando seus conhecimentos na execução das suas tarefas ou àquelas que se propõe a fazer. O fluxo da informação não deve correr riscos em decorrência das incertezas sobre o não conhecimento das tecnologias disponíveis, muito menos na omissão de tomadas de decisão erradas ou omissas

Inês Restier

Inês Restier

Consultora em Treinamento Empresarial. MICR – Consultoria e Treinamento Empresarial Ltda.

Contatos
www.micr.com.br
ines@micr.com.br
micr@micr.com.br

Inês Restier

A informação é um patrimônio, possui valor. É um conjunto de dados classificados e organizados de forma que uma empresa ou qualquer outra entidade possa utilizá-lo para um determinado fim. A informação é tão importante que pode determinar a sobrevivência ou a descontinuidade de um negócio, basta pensar no que aconteceria se uma instituição financeira perdesse todas as informações de seus clientes ou imaginar a má utilização de uma informação relevante. Diante desses desafios, grandes organizações investem pesado nos recursos necessários para obter e manter as suas informações. Então, como podemos definir a Tecnologia da Informação? A Tecnologia da Informação pode ser definida como o conjunto de todas as atividades e soluções providas por recursos computacionais que visam permitir a obtenção, o armazenamento, o acesso, o gerenciamento e o uso das informações. Na verdade, as aplicações para esse tipo de tecnologia são muitas e estão ligadas às mais diversas áreas, tendo várias definições para a expressão e nenhuma conseguindo determiná-la por completo. Sendo a informação um patrimônio, um bem que agrega valor e dá sentido às atividades que a utilizam, é necessário fazer uso desses recursos de maneira apropriada, ou seja, é preciso utilizar ferramentas, sistemas ou outros meios que façam das informações um diferencial.

Além disso, é importante buscar soluções que tragam resultados realmente relevantes, isto é, que permitam transformar as informações em algo com valor maior, sem deixar de considerar o aspecto do menor custo possível, portanto, tudo isso dependerá da cultura, do mercado, do segmento e de outros fatores relacionados ao negócio ou à atividade da empresa. Muitos cuidados nas escolhas dessas tecnologias precisam ser feitas, do contrário, gastos desnecessários ou perda de desempenho e competitividade podem ser a consequência mais imediata. Nesse caso, independente da aplicação, outros aspectos devem ser considerados como: segurança, disponibilidade, comunicação, uso de sistemas adequados, tecnologias e legislação local.

Apesar do segmento de mercado ou do porte da empresa, sem os recursos da Tecnologia da Informação, muitos negócios se tornariam inviáveis ou pouco competitivos, mas é fator importantíssimo que a utilização dessas ferramentas pelos funcionários das organizações, resulte na não subutilização do recurso, comprometendo o retorno sobre esse investimento. Para tanto, modelos de gestão deverão ser submetidos a uma rigorosa avaliação e possíveis ajustes nas políticas internas de armazenamento, escaneamento, sigilo e segurança deverão ser monitorados, e os tempos e maneiras de guarda de documentos e informações deverão estar de acordo com a legislação vigente.

Então, deste ponto em diante, a Tecnologia da Informação nos propicia o bom Gerenciamento das Informações pertinentes a cada or-

Excelência no Secretariado

ganização, e os seus gestores, que delas necessitam, devem cuidar de maneira que estejam em consonância com seus modelos decisórios, ou seja, estruturada para analisar o fluxo existente.

Esse fluxo de informações na empresa deve seguir um roteiro que garanta a todos, interna e externamente: políticas claras e ajustadas, normas de procedimentos condizentes com o negócio da empresa e compreendidos e absorvidos por todos os seus usuários. Formas de armazenamento e arquivamento adequados, com seus tempos de guarda legais rigidamente obedecidos, preservando integridade, credibilidade, sigilo e segurança.

Basicamente, devemos garantir as respostas às seguintes perguntas:

1. De que maneira a informação entra na empresa?
2. Como essa informação é identificada e distribuída?
3. Qual é a decisão a ser tomada? Quem a toma?
4. Quais as fontes para a elaboração da tomada de decisão em relação a essas informações?
5. Qual o controle de informações anexadas?
6. Como os resultados dessa informação são transmitidos aos usuários?

Gráfico do fluxo das informações informatizadas:

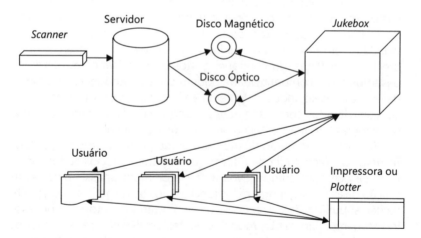

Outro fator relevante é a relação à confusão que se faz entre a significação das palavras: "dados" e "informação". Enquanto "dados" podem ser visualizados e discutidos de forma isolada, desconectados do contexto dos usuários, a "informação" decodifica, organiza e contextualiza esses dados de acordo com as necessidades dos responsáveis

Inês Restier

pelo processo decisório. Portanto, conforme escreve Sérgio Rodrigues, em seu livro "Sistemas de Informação – um enfoque gerencial": "a essência do planejamento e do controle é a tomada de decisão. Esta, por sua vez, depende de informações oportunas de conteúdo adequado e confiável. Isso pressupõe certo grau de consciência por parte dos executivos sobre os processos decisórios em que estão envolvidos e o desenvolvimento de um sistema de informação sintonizado com as necessidades de informação desses processos decisórios".

Conforme Ilse Maria Beuren, consultora no campo de sistemas de informações gerenciais: "para aproveitar ao máximo o potencial da tecnologia da informação, ela deve ser desenvolvida de modo a facilitar a elaboração de estratégias competitivas."

Para tanto, o conhecimento tecnológico resume-se em três configurações:

- Máquinas
- Procedimentos
- Rotinas

Sendo que em todas elas o relevante é o treinamento, a absorção e a prática pelos indivíduos, o processo de comunicação, o reconhecimento dos tipos de informação necessários para cada categoria de usuário da informação e a avaliação da habilidade dos usuários em interpretarem essa informação adequadamente.

Outro item relevante nesse processo de gerenciar informações através da tecnologia é a sua classificação e armazenamento. Para tanto, faz-se necessário ter como alvo o usuário! A interface dele com o sistema deverão ocorrer de acordo com a sua forma de trabalhar com a informação.

Essa classificação pode acontecer através de índices que indicam as diferentes "classes" das informações. Hoje, tratamos essas "classes" como Taxonomia, e o armazenamento, através de arquivos: tradicionais (papéis), ou eletrônicos, incluindo-se aqui a microfilmagem.

Portanto, estamos construindo uma arquitetura da informação, objetivando focalizar a criação de um espaço de informação que possa promover comportamentos desejáveis, relacionados aos vários níveis da estrutura organizacional, desde os responsáveis pela continuidade do empreendimento, até os que desenvolvem atividades rotineiras não tão abrangentes.

Conforme ilustração a seguir, a Tecnologia da Informação nos propicia elaborar um sistema de informações em consonância com a amplitude do processo da gestão empresarial, enfocando: planejamento, execução e controle das atividades necessárias para a permanência da empresa no mercado atual.

Excelência no Secretariado

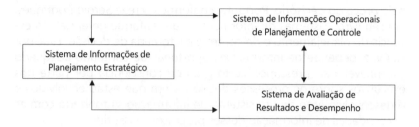

Tanto a elaboração como a execução das estratégias empresariais pode ser aprimorada pelo uso correto da informação e sua avaliação de desempenho, pois são instrumentos organizacionais que se traduzem na flexibilidade em identificar o passo a ser dado no menor espaço de tempo.

A Tecnologia da Informação nos brinda com esse recurso, pois nos apresenta um conjunto de indicadores de medidas financeiras e não financeiras; análise dos processos de gestão e uma infraestrutura para coletar, filtrar, analisar e disseminar resultados dentro e fora da organização.

A TI exige, além da capacidade técnica, a capacidade de relacionamento, conforme artigo escrito por Marcos Bianchi, Gerente de Desenvolvimento da Tecnologia da Informação do SENAC-SP. Ele diz: " que o profissional da área de TI é um dos mais cobrados em qualquer organização. Ele tem de estar preparado tecnicamente, a par do que mais avançado existe, e entender do negócio, para lidar com as expectativas dos usuários. Ele ajuda outras pessoas a usar a tecnologia, criando redes de comunicação de dados." Para dar conta desta responsabilidade, Bianchi afirma que não basta apenas ter uma formação técnica apurada. O objetivo da graduação é dar subsídios para que este profissional incorpore também conceitos éticos, de cidadania e de liderança de pessoas. Há escassez de profissionais e até 2014, segundo estudo da Associação Brasileira das Empresas de Tecnologia da Informação e Comunicação – Brasscom, a área poderá apresentar falta de pelo menos 45 mil profissionais. Este déficit, na avaliação de Cesar Alexandre de Souza, vice-coordenador do MBA de Gestão da Tecnologia da Informação da FIA, está muito ligado ao que ele chama de "desgosto dos alunos por matemática e lógica" – barreira que pode ser transposta com o advento de cursos lúdicos, como, por exemplo, os que ensinam o desenvolvimento de jogos eletrônicos. Os estudantes aplicam conceitos de lógica e passam a gostar da área de maneira prazerosa.

Segundo estes profissionais, o mercado de trabalho não para de se expandir também em função do forte crescimento das redes sociais, como o Twitter e o Facebook, e dos aplicativos para *smartphones* e *tablets*.

Estar fora deste mundo implica perder participação de mercado.

Por isso, as empresas formulam estratégias para a valorização do profissional, o que significa dar condições para que eles obtenham os certificados de excelência."

Apesar de toda essa obrigatoriedade, o uso de tanta tecnologia no mundo atual está nos desumanizando? Conforme artigo de Nicolás Jodal, CEO e cofundador da GeneXus International, nos afirma que, na verdade, não. Mais até, ele pensa que as tecnologias que fazem sucesso a longo prazo são aquelas que apresentam potencialmente alguma característica que já temos em nossa natureza. Assim, ele não pensa que a tecnologia esteja nos desumanizando, pelo contrário: acha que potencializa nossas tendências naturais. Precisamente por isso é preciso ter cuidado para não cair em uma das mais humanas dessas tendências: a soberba. Neste mundo complexo e mutante, é preciso aprender a dizer "Não sei" e também "Me enganei".

Excelência no Secretariado

23

Terceiro setor - Realizado por nós para todos

A causa que ganha seu coração e transforma seu desempenho em paixão está aqui - onde o lucro não é o objetivo e fazer o bem sem olhar a quem ocupa os índices de mercado. Diferentemente da bolsa, é com vidas, suas histórias e ideais que somam o verdadeiro sentido de ser rico daquilo que é importante e essencial. Terceiro setor, iniciativa privada para o benefício público

Licene Renck

Licene Renck

Secretária Executiva graduada em 2008 pela UPIS de Brasília - pioneira do curso no Distrito Federal. Atua no Terceiro Setor desde 2004. Parceira na criação e gerenciamento de projetos sociais. Possui experiência na organização de eventos de grande porte para até 10 mil pessoas. Tem conhecimento na área de assessoria de imprensa, produção e redação de matérias jornalísticas. Desempenha funções de gerenciamento de projetos e possui habilidades em *design* para criação de campanhas publicitárias. Serviu como voluntária no Equador em 2007 onde adquiriu fluência no espanhol. Em 2010 morou nos Estados Unidos para estudar inglês. Já participou de uma viagem com voluntários brasileiros em 2012 para Moçambique na África. Em 2013, foi convidada para ministrar um treinamento para formação de secretárias na região norte do Brasil. Como *hobby* vê na fotografia uma maneira de compartilhar suas impressões de mundo. Atualmente é assessora executiva do diretor financeiro da sede Sul-Americana da Igreja Adventista do Sétimo Dia onde trabalha com 8 países da América do Sul e a sede mundial nos Estados Unidos.

Contatos
licenerenck@gmail.com
Twitter: @licenerenck - Assessoria Executiva

Licene Renck

Por que falar do terceiro setor para o profissional de secretariado?

Várias razões me motivam a falar desse importante assunto, num livro que tem a proposta de ser inovador:

- O perfil atual do profissional de secretariado exige que ele conheça os temas que são importantes dentro do contexto do século XXI;

- O terceiro setor vem crescendo a passos largos e emprega muitos profissionais, inclusive os de secretariado;

- Várias empresas, em que os profissionais de secretariado atuam, realizam parcerias com o terceiro setor, encontrando convergência em valores, princípios e, principalmente, no fortalecimento da responsabilidade e investimento social;

- Muitos profissionais de secretariado, na função de liderança e gestão de pessoas, contam em sua equipe, com menores aprendizes, os quais são qualificados pelas entidades credenciadas para a formação técnico-profissional;

- O terceiro setor estimula o voluntariado, que é uma responsabilidade de todos os cidadãos e também do profissional de secretariado.

- Expandir o conhecimento desta área oferecendo uma nova oportunidade de especialização que poderá servir como experiência de um tempo ou como uma causa para a vida toda.

O que é o terceiro setor ?

É o setor composto por associações e fundações que trabalham para gerar bens e serviços públicos à sociedade.

"As diversas organizações sem vínculos diretos com o primeiro setor (público, o Estado) e o segundo setor (privado, o mercado). De um modo mais simplificado o terceiro setor é o conjunto de entidades da sociedade civil com fins públicos e não-lucrativas" .

Antônio Carlos Carneiro de Albuquerque, em seu livro *Terceiro Setor, História e Gestão de Organizações* explica que a origem do termo designa-se da tradução do termo em inglês *third sector*, que é usado em conjunto com outras expressões como "organizações

Excelência no Secretariado

sem fins lucrativos" (*nonprofit organizations*) ou "setor voluntário" (*voluntary sector*). Na Europa predomina "organizações não-governamentais" (NGOs, ONGs em português), que origina-se ao sistema de representações da Organização das Nações Unidas. No Brasil, todas essas denominações também são utilizadas juntamente com "organizações da sociedade civil".

"Ações sociais promovidas por instituições privadas de caráter não lucrativo, com atividades que envolvem a demanda pela reivindicação de determinadas causas ou ações de filantropia".

São organizações sem fins lucrativos e não governamentais como objetivo de prestar de serviços de caráter público, tais como:

- **ONGs - Organizações Não Governamentais**
- **Entidades Sem Fins Lucrativos**
- **Entidades Beneficentes**
- **Fundos Comunitários**
- **Empresas com Responsabilidade Social**
- **Empresas Doadoras**

Segundo nosso Código Civil, em seu Artigo 44, "São pessoas jurídicas de direito privado:

I - as Associações;
II - as Sociedades;
III - as Fundações;
IV - as Organizações Religiosas;
V - os Partidos Políticos"

As fundações, de acordo com determinação legal (CC, art. 62, parágrafo 1º) buscam o bem comum, visto que a finalidade delas pode ser religiosa, moral, cultural ou de assistência.

Mesmo que a maioria das entidades do terceiro setor seja identificada como ONG (Organização não governamental), há também outras denominações:

OSCIP (Organização da sociedade civil de interesse público)
OS – Organização Social

Há também titulações de utilidade pública:

UPM – Utilidade Pública Municipal
UPE – Utilidade Pública Estadual
UPF – Utilidade Pública Federal
CEBAS – Certificado de Entidade beneficente de assistência social

Modelo de organograma do terceiro setor

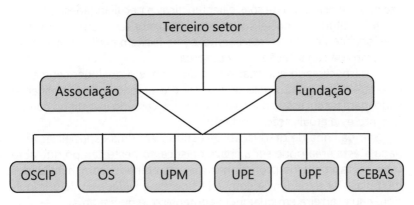

Quadro retirado do site www.terceirosetoronline.com.br, visitado dia 13.10.13 – 14h19

Crescimento do terceiro setor

A partir da década de 90, o terceiro setor teve uma grande expansão.
Em 1995, foi feito o primeiro levantamento estatístico, em que representava 1,5 no PIB, o que correspondia a 11 bilhões de dólares.
Em 2003, houve um aumento significativo. De 1,5 para 5% do PIB, sendo que o número de organizações pulou de 190 mil para 326 mil.
Logo, é um setor atrativo, que necessita de muitos profissionais de qualidade, em todas as áreas.
Com toda essa evolução, precisa mais do que nunca de profissionalização. Há muita carência de pessoal especializado nas áreas de Gestão e Tecnologia.

Como o profissional de secretariado pode atuar no terceiro setor?

Sempre que falamos da atuação do profissional de secretariado em um setor diferenciado, nosso objetivo é agregar os conhecimentos específicos do segmento, ressaltando que as competências e habilidades desse profissional, definidas em Lei de Regulamentação e

Excelência no Secretariado

Parecer do MEC, fazem parte dos requisitos que consideramos previsíveis e conhecidos.

A identificação pessoal com os objetivos e valores do segmento em que trabalhamos está intrinsecamente ligada à qualidade do desempenho e grau motivacional.

Escolher participar do terceiro setor não pode ser apenas pelo desejo de ter um emprego ou uma ocupação. É necessário que o profissional de secretariado seja congruente, com a visão, missão e atividades desenvolvidas pelas entidades que o compõem, bem como se especialize no conhecimento de suas características e peculiaridades.

A literatura disponível sobre o terceiro setor tem aumentado, proporcionalmente, ao seu crescimento, como existem também no mercado cursos de capacitação para essa área.

É desnecessário enfatizar que o sucesso, em qualquer segmento, está atrelado à paixão pelo que se faz e o aprendizado permanente. Logo, para ter sucesso no terceiro setor, é necessário investir no conhecimento e na atualização constante.

Sair da linha de graduação, investindo em uma especialização ligada a esta área pode ser a chave de sucesso neste campo que abre suas portas para os profissionais de secretariado com habilidades múltiplas. Ter experiência com este tipo de atividade poderá impulsionar sua carreira em qualquer segmento que queira atuar.

É possível atuar e conhecer o terceiro setor, mesmo trabalhando no setor público e privado.

Em função das parcerias já existentes, envolvendo esse tripé, o profissional de secretariado, pode ter contato com o terceiro setor, por meio da empresa em que exerce suas atividades. Mesmo que em seu cotidiano não exista uma relação direta com ele, é importante conhecer o vínculo existente com a empresa, verificando como participar, de forma voluntária, e/ou como formador de opinião para atrair novos multiplicadores.

Sabemos que hoje, a prática do voluntariado é um item muito valorizado nos currículos profissionais. E pode representar o quesito de desempate entre a contratação de um profissional ou outro, com conhecimento e experiência similar.

O voluntariado, além de ser responsabilidade de todos e uma prática de cidadania, é a matéria-prima de muitas ONGs, que contam com a oferta de serviços profissionais, para poderem ampliar a oferta de atividades à comunidade.

Dedicar parte do seu tempo ao voluntariado é também uma excelente forma de estar presente no terceiro setor.

Como falamos acima, muitos profissionais de secretariado têm em suas equipes, o menor aprendiz, que é qualificado, tecnicamente, por uma entidade do terceiro setor. Conhecer a entidade que o capacitou, as condições em que trabalha, o que ela necessita para evoluir na sua prestação de serviço, é, concomitantemente, uma atitude de liderança e de apoio a este segmento.

O profissional de secretariado como líder e gestor

A evolução do perfil do profissional, aliado aos desafios encontrados no mundo corporativo, demandam que as competências de liderança e gestão sejam desenvolvidas e praticadas.

No terceiro setor há um significado espaço para esses profissionais.

Paralelamente, muitos profissionais de secretariado se destacam pelo conhecimento "extra" de tecnologia, que é outra demanda da área.

Podemos vislumbrar que atuar no segmento é a oportunidade ímpar de exercer a cidadania, contribuir para o bem comum e confirmar a importância do profissionalismo, com o emprego prático de todas as suas competências clássicas e atuais.

Minha proposta é plantar, com esse artigo a semente das potencialidades que poderão ser germinadas em conjunto - profissionais de secretariado e terceiro setor. A colheita promete ser promissora e ascendente.

REFERÊNCIAS

ALBUQUERQUE, Antônio Carlos Carneiro de. *Terceiro Setor: história e gestão das organizações*. São Paulo: Summus, 2006.

Sites consultados

Disponível em: <http://www.terceirosetoronline.com.br>. Acesso em: 13 de out. de 2013.

Disponível em: <http://www.financeiro24horas.com.br>. Acesso em: 13 de out. de 2013.

Excelência no Secretariado

24

Diga sim para você, para seu dinheiro e realize seus sonhos!

Todos nós queremos ganhar dinheiro, não é verdade? Mas, mais importante do que ganhar é saber gastar e economizar. Pensando nisso, desenvolvi a **Metodologia SIM**, que significa você dizer **SIM** para seu bolso e para a realização de seus sonhos com atitudes positivas, simples e fáceis de concretizar

Odete Reis

Odete Reis

Palestrante, Educadora Financeira e Analista Administrativo Financeiro pela Faculdade Unida de Suzano – UNISUZ. Atuou em Instituições Financeiras como Bradesco na área de Mercado de Capitais. Agrega experiência de trinta anos como Assessora Executiva trilíngue: alemão, inglês e português nas empresas multinacionais (Hoechst, Aventis e Behr Brasil) nas quais adquiriu vasto conhecimento do mundo Corporativo. Colaboradora da TV Diário, afiliada da Rede Globo e da TV Mogi News nos assuntos de Economia Doméstica. Seu lema é compartilhar experiências e conhecimentos de Educação Financeira, levando as pessoas à reflexão de seus hábitos financeiros e às atitudes positivas em relação ao dinheiro para obter uma Vida Financeira Saudável e Melhor Qualidade de Vida.

Contatos
www.odetereis.com.br
palestrante@odetereis.com.br
(11) 99602-0937

Introdução

Educação Financeira é um tema que finalmente começa a entrar em pauta da vida dos brasileiros. Com alegria vemos escolas começando a inserir o assunto em seus currículos e nossas crianças e jovens correspondendo ao aprendizado com práticas de inteligência financeira, atuando como gestores da economia doméstica em seus lares, deixando seus pais orgulhosos com sua consciência e exemplos ao lidar com os recursos financeiros e econômicos.

Com este fomento sobre o assunto finanças, felizmente estamos mudando nossas crenças em relação ao dinheiro. Crescemos ouvindo que dinheiro não era tudo na vida e que nossa felicidade não dependia dele. Agora, sabemos que as crenças negativas podem inclusive nos prejudicar financeiramente. Desvalorizar o dinheiro é uma das principais desculpas para o descontrole, que quase sempre resulta em fracasso financeiro.

Valorize seu dinheiro

Um fantástico motivo para valorizar seu rico dinheirinho é lembrar que ele é fruto da troca do que você tem de mais precioso: sua saúde, seu tempo e seu conhecimento. Pensando nisso, reflita onde você está gastando seu dinheiro, que é resultado do que tem de melhor. Está dando o devido valor a ele? Transformando-o em conforto e riqueza para você e para sua família?

Valorizar o dinheiro é o melhor caminho para uma vida saudável que remete à tranquilidade financeira. Observe que as pessoas que valorizam suas moedas formam riqueza ao longo de suas vidas. As casas e os carros onde moedas estão sempre jogadas, espalhadas e perdidas, não raro, são de pessoas sem saúde financeira e muitas vezes endividadas.

METODOLOGIA DO SIM

Pensando nos valores mencionados, desenvolvi a Metodologia do SIM, que leva você a valorizar cada centavo ganho. Significa você dizer SIM para si e para seu dinheiro. Observe que quando fala SIM, seus lábios mostram um sorriso bonito. A palavra *SIM* exprime uma afirmação, uma aprovação, um consentimento e seu sinônimo é a palavra POSITIVO.

SIM de Sonhar, Identificar e Mãos à obra são as palavras mágicas que conduzem a atitudes positivas em relação ao dinheiro, resultando

Excelência no Secretariado

em contas Positivas, no Azul, investimentos e felicidade com um bonito sorriso de tranquilidade financeira.

S	SONHAR	**Sonhar!** Mas definir metas que deseja realizar no curto, médio e longo prazo.
I	IDENTIFICAR	**Identificar,** analisar e organizar a situação financeira atual.
M	MÃOS À OBRA	**Mãos à obra** com atitudes positivas para realizar os sonhos com qualidade de vida

e independência financeira.

A Metodologia SIM tem como objetivo mostrar o caminho passo a passo para você realizar seus sonhos, sendo gestor de suas finanças pessoais e garantindo uma vida regrada com os valores: planejamento, organização, disciplina e poupança. Assim, você estará seguro para concretizar seus objetivos, que resultará numa vida tranquila com sustentabilidade financeira.

SIM: S de SONHAR

Todos nós temos sonhos, alguns mais ousados, outros mais simples. Sonhar serve para dar asas à imaginação. O importante é que os sonhos podem, sim, se tornar realidade, desde que transformados em objetivos e metas. Para isso, é preciso dedicação, planejamento, autoconfiança e crença em seu potencial. Lembre-se que objetivo e meta são diferentes entre si.

Objetivo *é a descrição daquilo que se pretende alcançar. Por exemplo: seu objetivo é ter independência financeira.*

Meta *é a definição em termos quantitativos, e com um prazo determinado. A meta, por sua vez, terá de vir acompanhada de dois dados: a quantidade de dinheiro que você pretende acumular e o tempo necessário para alcançar essa independência.*

Objetivo

Escreva todos os seus objetivos numa folha de papel e defina ao menos três para realizar em prazos diferentes: curto, médio e longo prazo.

Exemplos:

Curto prazo (até 1 ano) - comprar um bem de consumo; colocar as contas no azul.

Médio prazo (de 1 a 5 anos) - realizar a viagem dos sonhos; ter um filho, iniciar um curso de pós-graduação.

Longo prazo (acima de 5 anos) - comprar a casa própria, realizar o casamento dos sonhos, abrir seu próprio negócio.

Meta

Suas metas devem ter planos concretos, definidos e específicos. Devem ser reais, possíveis, mensuráveis e com datas exatas para sua realização. Comece por anotar tudo com riqueza de detalhes e sendo bem específico no que deseja. Veja como seriam as metas para realizar a viagem dos sonhos para a Europa:

- **Especifique** quais serão os países que quer visitar, cidades e pontos turísticos;

- **Mensure** os gastos com passagens, hotéis, alimentação, passeios e compras;

- **Analise** se a meta é alcançável, se não está sonhando alto demais para o momento;

- **Repense** a importância da viagem e se ela é relevante para você no momento;

- **Definido** que a viagem é realmente importante para você, determine o prazo para realizá-la com data exata - dia, mês e ano.

SIM: I de IDENTIFICAR

Após os Sonhos e Metas definidas é hora de Identificar sua situação financeira. Saber exatamente a sua condição em relação ao seu orçamento doméstico, analisando e investigando sua conta bancária, suas dívidas, seus gastos e seus investimentos. Com todos esses dados bem transparentes, certamente ficará mais fácil planejar e definir as necessidades de mudanças e atitudes para concretização de seus objetivos. Dentro deste item podemos destacar o Planejamento, Controle e Reflexão.

Excelência no Secretariado

Planejamento

Iniciar um Planejamento Financeiro nem sempre é fácil. Mantê-lo com certa disciplina, então, parece ser coisa mais difícil. As pessoas costumam desistir de seus controles de orçamento doméstico em até três meses. Muitas pessoas pensam que, para elaborar um orçamento doméstico, é preciso ser *expert* em finanças. Puro engano. Basta caneta, papel e uma simples calculadora para iniciar este grande projeto que é ter controle de seu dinheiro.

Três passos simples para montar sua Planilha Financeira

- Anote a renda familiar, incluindo os rendimentos de todas as pessoas que contribuem para as despesas da casa.

- Liste todas as despesas fixas: mensalidade escolar, aluguel, condomínio, luz, água, celular, telefone, internet, academia, financiamentos, prestações e etc.

- Liste todas as despesas variáveis: restaurantes, cinema, viagem, presentes etc.

- Subtraia a renda familiar dos gastos fixos e variáveis.

Resultado

- Se a conta for positiva, você está no caminho certo para começar a poupar e investir.

- Se o resultado for negativo, reduza gastos e procure buscar uma solução em curto prazo.

Controle

Se não gostar de controle e planilhas e tiver dificuldade para analisar suas finanças, aqui vai uma dica bem bacana. Marque um tempo para você fazer isso. Por exemplo: vou verificar minhas contas diariamente, após o horário do almoço, por quinze minutos. Você não dispõe de tempo para assistir ao seriado preferido, a um capítulo de novela ou ao jogo de seu time campeão? Então faça a mesma coisa, disponha de apenas quinze minutinhos diários para cuidar de seu dinheiro. Pode ter certeza de que essa atitude positiva vai fazer toda diferença na soma de seus ganhos ao final do mês e na concretização de seus sonhos.

Reflexão

Com seu controle financeiro será possível saber exatamente quanto ganha e, principalmente, como e onde você está gastando seu rico dinheirinho. Identificar pontos a serem melhorados como, por exemplo, diminuir gastos variáveis e poupar mais. O intuito aqui é que faça uma reflexão sobre seus hábitos financeiros e sobre suas atitudes em relação ao seu dinheiro.

SIM: M DE MÃOS À OBRA

O objetivo de Mãos à Obra é você realizar as necessidades, passo a passo, do que foi identificado na análise de seu orçamento doméstico. Aqui serão elaboradas as atitudes positivas assertivas e detalhadas para o cumprimento de suas metas.

ATITUDES POSITIVAS

Sair do vermelho

Para sair do vermelho, se você cumpriu os passos do SIM até aqui, o principal você já tem, ou seja, o orçamento doméstico e o valor exato de sua dívida. Agora Mãos à Obra, com ações e atitudes diárias para cortar gastos, renegociar dívidas e, em hipótese alguma, usar seu limite de cheque especial e cartão de crédito que não seja com pagamento total no dia do vencimento. Tenha em mente que precisa poupar antes e gastar depois. Comprar à vista e com desconto é a porta para seu dinheiro começar a render.

Dica

É fundamental manter os financiamentos e prestações abaixo dos 30% da sua receita líquida.

Um bom poupador é quem sabe gastar. Você entendeu certo, eu disse gastar! Os gastos planejados serão aliados de seu sucesso financeiro. Eu sempre digo que "Para quem sabe gastar, o dinheiro rende, para quem não sabe, não há renda que baste". Com simples mudanças de hábitos de consumo, é possível conseguir poupar e muito.

Poupar com disciplina

Você está com suas contas em dia, mas não sobra dinheiro para iniciar uma poupança, então é hora de ter disciplina. Mãos à Obra

Excelência no Secretariado

pagando-se primeiro. Assim que receber seus rendimentos, transfira pelo menos 10% do total líquido para uma conta poupança. Estes certamente serão os passos mensais para que você realize o seu sonho que já foi transformado em objetivos e metas bem definidas.

Em minhas palestras e consultorias financeiras, observei por muitos anos o comportamento das pessoas. Quando sugerido que economizem 10% do seu ganho líquido, as pessoas que se propuseram a rever seus gastos, conseguiram fazer essa economia, dispensando os supérfluos, valorizando seu dinheiro e sendo mais felizes.

Futuro com segurança financeira

As pessoas esquecem que vão envelhecer e sua capacidade de ganhar dinheiro e economizar vai diminuir com o tempo. Quando se trata de planejar o futuro, o tempo é um grande aliado. Se começar a poupar cedo, você vai construir um patrimônio que permitirá viver bem por uma longa jornada e assim, obter segurança financeira com liberdade para fazer escolhas a seu favor.

Pensando em seu futuro, Mãos à Obra na análise de seu estilo de vida. Considere a possibilidade de ter um padrão adequado aos seus rendimentos, com atitudes para alcançar a quantia destinada a ser poupada, a qual é o início de seus investimentos para o futuro. Ter equilíbrio financeiro é aproveitar os prazeres da vida, mas também saber ter responsabilidade para guardar parte de sua renda em uma poupança para obter patrimônio e garantir um futuro tranquilo e de qualidade.

Qualidade de vida

Mãos à Obra investindo em qualidade de vida para você encontrar o equilíbrio pessoal, profissional e financeiro. Nunca desista de seus sonhos, pois seus sonhos são você. Eles estão aí para impulsionar a realização de seus objetivos e metas.

O dinheiro é de fato importante para sua realização, seu conforto, seu bem-estar e seu status, mas lembre-se sempre de valorizar as coisas simples da vida como estar com sua família, com seus amigos, com seus animais de estimação, caminhar ao ar livre, contemplar a natureza, o pôr do sol.

Diga SIM para Você e transforme sua vida financeira na realização de seus SONHOS!

"O que você ganha ao atingir seu objetivo, não é tão importante quanto o que você se torna ao atingir seu objetivo." (Zig Ziglar)

25

Gestão secretarial sob medida: Necessidades e expectativas de diferentes segmentos de negócios

Quebrando os paradigmas do passado, a atuação do profissional em secretariado detém atualmente características completamente renovadas. Deixou de ser o "operacional" para atuar com significativa pertinência, versatilidade e dinamismo ora no nível estratégico, ora no tático, ora no operacional

**Magali Amorim &
Patricia Lima**

Magali Amorim & Patricia Lima

Magali Amorim
Bacharel em Secretário Executivo Bilíngue pela PUC-SP, pós-graduada em Marketing & Propaganda pela ESPM-SP. É mestranda em Comunicação e Cultura Midiática. Desenvolveu sua carreira nos últimos vinte e quatro anos na Assessoria Executiva em multinacionais do segmento Químico e Farmacêutico. É consultora e palestrante em cursos, workshops e conferências em Comunicação e Atendimento ao Cliente. É facilitadora de treinamentos focados na área motivacional e comportamental. É docente nos cursos superiores de Tecnologia em Secretariado, Gestão em Logística Empresarial, Gestão em Recursos Humanos, Gestão Hospitalar e Gestão Financeira, na Faculdade de Tecnologia – FATEC e na Anhanguera-Uniban. É membro do Comitê Estratégico de Educação do SINSESP, trabalhando a interdisciplinaridade na Formação Executiva.

Contato
www.magaliamorim.com.br

Patricia Lima
Especialista em Análise de Sistemas e Graduada em Processamento de Dados pela Universidade Mackenzie. Docente na FATEC Carapicuíba, em Informática I e III, Acessibilidade na WEB e Tecnologia da Informação nas Organizações, nos Cursos Superiores de Tecnologia em Secretariado e Sistemas para Internet. Atua em Pericia Digital Forense, com 20 anos de experiência na área de TI, em especial na Gestão de Projetos de Sistemas e em Gestão de Pessoas. Atuou em instituições como BankBoston e Unibanco.

Uma questão de IDENTIDADE

O inegável perfil de agente facilitador, inclusive preconizado em seu Código de Ética, demanda deste profissional competências técnicas e competências humanas. Além do reconhecido **currículo invejável** dos cursos técnicos e dos cursos superiores, seja tecnológico, seja bacharel, é de suma importância que o profissional em secretariado atenha-se a muitos outros conhecimentos com que se depara no ambiente corporativo.

Há que se exercer a assessoria agregando muito mais do que as competências e habilidades inerentes à profissão. O executivo e a organização anseiam ser assessorados por um profissional que, de fato, detenha conhecimento tanto do *core business* (qual o negócio da empresa) quanto da *core competence* (em que de fato a empresa é boa, qual seu diferencial frente à concorrência). Estes conhecimentos angariam respeito e credibilidade, fazendo com que os gestores confiem e validem o assessoramento de alto nível, além de possibilitar a delegação de novos desafios.

Este patamar exige conhecer muito além do que preconiza a missão, visão, valores estabelecidos. É assumir uma postura de envolvimento com os objetivos e as metas e verdadeiramente empenhar-se pelo alcance de resultados, cônscio de seu contribuinte papel em todas as ações e etapas do processo. É ter a visão global da empresa, suas políticas, seu mercado, seus *stakeholders*, suas normas de procedimento, sedimentando a sua efetiva e qualitativa ação local.

Os diferentes segmentos de negócio têm suas peculiaridades, seu vocabulário específico, suas áreas de conhecimento, legislação pertinente. A assessoria executiva deve não apenas integrar-se ao pátio humano, mas igualmente ao *core business*. Sem dúvida alguma é importante conhecer-se, quais os pares, qual a equipe e superiores do executivo, qual a importância e qual a meta anual do departamento no contexto da empresa, quais são os papéis e entregas departamentais.

Muitas organizações têm programa de integração a novos colaboradores em que são apresentados a sua estrutura, planos de carreira, de cargos e salários, benefícios, normas e regras, código de conduta, código de convivência, organograma, entre tantas outras informações para a inserção do funcionário ao contexto cotidiano. Este é um momento em que os profissionais podem captar muitos sinais importantes da cultura organizacional.

O papel do profissional em secretariado, entretanto, deve pautar-se na permanente integração à empresa e da empresa, dado seu livre acesso no ambiente corporativo, interagindo com os funcionários no

Excelência no Secretariado

nível vertical e horizontal do organograma. É visto, também, como quem tem informações privilegiadas, o que maximiza a sua contribuição aos gestores nas tomadas de decisão.

A visão arcaica, errônea e preconceituosa, mas ainda com resquícios no imaginário não apenas da sociedade, mas ainda presente no ambiente organizacional de que o assessor executivo tem um perfil de tão somente atender o telefone, servir café ou a de atuar como um *"PitBull"*[1], somente são vencidas, com competência, ou seja, prestando-se uma assessoria executiva detentora de informações e conhecimentos do *core business* que otimizam não apenas sua própria *performance*, mas também dos assessorados.

ASSESSORIA EXECUTIVA SOB MEDIDA

Como agente facilitador no processo de comunicação corporativo, assessorando diferente níveis, é lugar comum o atendimento aos diferentes *stakeholders*. Como atendê-lo satisfatoriamente se não souber o que a empresa de fato faz? O assessor deve empregar a linguagem adequada com profissionais de todas as áreas. E para tanto, necessita conhecer e entender o negócio da empresa

Como posso me adequar? Já fiz curso de secretariado, o que mais essa empresa quer? Estou fazendo MBA, sou comprometido, atendo as demandas! Por que meu executivo não me escuta quando falo sobre algo da empresa?

Esse discurso pode ser mudado, se a linguagem for adequada e pertinente ao negócio. "Sempre seremos ouvidos, quando o que falarmos for importante".

A assessoria executiva, sob medida, traduz com certeza, a expectativa de muitos executivos e empresas, como também é a oportunidade do profissional de secretariado se destacar, agregando valor e fazendo a diferença. É oferecer mais do que a pertinente fórmula do atendimento ao cliente: entender, para atender, e então encantar. É também efetuar entregas baseadas no conhecimento adequado do negócio, alinhadas ao perfil do gestor e da área de atuação.

Se fizer parte da área da Tecnologia da Informação, é fundamental conhecer os termos básicos e o funcionamento das ferramentas que se usa. Não é necessário ser especialista ou ter habilidade para desenvolver programas ou detalhes técnicos de infraestrutura. Seu *"plus"* no assessoramento será saber também quais são os projetos em que a empresa está trabalhando, quem são os clientes, quais sistemas são comprados e para que servem no *core business* do cliente.

E mesmo que não atue diretamente na área de TI, por vezes, faz

---

[1] Imaginário social de que o secretário tem o papel de não deixar que os demais funcionários entrem em contato com os altos executivos da empresa, outrora conhecido também como 'Leão de Chácara'.

parte de suas atribuições solicitar a instalação e manutenção de seus sistemas e equipamentos de tecnologia da informação, como gerenciadores de *e-mails*, planilhas eletrônicas e editores de texto em computadores e *tablets*, sabendo exatamente o que quer, usando inclusive do glossário específico, quando necessário. A linguagem utilizada pelos profissionais de TI deve fazer parte do seu vocabulário profissional. É muito comum um assessor executivo empregar sistemas, que não foram desenvolvidos necessária ou especificamente para uma dada tarefa sua. Um bom exemplo são os sistemas de Gerenciamento de Projetos, como o *MS Project*, o Primavera e o *OpenProject*, desenvolvidos para auxiliar Gerentes de Projetos em suas atividades; eles também permitem o rápido e fácil controle da agenda de um executivo, de um evento ou mesmo de uma preparação de uma atividade corporativa, possibilitando a definição de atividades, datas de início e fim de cada uma, quem são os responsáveis e o acompanhamento de sua evolução. Só o conhecimento da área possibilitará "agregar" esta atitude de assessoramento.

Se na área jurídica, mais que a oportunidade, o assessor executivo necessita conhecer e entender a nomenclatura pertinente, como processos, petições, *habeas corpus*, *data venia*, o que é jurisprudência, saber ler e analisar na íntegra um contrato, entre outros. Diferenciar o papel do Juiz, do advogado de defesa e o promotor. Os escritórios de advocacia, por vezes, são especializados em determinadas áreas, como cível, criminal, trabalhista, família, tributária, as quais também apresentam especializações mais direcionadas.

Se na área de marketing, é vital acompanhar o Planejamento Estratégico, entender por que a empresa tem CRM (*Customer Relationship Management*) e por que a área de Inteligência de Mercado e suas especificidades são importantes, e, principalmente, como pode contribuir e interagir.

Se na área médica, precisará entender o seu amplo universo, que envolve desde um consultório a clínicas e hospitais como as diversas áreas, tais como Pediatria, Ortopedia, Hematologia, Oncologia, Psiquiatria, entre outras. É importante que o assessor executivo saiba o máximo possível da especialidade do médico ou clínica, em que atua, assim como detalhes pertinentes acerca dos tratamentos realizados no local. Apropriar-se do conceito de Hospitalidade, Humanização no Atendimento. Entender que neste segmento, o "cliente" nem sempre é o "paciente", mas seus familiares, altamente fragilizados e por isso vulneráveis, necessitando que o atendimento contemple, além da qualidade, solidariedade e muita compreensão.

Se na área farmacêutica, há um leque de possibilidades: entender e conhecer a legislação pertinente, quais os órgãos reguladores, o

Excelência no Secretariado

que é GMP, GLP, GCP, - *Good Manufacturing Practices, Good Laboratory Practices, Good Clinical Practices*, ou seja, as Boas Práticas de Fabricação, Boas Práticas de Laboratório, e as Boas Práticas Clínicas, esta última, ligada à Pesquisa Clínica. E nessa linha, o que é, e o que preconiza o ICH – *International Conference on Harmonization* – o que é, e quem pode compor um CEP – Comitê de Ética em Pesquisa, o que é um "Sujeito da Pesquisa" e até mesmo como um secretário pode tornar-se um CTA – *Clinical Trials Coordinator*, entre tantas outras informações que enaltecem a assessoria executiva aos gestores desta área.

Se nas áreas da engenharia e arquitetura, conhecer Gerenciamento de Projetos, o que, por exemplo, o Projeto de um Empreendimento Imobiliário demanda. Entender a terminologia técnica peculiar das duas áreas. No caso de assessorar um arquiteto, agregar o conhecimento dos vários tipos de réguas, com nomes e formas diferentes, ainda que softwares específicos sejam utilizados. Este setor atua com segmentação de mercado, abrangendo um nicho de alto poder aquisitivo. Ter, portanto, a habilidade necessária para o atendimento personalizado do setor.

Se numa área de Recursos Humanos, conhecer e entender os processos de Recrutamento e Seleção, as ferramentas de Treinamento & Desenvolvimento e de Avaliação de Desempenho, os Planos de Cargos e Salários, a Legislação Trabalhista, as regras do Departamento de Pessoal entre tantas outras de conhecimento pertinentes.

Se na logística e produção, ter familiaridade com os processos produtivos, bem como com os sistemas e programas de qualidade adotados pela empresa, o que são modais, o que faz o *Supply Chain*, quais os sistemas implantados.

Como o assessor executivo pode se capacitar acerca do *core business*, podendo atuar da forma como demonstramos acima?

Lendo, informando-se, pesquisando, participando de treinamentos internos, buscando outros mais específicos, e até mesmo uma graduação ou especialização na área, a fim de que a assessoria seja produtiva e além do previsível.

O assessoramento sob medida é ainda incipiente, evidencia uma importante lacuna da nossa profissão e representa uma excelente oportunidade de evolução.

A proposta deste capítulo é mostrar ao profissional de secretariado a dimensão e visibilidade deste grau de assessoramento e sua capacidade para ocupá-lo, com brilhantismo, potencializando os benefícios ao gestor e ao seu segmento, valorizando a profissão, ampliando a sua abrangência e, principalmente, privilegiando os gestores com um suporte inusitado, que lhes possibilitará focar seu tempo nos aspectos relevantes do negócio, otimizando as vantagens competitivas da organização.

REFERÊNCIAS

CHIAVENATO, Idalberto. *Gestão de pessoas: e o novo papel dos recursos humanos nas organizações*. Rio de Janeiro: Elsevier, 2004.

FAYOL, Henri. *Administração industrial e geral: previsão, organização, comando, coordenação e controle*. 10. ed. São Paulo: Atlas, 1990.

FREITAS, L.F. de; CAMPIOL, M.R.D. *Consultoria Secretarial: uma nova área de atuação do secretário executivo*. In: II Encontro Nacional Acadêmico de Secretariado Executivo, 2011. Passo Fundo. Anais do II Encontro Nacional Acadêmico de Secretariado Executivo. Passo Fundo: Ed. da UFP, 2011. p. 12-27.

KOTLER, Philip. *Administração de marketing: a edição do novo milênio*. São Paulo: Pearson Education, 2006.

NEIVA, E. G., D`ELIA, M. E. S. *As novas competências do profissional de Secretariado*. 2. ed. São Paulo. IOB, 2009.

Excelência no Secretariado

26

Mitos & dicas de língua inglesa para secretariado

Uma das definições de mito é "crença comum sem fundamento objetivo ou científico". Muitas vezes não acreditamos, sabemos que nem existem, mas insistimos em nos apegar. Mas quando falamos de mitos corporativos, a história muda. Neste capítulo, falaremos algumas dessas "verdades pré-prontas", mitos que não podem ser levados a sério pois refletem em seu desenvolvimento profissional

Regina Rezende

Regina Rezende

Assistente executiva há mais de 15 anos, também é professora de inglês há 25 anos, graduada pela Cultura Inglesa e CCAA e possui certificação pela Universidade de Cambridge (*Certificate of Proficiency in English, Teacher Knowledge Test*, etc). No meio acadêmico, foi professora e coordenadora de ensino de escolas conceituadas no mercado. Além dos cursos do *English for Secretaries*, também é palestrante experiente em congressos e *workshops* na área. Regina coordena e modera o grupo *English for Secretaries (Yahoo Groups!)*, e administra o site www.englishforsecretaries.com.

Contatos
www.englishforsecretaries.com
reginarezende@englishforsecretaries.com

Regina Rezende

Aprendizado de inglês em secretariado – mitos & dicas

Foi-se o tempo em que falar inglês era um diferencial na profissão! Hoje em dia, profissionais de Recursos Humanos confirmam que nem recebem o currículo de um profissional de Secretariado que não domine pelo menos uma língua estrangeira. Já há algum tempo, o inglês tornou-se a língua do mundo dos negócios e não há como escapar de estudar e dominar a língua inglesa.

Infelizmente, de acordo com pesquisas recentes, os profissionais brasileiros tem um dos piores níveis de inglês do mundo entre países que não tem o inglês como primeiro idioma. No caso do profissional de Secretariado Executivo, de acordo com uma pesquisa conduzida por esta coautora, com 100 profissionais brasileiros, apenas 13% se autodenominam bilíngues, embora 100% admita a importância da língua inglesa para a profissão.

Dentro do universo dos que não falam inglês, embora tenhamos que também considerar questões de tempo e financeiras, entre outras, todos os dias também ouvimos muitos dos mitos que citarei a seguir. Esperamos que o capítulo, assim como tem acontecido em minhas apresentações, chame atenção para este fato e mude um pouco este cenário.

Mito #1 – "Não estudei quando era criança, não vou aprender agora!"

Não há provas científicas de que uma criança que comece a estudar inglês como segunda língua aprenda mais facilmente que um adulto. O que pode ser considerado um impedimento é o número de horas dedicado ao estudo de uma segunda língua, depois que se é adulto e com menos tempo para se dedicar.

Porém, o ponto positivo é que o adulto sabe de sua necessidade de aprender. Já vi vários casos de profissionais que me falam que seus pais pagavam o curso de inglês quando eles eram crianças ou adolescentes, mas que não gostavam, faltavam às aulas, não faziam os trabalhos, não valorizavam. E agora que são adultos e responsáveis financeira e profissionalmente por seu progresso, se dedicam bem mais aos estudos.

Então mais do que uma questão de idade, é uma questão de responsabilidade. Se você teve a chance de ter um progresso gradativo nos estudos de uma segunda língua pois começou mais jovem a estudar, melhor para você. Mas se não teve esta oportunidade, isto não pode ser um mito criado para que você não aprenda agora.

Excelência no Secretariado

Mito #2 – "Só quero estudar com professor nativo!"

Sem de forma alguma desmerecer nenhuma profissão, você realmente acha que o motorista do ônibus poderia dar aula de português? Ou até mesmo aquele filho adolescente da sua prima que só estuda, mas ainda assim parece que fala uma outra língua que não a nossa quando lhe envia mensagens pela internet?

Mais um mito: não há comprovação científica de que um nativo de língua inglesa seja melhor professor de seu idioma.

Pesquisa realizada pelo *British Council* cita que "o melhor professor de idiomas não é o nativo, mas aquele que fala também a mesma língua do aluno. A vantagem desse profissional está na capacidade de interpretar significados no idioma do próprio estudante".

Usando um exemplo pessoal, durante uma aula de português para um adolescente americano, em um determinado momento ele me disse que iria conjugar o tempo Mais que Perfeito. Confesso que levei alguns segundos para me lembrar de qual tempo verbal se tratava, mas não levaria nem um milésimo de segundo para dar uma detalhada explicação gramatical sobre o *Future Perfect*, tempo verbal que muitos nativos teriam dificuldade para explicar. A diferença é o quanto estudei para ser uma professora de inglês e não apenas falar a língua.

Portanto, preste atenção no quanto não está sendo respeitoso com um professor brasileiro ao considerar que o melhor professor é um nativo. Outro fator também curioso é que eu já vi brasileiros preferindo ter aula de inglês com russos, alemães, poloneses. Mas sendo assim, eles também são nativos, não é mesmo?

Mas um fator preocupante é se você sabe quem é realmente esta pessoa. Em 2011 tivemos um caso de bastante repercussão na cidade do Rio de Janeiro, em que um criminoso procurado pela *Interpol* era um professor bastante requisitado na cidade e inclusive passava temporadas morando na casa de alunos!

É claro que também não é uma generalização contra professores nativos. O ponto importante a ser discutido neste mito é que se você quer aprender, tenha um professor. Faça sua escolha com base na capacidade do profissional, não em sua nacionalidade.

Mito #3 - "Aprender mesmo, só se ficar um tempo fora do país!"

Obviamente, uma experiência internacional é valiosa e importante para qualquer um, mas também não pode ser um mito de que você só vai aprender se tiver esta experiência. Além disso, sabemos de muitos casos de brasileiros que vão para fora do país e só se relacionam com... brasileiros! Moram em bairros tipicamente brasileiros, trabalham com

Regina Rezende

brasileiros, vão para cidades com alta densidade de brasileiros!

Mas caso esta seja sua opção, um outro fato a ser considerado é um estudo apurado sobre o país, cidade e escola para onde você está indo. Outro caso também muito comum é você acabar estudando numa escola cheia de grupos de nacionalidades específicas e deste modo, a sua convivência com as pessoas e cultura do local também será diminuída. Ou seja, quanto mais diversa a experiência, mais você poderá aprender.

Mito #4 - "Qualquer coisa, eu me viro com o tradutor automático na internet!"

Antes de mais nada, uma ferramenta tecnológica pode lhe dar suporte, mas não lhe auxiliar na comunicação, principalmente quando você precisar interagir não apenas em reuniões e apresentações mas socialmente também. E ainda assim, mesmo que seja apenas traduzir um texto, se você não tem uma base gramatical e algum vocabulário, pode passar uma grande vergonha diante de seus colegas e pior, de seu chefe!

Não use este mito para se acomodar mais uma vez. A tecnologia pode lhe ajudar enormemente nos seus estudos. Atualmente, temos tanta coisa boa na internet que lhe ajuda e motiva e oferece opções para quem não tem muito tempo ou condição financeira para estudar, mas não deixe que uma opção tecnológica fraca como um tradutor automático seja sua opção de "aprendizado" e muito menos uma ferramenta de uso profissional.

Mito #5 - "Eu consigo entender tudo, só não consigo falar!"

Sendo assim, sua comunicação será por mímica? Para haver comunicação, é preciso que haja um emissor e um receptor. E embora a linguagem corporal também seja um tipo de linguagem, ela não pode ser aplicada ao mundo dos negócios. Existe uma diferença muito grande em ter um inglês suficiente para fazer compras em Miami, onde o vocabulário vai girar em torno de um mesmo assunto e com gestos facilmente identificáveis e um *conference call* com Londres por exemplo. Lembre-se que a comunicação eficaz é uma rua de mão dupla e significa interação também.

Mito #6 - "Quando o telefone toca e eu vejo que é ligação internacional, eu peço para uma colega atender."

Não terceirize seus problemas. Muito menos suas soluções. A partir do momento em que você transfere o seu problema para outra pessoa, nem sempre ela pode ter a melhor solução para você, além do

Excelência no Secretariado

fato de estar enganando não apenas a você mesmo, mas também seu chefe e a empresa que paga o seu salário. Isso sem contar o fato de que a outra pessoa pode não falar para você, mas estar incomodada com esta situação, afinal de contas se ela consegue atender o telefone com mais facilidade que você, é porque ela se preparou para isso. E indo mais além, um dia ela pode não estar ali, estar doente, estar de férias. E mais: este seu emprego não é necessariamente para sempre, portanto como você fará se por sua opção ou opção de seu empregador amanhã você não trabalhar mais nessa empresa e não tiver este amigo ou amiga que lhe dá essa força? Pense nisso.

Mito #7 - "Não tenho tempo para estudar. A minha vida é muito atribulada!"

Paradoxal não? Já vi profissionais de secretariado muito orgulhosamente falando que não falam inglês porque passaram toda sua longa carreira atendendo grandes executivos, viajando, organizando eventos internacionais. Pergunto-me: qual língua elas falavam? Ok, poderia trabalhar numa empresa espanhola, alemã, francesa, mas não é de hoje que a língua internacional de negócios é o inglês. Em pleno século 21 não temos mais espaço para atitudes de negação frente ao aprendizado de uma língua principalmente sendo ela o idioma inglês.

Há tempos não é mais um diferencial, e sim uma obrigação de um profissional completo ou a caminho de tornar-se um. Seja você um profissional experiente ou iniciante começando a estudar Inglês, estude assuntos relacionados à sua área e à sua rotina, sendo assim você vai se aprimorar duas vezes: na língua e na profissão. Assista programas de TV em inglês relacionados à sua profissão, aproveite da facilidade de compra de *e-books*, assine revistas virtuais, informe-se sobre sua profissão lá fora e em outras línguas.

Mito #8 - "Detesto Inglês, não vou aprender nunca... e nem quero!"

Mais uma vez é um tipo de mito de quem já está entrando derrotado nesta "guerra". Se você já se coloca "contra", não vai ganhar. Mas ainda assim, se considera isso uma guerra, por que não jogar para ganhar? Não gosta, mas entende que é importante para a profissão, então é preciso de esforço, mas quanto mais você insistir que não gosta, mais difícil vai ficar. Quanto a não querer, atualmente não é mais uma opção. Dentro desta questão, também podemos incluir um mito adjacente: aquele que diz que as empresas exigem o inglês fluente, mas que acaba não usando tanto na empresa. Infelizmente é um caso relativamente comum, mas lembre-se mais uma vez que aquele trabalho pode ser passageiro, mas o seu conhecimento não é.

Mito #9 - "Os gringos estão no meu país. Eles que falem português!"

Imagine que você chame alguns amigos para um churrasco e um deles seja vegetariano, você vai deixá-lo sem almoçar ou cozinhar algo que ele coma? Do mesmo modo, se você faz um evento internacional, você tem que ter condições de receber os visitantes que trarão divisas para o país. Neste caso, nos referimos à situação brasileira frente aos grandes eventos que estão por vir. E no caso corporativo, até quando veremos casos de "gringofobia" em que as pessoas correm para não ter que atender um visitante estrangeiro? O profissional de Secretariado Executivo em inúmeros casos é o cartão de visitas da área onde trabalha e representa muito a "cara" da empresa e qual profissional poderia ser melhor para dar um suporte em uma língua estrangeira, lembrando a natureza de língua internacional que o inglês tem?

Simplesmente dizer que quem vem ao país é quem tem a obrigatoriedade de falar português é agir como um avestruz enterrando a cabeça no chão e pior: é ficar para trás no mercado de trabalho.

Espero com este capítulo poder ter jogado uma luz sobre esta questão e lembrar que nosso futuro profissional está em nossas mãos, não depende de estereótipos ou pré-julgamentos. Se você traça um objetivo e se coloca disposto a se adaptar a cenários e mudanças, você poderá atingir um nível de excelência necessário a um profissional de secretariado. E mais importante do que tudo, mitos não podem ter lugar no mundo corporativo onde a responsabilidade pelo seu desenvolvimento é sua, pois está acima de empresas ou cargos, é algo que você leva para sua vida e que traça sua imagem corporativa.

Thus, may I ask you a question? Is your book on the table?
Are you studying it? I do hope so!

Excelência no Secretariado

Parte 4

Fortalecimento das indispensáveis competências comportamentais para atuar como agente facilitador

Excelência no Secretariado

27

O conflito de gerações e as competências da secretária no século XXI

Atravessamos um período em que o mundo do trabalho e da produção vem mudando intensamente, o que afeta diretamente a gestão do capital humano nas organizações. Há inúmeros desafios para as organizações no que diz respeito ao alcance de competências necessárias para o cumprimento de suas missões

Adriana Y. Abrão

Adriana Y. Abrão

Bacharel e Mestre em Administração de Empresas pela Escola de Administração de Empresas de São Paulo da Fundação Getulio Vargas - EAESP-FGV. Doutora em Educação na PUC-SP. Há 23 anos é coordenadora de projetos de capacitação na Fundação do Desenvolvimento Administrativo –FUNDAP, tendo participado de projetos como: Capacitação em Atendimento Público para servidores públicos do Estado de São Paulo, Desenvolvimento de Matriz de Capacitação e de Competências para a Secretaria da Fazenda e Programa de Desenvolvimento Gerencial para dirigentes da Secretaria da Educação do Estado de São Paulo. Atualmente é coordenadora de estágios e professora do curso de graduação e pós-graduação em Administração e Biblioteconomia e Ciência da Informação, da Fundação Escola de Sociologia e Política de São Paulo - FESPSP. Foi membro do Conselho Acadêmico da Faculdade por vários anos e atualmente integra o NDE (Núcleo Docente Estruturante). Atualmente cursa Pós-Graduação em Inovação e Gestão em EAD na Universidade de São Paulo - USP.

Contato
atyabrao@uol.com.br

Adriana Y. Abrão

Desafios

Na gestão de pessoas, um dos maiores desafios para as organizações, privadas ou públicas, é a convivência entre as gerações (tradicionalistas, *baby boommers*, geração X, Y e Z). Com o aumento da expectativa de vida, é comum trabalhar-se com pessoas de várias gerações, o que gera conflitos, pelas peculiares diferenças de pontos de vista, valores, costumes e linguagens.

É necessário aos profissionais novas competências e aprimorar conhecimentos para acompanhar as mudanças globais, enfrentar a concorrência, no caso do setor privado e atender às demandas da sociedade, no caso do setor público. Resiliência é a competência mais necessária atualmente: ter a capacidade de enfrentar problemas, desafios, pressões e adversidades sem grandes sofrimentos. Muito necessária para a convivência harmoniosa, especialmente entre as gerações.

O conflito de gerações

Conviver e trabalhar com as diferentes gerações é um desafio a ser enfrentado. A literatura propõe uma divisão de períodos para as diversas gerações. Esta classificação pode variar entre os autores que estudam esta questão. As gerações são geralmente divididas em 5 grupos: veteranos ou tradicionalistas, *baby boomers*, e gerações X, Y e Z.

A geração dos veteranos ou tradicionalistas nasceu antes do ano de 1946.

> Os veteranos tiveram sua identidade marcada pela vivência em uma época em que o mundo era marcado por grandes guerras e por crises financeiras. Nesse sentido são pessoas que desenvolveram atitudes voltadas à disciplina e a valores conservadores. (MACIEL, 2010).

São perfeccionistas, dedicados, passaram por tantas dificuldades, que possuem experiência em quase tudo.

A geração dos *baby boomers* nasceu no período de 1946 a 1959 e de acordo com Oliveira (2009) tem este nome devido ao número de nascimento de bebês ao final da Segunda Guerra Mundial, ampliando de forma surpreendente as taxas de natalidade em todo o planeta. É considerada mais rígida e presente no trabalho do que as demais. É voltada a resultados, é competitiva e prioriza o trabalho. Lidera de forma autocrática, comanda e controla. Tem relativa dificuldade em lidar com a tecnologia, pois aprendeu tardiamente. Não se preocupa muito com qualidade de vida.

A geração X, nascida no período entre 1960 e 1979, apegada ao

Excelência no Secretariado

emprego, teme perdê-lo para as gerações mais novas. É uma geração que tem foco em resultados e se estressa com facilidade. Costuma "vestir a camisa" da empresa, mas sabe muito bem equilibrar a vida pessoal e profissional, pois dá muito valor à família. Tem mais familiaridade com a tecnologia, pois aprendeu a lidar com ela desde jovem.

A geração Y ou geração do milênio, nascida entre 1980 e 2000 tem muita facilidade com a tecnologia (são nativos digitais), lida com múltiplas tarefas, tem aversão à rotina e à burocracia, preocupa-se com a qualidade de vida, com as causas sociais e almeja uma rápida ascensão financeira (espera promoções e benefícios). É uma geração questionadora e defende suas ideias com muita argumentação. Gosta de liderar, é ágil e habilidosa. Tem facilidade de comunicação. É apressada, impaciente e muito bem informada. Valoriza as empresas que estão comprometidas com o meio ambiente, com a realidade da comunidade e do país, portanto consome os produtos e serviços de forma consciente. É fascinada por desafios e querem fazer tudo à sua maneira. Compartilha facilmente informações e opiniões nas redes sociais. Acha que merece tratamento especial, em relação ao trabalho.

A geração Z é a mais recente das gerações e é formada pelas pessoas nascidas a partir de meados dos anos 1990. O seu mundo sempre esteve em contato com a internet e toda a tecnologia existente. Esta geração mostra ter dificuldade em trabalhar em equipe, preferindo trabalhar isoladamente. É crítica, precoce e dinâmica.

O conflito entre as gerações surge, pois as novas gerações chegam ao mercado de trabalho, comportando-se de forma irreverente, não aceitando a hierarquia, trabalhos rotineiros, operacionais e regras impostas. Por serem avessos à rotina, burocracia e estilos gerenciais autocráticos, acabam criando situações conflituosas com a geração mais antiga. Almejam promoções rápidas, e não consideram muitas vezes a experiência necessária para ocuparem determinadas funções. É uma geração que tem dificuldade em receber críticas, de assumir os seus erros, espera elogios e precisa de *feedback* para continuar o seu trabalho. A geração mais antiga, por outro lado, respeita a hierarquia e as regras, de forma natural, considera o trabalho uma obrigação e acredita que para conseguir uma promoção é preciso esforço e algum tempo que lhe traga experiência, para enfim ter o devido merecimento. É comum esta geração ter dificuldade em lidar com a geração mais nova, ignorando muitas vezes a sua presença e o seu potencial, não permitindo que esta geração alcance o que deseja: promoção rápida e visibilidade.

Entretanto, a geração Y tem muitos pontos fortes, como por exemplo, a facilidade de comunicação e de trabalhar em equipe. São rápidos e dominam a tecnologia.

> Sabem como interagir com as diversidades das gerações, fazem um diferencial enorme dentro das organizações em tempos de mudanças, o ponto fraco de uma geração pode ser o forte da outra e vice-versa se complementando dentro do universo organizacional. Criando um ambiente forte nos negócios de respeito, interação, criatividade e inovação, proporcionando melhores resultados e um clima favorável de trabalho. (RIBEIRO, 2012).

É preciso, portanto que as lideranças das organizações aprendam a lidar com essa diversidade fazendo com que as diferentes gerações possam conviver com respeito e interação.

A diversidade é saudável e as organizações precisam dos jovens para oxigenar e tornar o clima de trabalho mais dinâmico. Ouvi-la é primordial.

> A diversidade tende a somar competências para alavancar qualquer organização, mas é necessário que os líderes estejam dispostos a ouvir mais, permitir a criatividade e recompensar de maneira que esses colaboradores se sintam valorizados. (GERBAUDO, P.C, 2011)

Para comprometer esta nova geração, dar-lhes responsabilidades pode ser uma boa opção, a partir do oferecimento de projetos diferentes e inovadores.

> A geração Y deve ser responsabilizada. Designar um projeto pioneiro, não importa se for pequeno, pode se revelar uma experiência de aprendizado fantástica para essa turma, além de acrescentar sentido ao processo, mas só vai funcionar se alguém estiver disposto a orientá-los. (STILLMAN, D.; LANCASTER, L., 2011).

Algumas organizações optam por escolher um mentor ou *adviser* para orientar o novo profissional da geração Y. Este especialista passará responsabilidades, técnicas, treinamento e orientação de carreira e estará ao lado do jovem, durante a sua trajetória profissional na organização.

Competências das secretárias do século XXI

Novas competências estão sendo requeridas pelas organizações. Competência, segundo Fleury (2000) é "um saber agir responsável e reconhecido, que implica mobilizar, integrar, transferir conhecimentos, recursos, habilidades que agreguem valor econômico a organização e valor social ao indivíduo". Neste contexto, mais do que conhecimentos (saber) e habilidades (saber fazer), são as atitudes (saber ser) que chamam mais a atenção das organi-

Excelência no Secretariado

zações e são as mais difíceis de serem avaliadas em um primeiro momento (seleção) e desenvolvidas.

As competências, de forma geral, para os profissionais do século XXI, seja no setor público seja no privado são muitas, entre elas: ser ético, profissional, proativo, ter iniciativa, criatividade, relacionar-se bem, saber trabalhar em equipe e em rede, dominar várias línguas, conhecer as diferenças culturais, dominar a tecnologia, elaborar relatórios, administrar bem o tempo, ter visão sistêmica, resiliência, respeitar a diversidade, ser empreendedor, flexível, preocupar-se com a sua educação permanente e com a carreira, respeitar os seus pares, superiores e subordinados, ser compromissado com a sua organização, lidar com as novas gerações, entre outras.

Há muitas competências para o profissional de secretariado, mas é necessário enfatizar algumas delas, como a questão do relacionamento interpessoal, da resiliência, da ética e da necessidade de conhecer os perfis, valores e expectativas das diversas gerações.

Acostumados a lidar com perfis heterogêneos, lidar com as diferentes gerações é um desafio presente: um executivo *baby boomer*, um colega de TI da geração Z, um gerente geração Y. Um dos caminhos possíveis é a adequação comunicacional e o verdadeiro interesse em conhecer e respeitar as diferenças de cada geração. Dotados de uma versatilidade, além de seus conhecimentos técnicos, mas acima de tudo, engajados com sua organização, o profissional de secretariado destaca-se pela sua versatilidade e disposição na convivência com a diversidade. Por isso, a flexibilidade, o domínio emocional, é condição *sine qua non* para uma adequada atuação profissional frente à diversidade de gerações hoje presentes no panorama corporativo.

REFERÊNCIAS

FLEURY, M.T., FLEURY, A. *Estratégias Empresariais e Formação de Competências*. Ed. Atlas, 2000.

MOTTA, Paulo Roberto. *Gestão Contemporânea: A ciência e a arte de ser dirigente*. 16. ed. Editora Record: Rio de Janeiro, 2007.

OLIVEIRA, Sidnei. *Geração Y: era das conexões – tempo de relacionamentos*. São Paulo: Clube dos Autores, 2009.

STILLMAN, D.; LANCASTER. L. O. *Y da questão: Como a geração y está transformando o mercado de trabalho*. Editora Saraiva, 2011.

GERBAUDO, P.C. *Como fortalecer a liderança para diminuir o conflito entre as gerações X e Y, 2011 FAZU* em Revista, Uberaba, n. 8, p. 205-210, 2011. Disponível em: <http://www.fazu.br/ojs/index.php/fazuemrevista/article/viewFile/288/284>. Acesso em: 11 de out. de 2013.

MACIEL, Natalia Bertuol *Valores que influenciam a retenção dos profissionais da geração Y nas organizações*. Porto Alegre, 2010. Disponível em: <http://www.lume.ufrgs.br/bitstream/handle/10183/28635/000771957.pdf?sequence=1>. Acesso em: 11 de out. de 2013.

RIBEIRO, J. S. *Mudança organizacional e os impactos nas gerações X e Y: uma abordagem reflexiva*, Bahia, 2012. Disponível em: <http://portal.ftc.br/eventos/wie/2012/artigos/5%20-%20Mudan%C3%A7a%20organizacional%20e%20os%20impactos%20nas%20gera%C3%A7%C3%B5es%20X%20e%20Y%20uma%20abordagem%20reflexiva. pdf>. Acesso em: 11 de out. de 2013.

28

Liderança ou influência formal e informal

Uma das mais poderosas e apreciadas alavanca do progresso é a liderança. Esse diferencial facilita a vida do ser humano. Atualmente, atinge níveis de sofisticação quando se nota empresas procurando profissionais com tal característica – diretamente ou através de *headhunters* – a preço de ouro, e outras sendo espionadas em seus procedimentos internos de formação de colaboradores

Ana Maria S. Martins

Ana Maria S. Martins

Ana Maria Santana Martins, mestre em Administração, Psicopedagoga, Pedagoga, Consultora Empresarial, Articulista de revistas e jornais, Coordenadora dos cursos de graduação Secretariado Executivo Bilíngue e do pós-graduação Assessoria Gerencial da Universidade Metodista de São Paulo, diretora de treinamento da JCR Ltda, apresentadora do programa "Questão de Atitude" da UpTv., autora dos livros "Postura Profissional do Educador" e " E o que eu faço com essa tal de Boas Maneiras?" da Editora JCR Ltda.

Contato
ana.martins@metodista.br

Ana Maria S. Martins

LIDERANÇA

A liderança não é atributo novo. Sabe-se:

1) Tradicionalmente o perfil dos agrupamentos humanos é de poucos líderes e alguns sublíderes, contra uma grande massa de liderados. Estudos apontam que os homens nascem iguais, diferenciando-se apenas por características específicas, hereditárias ou genéticas que determinarão os seus desenvolvimentos, dentro da cultura em que estiverem inseridos onde somente uns poucos se tornarão líderes plenos.

2) O Livro do Êxodo relata como Moisés foi capaz de conduzir os israelitas, em condições totalmente desfavoráveis, do Egito até o Monte Sinai, pelo deserto. Pode-se dizer que a sua liderança natural foi a responsável pelo êxito dessa difícil empreitada.

Originalmente a liderança era diferente da que hoje conhecemos. Uma espécie de dom das pessoas que nasciam com a predisposição de, a partir das necessidades, compreender a importância de desenvolver algum esforço de enfrentamento e superação do problema e, uma vez alcançada tal liderança, era transmitida na sucessão familiar, ou entre parceiros.

Hoje, praticamente todas as pessoas, desde a mais tenra idade, e por diversos tipos de influências, ou dos pais, ou transmissão genética, ou influência do meio ou algum elemento de motivação, querem ser líderes de alguma situação, mesmo não sabendo bem no que isso implica.

Trata-se de um engano que transcorre por falta de conhecimento, mas com capacidade de produzir consequências graves. Depreende-se dos conteúdos psicanalíticos que essa "amostra" infantil tende a se replicar na vida dos indivíduos: o desejo de liderar, com foco prioritário nas vantagens possíveis de serem extraídas.

Ser líder é o contrário desse imaginário infantil. É fazer funcionar um conjunto de conhecimentos consagrados, submetidos a valores elevados da ética e da moral, em favor dos liderados e da sociedade em geral. Ser líder é ser ético. É dedicar tempo, esforço e dinheiro em favor de causas para terceiros. É garantir a igualdade com os liderados e jamais receber vantagens materiais ou abstratas, eventuais ou constantes. Se crianças, que brigam para liderar os seus coleguinhas, soubessem disso provavelmente dirigiriam suas ações para outros objetivos e apenas brincariam.

Excelência no Secretariado

A palavra liderança acaba por ser adotada como terminologia empresarial, utilizada para classificação de empresas no seu mercado de competição, tipo "essa empresa é líder de mercado". Empresas que pretendem evoluir devem saber que não basta contar com os recursos tradicionais: técnico, financeiro, patrimonial e humano. Indispensável os funcionários aterem-se ao que empresa pretende. Fundamental que sua comunicação seja igualmente clara, motivadora e perfeitamente bem entendida por todos. Assim, trata-se de uma comunicação a ser realizada por um líder com capacidade de se comunicar com facilidade e que seja aceito pelos funcionários, sem problemas adicionais.

Na Psicologia Organizacional, discute-se o homem e a sua adaptação ao trabalho, sugerindo às empresas soluções que possam gerar satisfação daquele que faz e sua interação com o meio ambiente. Em não sendo atendidas tais questões, que não podem estar separadas, poderão comprometer as relações homem/trabalho, por conseguinte, a produtividade.

Viver – pessoal, social e profissionalmente – requer muita atenção e dá trabalho. Pessoas precisam de atenção, carinho e nem todas entendem e respondem nos mesmos padrões. Cada pessoa é um universo particular cheio de idiossincrasias. Não há como se relacionar deixando de lado essas suas necessidades. Assim, quanto mais envolvidos, maiores serão as exigências sobre o líder e isto requer uma capacidade extraordinária. O líder deverá não só manter, mas atualizar os seus conhecimentos e práticas. Sem dúvida, um fator de motivação ambígua: para uns estimula ampliar as suas capacidades de liderança e, para outros são grandes estimuladores para se instalar em suas zonas de conforto.

Bons administradores são portadores de características de liderança, inata ou desenvolvida, obtendo melhores resultados em suas gestões. Sabe-se que líderes surgem em todos os escalões da hierarquia administrativa e não se trata de alguma característica exclusiva de gestores de ponta.

Formal ou informal

A liderança se propaga de várias maneiras, inclusive por influências que transcorrem até de forma inconsciente, porém largamente sob dois prismas: formal e informal.

Para ter êxito, a liderança precisa ser sustentada por um *mix* de "refinados" conhecimentos técnicos e humanos, ainda assim, manipulados por inteligências capazes de suprir as necessidades de seus liderados. Consequentemente, o que se espera de um líder

Ana Maria S. Martins

é que se tenha tais pré-requisitos para atender as demandas que lhes serão crescentemente exigidas.

É vasta a literatura sobre liderança com conceitos, entendimentos e definições diversos: "Liderança é a habilidade de influenciar pessoas para trabalharem entusiasticamente visando atingir aos objetivos identificados como sendo para o bem comum." (HUNTER, 2004).

Observemos a opinião de (CHIUZI ,2013)

> Liderança é um tipo de inovação, pois produz, ou ao menos deve produzir, diversidade no grupo para que toda a base cognitiva e subjetiva do grupo seja desafiada. Por conseguinte, o papel do líder, muitas vezes é desafiar o grupo, postar-lhe situações e reflexões que o levem a, constantemente, redefinir suas prioridades e objetivos táticos, operacionais e, em última instância, estratégicos.

Portanto, há muitos componentes habitando a periferia da liderança. Daí, a sinalização de não haver um ponto fixo que possa identificar o momento quando tudo começa, sua rota, sua contribuição para outros ramos do conhecimento e seu ponto de chegada.

A forma de um líder atuar exerce influências nas pessoas. Comum ouvir de pessoas idosas referências elogiosas e gratas a pessoas que lhe deixaram legados. Nesses relacionamentos observa-se uma espécie de herança, prevalecendo o binômio "estilo e capacidade" do líder, de se relacionar e se conduzir pessoal, profissional e socialmente:

- **Estilo** é a forma de liderar e exercer influência direta no que está sendo feito; maneira de se relacionar, de se conduzir pessoal, profissional e socialmente.

- **Capacidade** diz respeito ao direcionamento dos esforços dos liderados de tal forma que a soma dos seus atos seja capaz de ultrapassar o objetivo que se persegue.

Sendo o *estilo*, a forma e a manutenção de uma liderança, elementos influenciadores, conclui-se que o *relacionamento* não é um ato isolado e fácil. Alguns gostam de se relacionar com pessoas, mas não têm a habilidade adequada para tal. Outros, mesmo tendo a habilidade, não gostam e simplesmente se limitam ao mínimo necessário. Há também pessoas que, desconhecendo a existência desses pré-requisitos, ingressam nessa área relacional e só depois de se darem mal, é que vão entender a necessidade de um prévio e adequado preparo.

Dessa forma a liderança se expande sob duas vertentes distin-

Excelência no Secretariado

tas: formal e informal. A formal é a que está documentada e oficializada. O líder formal é aquele oficialmente investido de autoridade e poder organizacional, recebendo um título de *diretor, gerente* ou *supervisor*, e a amplitude de poder é determinada pela posição ocupada na hierarquia da organização.

A informal transcorre de situações específicas em que alguém se manifesta e é aceito, resolvendo a questão. A liderança informal é aquela em que o líder não exerce liderança normativa ou legal e nem sempre possui cargo formal. Muitas vezes é uma pessoa comum, porém, com extraordinária capacidade de influência, fruto de traços de inteligência, de postura e ética profissional, domínio técnico sobre temas específicos e com um excelente relacionamento interpessoal. O líder informal tem o *dom* e a *capacidade* de influenciar pessoas mesmo sem o título oficial.

É flagrante a importância desses líderes inatos que obtiveram sucesso em suas vidas e o quanto os de seus convívios aproveitam as suas experiências de sucesso.

Ao observar como homens comuns se tornaram notáveis por terem proporcionado soluções às populações, com saltos espetaculares promovidos por meio de suas lideranças, solucionando problemas e/ou ampliando limites anteriormente estabelecidos por outros igualmente notáveis. Assim, a liderança é um salto por excelência que a natureza permite, para abrir novos e melhores caminhos, salvar e desenvolver pessoas.

Quando se fala sobre Profissional de Secretariado o que vem à mente das pessoas é "uma *mulher* mais voltada a absorver queixas, reclamações etc.", do que propriamente "um profissional competente, com sólida formação específica e preparado para gerir variadas tarefas". Todos respeitam, mas poucos conseguem enxergar a grandiosidade contida nas atividades dessa profissão e, por isso, não conseguem imaginar o funcionamento do secretariado como sustentação de seus assessorados.

O Profissional de Secretariado cobre inimaginável área de atuação e apenas alguns deles se encontram devidamente investidos de liderança formal. Entretanto, dadas as necessidades intrínsecas do dia a dia, são líderes por excelência – ainda que disso não saibam ou assim não se considerem – eis que, não raro, atuam com intensa habilidade relacional e/ou negocial, mediando ou participando diretamente de intricados processos pendentes de solução.

Com extrema habilidade esses profissionais assumem os mais variados tipos de liderança, atuando como facilitadores dos relacionamentos e processos de trabalho. Exemplos de lideranças:

Ana Maria S. Martins

Formal

Temos registros de um importante executivo bancário que, contrariamente aos seus pares, não permitia que sua secretária saísse em férias no mesmo período que ele, sustentando que a sua ausência poderia ser minimizada com a presença da mesma que estava a par de todos os processos e projetos em andamento.

Informal

Num período de férias de um Diretor, uma sexta-feira por volta das 20h, sua secretária ainda trabalhando, recebe uma ligação de sequestro de um alto funcionário, mas não consegue completar os contatos internos previstos para emergências desse tipo. Familiares e colegas do sequestrado se manifestaram desesperados, reclamando providências aos prantos. Quando entendeu que a situação tinha chegado ao limite e não tendo conseguido manter contato com nenhum superior, essa secretária assumiu a situação. Acionou as providências constantes do *checklist* corporativo. Graças à sua eficácia e bom relacionamento, o caso foi, além de bem conduzido, resolvido.

Citamos alguns líderes – de comportamentos totalmente diferentes – reconhecidos pelo grande sucesso na arte de servir e ser útil à humanidade:

Jesus Cristo
Para muitos é o maior líder que existiu. Seus ensinamentos tendem a perdurar por toda a história. Suas motivações, crenças e influências levam multidões a seguir suas ideias.

Júlio César
Um dos homens mais influentes antes de Jesus Cristo. Responsável por transformar a República Romana e fazer de Roma o Império mais importante e poderoso da antiguidade.

Mahatma Gandhi
Em 20 anos influenciou mais de 350 milhões de pessoas em uma revolução pacífica. Conseguiu a independência da Índia. Seus ideais de paz e de uma vida natural são exemplos.

Napoleão Bonaparte
Grande estrategista da história. Conhecia bem seus subordina-

Excelência no Secretariado

dos e os colocava nos cargos mais adequados aos seus perfis.

Franklin Delano Roosevelt
Um dos presidentes americanos mais importantes da história. Presidiu dois mandatos em condições difíceis. Administrou duas situações caóticas: Grande Depressão e Primeira Guerra Mundial.

Martin Luther King
Com seus protestos e discursos motivadores, agregou milhares de pessoas na luta pelo fim da desigualdade social.

Abraham Lincoln
Considerado o melhor Presidente dos Estados Unidos, de todos os tempos. Responsável por abolir a escravidão, administrar o país durante a Guerra Civil e modernizar a economia do país.

Getúlio Vargas
Presidente do Brasil por 15 anos. Carismático, próximo da população mais humilde, conhecido como o "pai dos pobres". Trouxe esperança para o povo brasileiro com suas lutas pelas leis trabalhistas e direitos dos mais pobres.

Nelson Mandela
O mais importante líder africano da história. Lutou pelos direitos do continente inteiro e ganhou prêmio Nobel da Paz. Dedicou toda a sua vida aos direitos humanos.

A história registra o respeito às pessoas, que com seus ideais e feitos, se tornaram conhecidas por terem influenciado a humanidade. Traços de liderança é propriedade de cada ser humano. Uma habilidade da existência e todos, num determinado momento de sua vida, já exerceu um papel de líder.

REFERÊNCIAS

CHIUZI, Rafael Marcus. *Recursos Humanos ou gestão de Pessoas?* Reflexões críticas sobre o trabalho contemporâneo. São Bernardo do Campo: Universidade Metodista de São Paulo, 2013.

FRANÇA, Ana Cristina Limongi. *Recursos Humanos: conceitos, ferramentas e procedimentos.* São Paulo. Atlas, 2007.

HUNTER, James C. *O monge e o executivo.* Rio de janeiro: Sextante, 2004.

NEIVA, Edméa Garcia e D'ELIA, Maria Elizabete Silva. *As novas competências do profissional de Secretariado.* São Paulo. IOB, 2009.

29

PNL e excelência na comunicação no secretariado executivo
Secretariado executivo e comunicação interpessoal

Neste capítulo, vamos usar algumas ferramentas da PNL, as quais vão ampliar nossa percepção sobre esses dois tipos de inteligência, com ênfase na melhoria do processo de comunicação

André Percia

André Percia

Psicólogo clínico e hipnoterapeuta com formação internacional em Coaching. *Practitioner, Master Trainer* em PNL e MBA em Gestão Pela Qualidade na UFF. Ministra cursos e palestras no Brasil e no exterior.

Contatos
www.youtube.com/Andrepercia
apercia@terra.com.br

André Percia

Secretariado executivo é uma profissão que envolve muitas características específicas. Entre outras coisas, é um trabalho que demanda a capacidade de administração de relacionamentos. Secretários executivos precisarão construir e manter um bom relacionamento com aqueles que vão secretariar e com muitas pessoas estratégicas que vão interagir para exercer seu trabalho.

A grande questão é que muitas dessas competências interpessoais não são ensinadas em lugar nenhum – fora treinamentos QUALIFICADOS em Programação Neurolinguística e *Coaching*.

Howard Gardner redefiniu inteligência como a capacidade de fazer distinções, e definiu inicialmente SETE tipos: Espacial, Corporal, Musical, Matemática, Verbal, interpessoal e Intrapessoal.

Inteligências INTRAPESSOAL e INTERPESSOAL se referem, respectivamente, às capacidades para fazermos importantes distinções sobre nós mesmos e fazer distinções sobre nossas relações com outras pessoas.

Neste capítulo, vamos usar algumas ferramentas da PNL, as quais vão ampliar nossa percepção sobre esses dois tipos de inteligência, com ênfase na melhoria do processo de comunicação.

A PNL (Programação Neurolinguística) nos mostra que, na eficácia da comunicação, 7% da mesma está nas palavras, 38% está em como modulamos vocalmente o que falamos, e 55% está na linguagem não verbal.

Secretários precisam receber e produzir comunicação em múltiplos níveis, essas estatísticas nos ensinam que precisamos alinhar todos esses fatores. Todos são importantes.

Ao longo deste capítulo, você será convidado(a) a pensar - e até mesmo a escrever! - o que tem em mente sobre tópicos importantes. Responder a essas perguntas poderá disparar processos neurolinguísticos, os quais podem já começar a contribuir para distinções e processamentos importantes, contribuindo, assim, para a melhoria do seu desempenho profissional em áreas trabalhadas pela PNL.

Levando em consideração o gráfico sobre palavra escrita, fala com tom de voz modulado e linguagem corporal:

- Seu trabalho requer o que – especificamente – sobre cada um deles?
- Qual deles já funciona bem?
- Qual (quais) precisam ser desenvolvidos?
- Qual a melhor forma de alinhar o que se escreve, com a forma como fala e o que expressa no seu comportamento e expressões?
- O que parece funcionar melhor para seu chefe?

Neste processo de construir o seu melhor, precisará reconhecer o que já é forte em você, e o que precisa melhorar.

A Análise SWOT é um clássico instrumento, que ajuda as pessoas

Excelência no Secretariado

a fazerem esse mapeamento. Pode ser também utilizada de inúmeras formas, seja analítica, numa dinâmica, e assim por diante.

FORÇAS: O QUE ME AJUDA A SER UM EXCELÊNCIA PROFISSIONAL?	
FRAQUEZAS: O QUE É DESAFIADOR PARA MIM?	
OPORTUNIDADES: O QUE POSSO FAZER E ME DESENVOLVER PARA ME TORNAR UM EXCELENTE PROFISSIONAL?	
AMEAÇAS: O QUE EXISTE EXTERNO A MIM QUE PODE SER DESAFIADOR?	

Feedback: Como os outros percebem nossas forças e fraquezas? O que está comunicando? As informações coincidem ou divergem? O que pode aprender com essa análise pessoal e com o *feedback* de terceiros?

FORÇAS X FRAQUEZAS	MINHA PERCEPÇÃO	PERCEPÇÃO DOS OUTROS
LISTA DE FORÇAS Meus aspectos positivos; qualidades.		
LISTA DE FRAQUEZAS Minhas dificuldades; deficiências; aspectos negativos.		

Como a análise de tudo isso contribui para que possa ter uma excelente carreira no secretariado executivo?

Metas para a comunicação:

Responda agora as perguntas que o ajudarão a chegar cada vez mais perto do que deseja no ramo do secretariado:

André Percia

1 – O que – especificamente – você quer?
2 – O que depende exclusivamente de você para isso?
3 – Quando você quer isso?
4 – Quem mais estará envolvido?
5 – Como vai acontecer?
6 – Quais são os recursos que possui para isso?
7 – Como pode ser harmônico para você e para outros construir isso?
8 – Quais as evidências de que terá alcançado o que quer?

Um outro exercício importante é aliar ao processo a VISUALI-ZAÇÃO CRIATIVA. Inúmeras pesquisas nos mostram que imaginar de forma intensa e detalhada algo que se quer fazer, equivale a um treinamento para fazer, pois naquele instante o cérebro não sabe a diferença entre o que estamos imaginando e a realidade.

Com base no que respondeu sobe METAS PARA A COMUNICAÇÃO, nas perguntas de 1 a 8, imagine-se num futuro onde lá – agora – experimenta fazer, ter e ser todas as coisas que escreveu sobre o que quer, como se elas já tivessem acontecido em sua vida. Imagine o processo de fazer acontecer, como se estivesse de fato fazendo, e o momento de colher os resultados, entrando em contato com a importância da conquista e o que sente, assim como as emoções e desdobramentos.

Rapport (ACUIDADE SENSORIAL)

O próximo passo é aprender a gerar uma interação ainda mais eficaz com seu chefe ou pessoas com as quais precisa se comunicar da melhor forma. Você já observou duas pessoas em sintonia? Amigos numa conversa animada concordando e parecendo estar "alinhados"? Comece a observar. Espontaneamente, em muitos dos casos, as pessoas, não raro, estarão gesticulando de forma parecida, falando mais ou menos da mesma forma e combinando inúmeros outros aspectos quase como se estivessem "dançando", onde em alguns momentos um parece "acompanhar" o outro e, em outros, conduzir.

A Programação Neurolinguística descobriu que nós não precisamos esperar que isso aconteça sozinho. Nós podemos OTIMIZAR a comunicação, GERANDO processos os quais vão gerar *rapport* e entrosamento entre as pessoas. Na medida em que nos propomos a trabalhar numa organização ou vinculados a outras pessoas, construir e manter *rapport* é essencial para o bom relacionamento e clima no ambiente de trabalho.

O *rapport* é uma harmonia na comunicação, permitindo que você encontre a outra pessoa no modelo que ela tem do mundo. Quando estabelecido, é uma dança na qual as duas pessoas espelham seu comportamento verbal e não verbal.

Excelência no Secretariado

Para obter o *rapport*, você pode perceber e reproduzir em si - de forma discreta e o mais natural possível - qualquer parte do comportamento da outra pessoa, ajustando seu comportamento verbal e não verbal para "combinar com ela, fazendo tudo isso com a discrição, elegância e sutileza, para não penetrar na consciência da outra pessoa". O *rapport* permite que você crie uma ponte até o outro, estabelecendo contato em maior nível e maior nível de compreensão.

Calce os sapatos da outra pessoa e tente captar quais são os modelos de mundo do outro. Assim, de forma intuitiva, estabeleça contato e maior nível de compreensão.

A grande regra é: acompanhe, acompanhe, acompanhe... e depois conduza. Conduzir, aqui, significa que você vai direcionar a comunicação para um resultado harmônico, saudável e produtivo para as duas partes.

Comportamentos que você pode acompanhar para facilitar geração de rapport:

Respiração	Ajuste sua respiração para o mesmo ritmo da respiração da outra pessoa.
Postura corporal	Ajuste seu corpo para combinar com a postura do corpo do outro ou parte do corpo do outro.
Movimentos corporais	Espelhe qualquer movimento do corpo que seja constante ou característico. Pode imitar gestos com elegância e sutileza. Também pode igualar a inclinação, orientação ou os balanços do corpo do outro.
Expressões faciais	Levantar sobrancelhas, apertar lábios, enrugar o nariz, etc.
Palavras processuais	Detecte os predicados utilizados pela outra pessoa, e use-os na sua própria linguagem.
Fala	Utilizar, com descrição, frases repetitivas ou expressões usadas pela outra pessoa, igualando-se ao estilo de falar do outro.
Espelhamento cruzado	Use um aspecto do seu comportamento para espelhar um aspecto diferente do comportamento do outro. Por exemplo: balançar suavemente uma parte de seu corpo, no mesmo ritmo da espiração do outro.

COLOCANDO-SE NO LUGAR DO OUTRO PARA MELHOR ENTENDÊ-LO E INTERAGIR COM ELE

Quando usamos somente um ponto de vista envolvendo duas ou mais pessoas, desenvolvemos "pontos cegos" em nossos mapas da realidade. Agora, você se dará a oportunidade de se colocar no lugar outras pessoas para melhor compreendê-las.

Eis as posições:

Como você percebe o contexto e a situação	**EU** **Primeira** **posição**	**OUTRO** **Segunda** **posição**	Como você percebe o contexto colocando-se no lugar do outro? Qual é a intensão positiva?
Como você percebe a relação e o contexto do ponto de vista do sistema?	**SISTEMA** **Quarta** **posição**	**OBSERVADOR** **Terceira** **posição**	Como você percebe o relacionamento enquanto observador? Como "EU" pode mudar?

A pessoa que está muito fixa na

- Primeira posição: torna-se egoísta;
- Segunda posição: torna-se cuidadora, salvadora;
- Terceira posição: torna-se fria e sem sentimentos;
- Quarta Posição: torna-se muito voltada para a coletividade.

Em 1997, em seu *Visionary Leadership Manual*, Robert Dilts definiu a "Quarta Posição" (Nós) como a perspectiva do Sistema, onde a pessoa é convidada a dar um passo para o lado, e considera-se o que é melhor para o sistema: "Se considerarmos nossas metas em comum...".

Hall e Bodenhamer citam Atkinson (1997) e um manuscrito não publicado do autor sobre "Cinco Ideias Centrais" e sugere uma "Posição Perceptual Universal" como resultado da aplicação dos quantificadores universais (todos, sempre), a qual seria a mais abrangente e de mais alto nível.

Coloque cinco pedaços de papel no chão e escreva neles respectivamente: EU, OUTRO, OBSERVADOR, SISTEMA E UNIVERSO.

1. Identifique um relacionamento que pode melhorar significativamente. Ou que já é bom, mas pode ficar muito melhor. Ou que não esteja bom ou que possa ficar melhor.
2. Estabeleça na primeira posição (EU): QUAL MINHA POSIÇÃO? O que acredito que está acontecendo? Qual minha versão para explicar esse relacionamento? Como percebo o outro? Anote numa folha de papel o que vê, ouve, diz para si e sente sobre isso.
3. Entre na posição da outra pessoa como se fosse de fato ela, considerando suas crenças e pontos de vista. Imagine ser essa outra pessoa. O que pensa sobre o que está acontecendo? Qual sua versão nesse papel para os acontecimentos? Como percebe essa "outra" e o que ela é/faz? Anote numa folha de papel o que vê, ouve, diz para si e sente sobre isso.
4. Vá para a posição do observador e considere a questão do ponto de vista

Excelência no Secretariado

de alguém de fora percebendo aquelas duas pessoas. Como alguém de fora perceberia o que acontece entre aquelas duas pessoas? Anote numa folha de papel o que vê, ouve, diz para si e sente sobre isso.

O que o observador conclui que o EU pode aprender? Quais dicas e conselhos daria para ele?

Você comunicaria alguma informação reunida para a parte do "Eu"? Consideraria sugerir o "Eu" mudar alguma coisa em sua fala e comunicação em geral?

5. Vá para a posição do "Sistema". O sistema é o nível que acolhe todas as pessoas envolvidas e outras pessoas, observando ou não aquela relação do EU e do OUTRO. O que acontece nas relações afeta todo o sistema. Como é estar nesta posição do "nós", coletiva? Anote numa folha de papel o que vê, ouve, diz para si e sente sobre isso.

6. Vá para a posição "Universal" e considere a questão sob uma ótica bem ampla que vai além daquele sistema e de todos os sistemas, além do sistema "Planeta Terra". O que muda nesta situação sob essa perspectiva? Anote numa folha de papel o que vê, ouve, diz para si e sente sobre isso.

7. Volte para a posição do EU e a alinhe, perguntando o que a pessoa aprendeu de diferente e importante após ter experimentado todas as posições.

Existe alguma coisa diferente sobre como a pessoa se percebe? Existe alguma coisa diferente sobre como percebe esse OUTRO e os aspectos da relação? O quê?

8. Vá mais uma vez para o lugar deste OUTRO e solicite que a pessoa enquanto OUTRO coloque-se no lugar do EU e perceba, enquanto OUTRO o que pode aprender sobre o EU.

9. Faça checagem ecológica sobre a experiência: Como você se sente agora com tudo o que viu, ouviu e sentiu, assim como com as conclusões e intuições que podem ou não terem sido experimentados aqui?

Elabore uma lista de ações concretas as quais se compromete a fazer de hoje a uma semana, as quais vão fazer você:

•   INTERNAMENTE estar mais disposto (a) a melhorar a qualidade de sua relação
•   EXTERNAMENTE se aproximar ainda mais de atos que vão refletir diretamente nessas relações. Que coisas concretas poderá de fato fazer?

10. Faça Acompanhamento ao Futuro: imagine-se já lá num momento do futuro deixando fluir aquilo o que você talvez saiba ou não que aproveitou neste trabalho. Agora, o que isso lhe parece e o que trouxe para sua vida?

30

Inteligência emocional e social: A resiliência em secretariado

Os profissionais da área de secretariado que buscam atuar de forma diferenciada, efetiva e criativa em situações adversas, aplicam a resiliência para o entendimento e soluções dos conflitos do cotidiano organizacional

**Cibele Martins &
Luiz Genghini**

Cibele Martins & Luiz Genghini

Cibele Martins
Doutora em Administração pelo Programa de Mestrado e Doutorado em Administração da Universidade Nove de Julho (2013). Mestre em Administração pelo mesmo programa (2004). Especialista em Qualidade nas Organizações (Lato-sensu), graduada em Administração pela Universidade Nove de Julho (2002) e em Secretariado Executivo pela Universidade São Judas Tadeu (1997). É editora da Revista Científica Gestão e Secretariado.

Contato
cibelebm@uol.com.br

Luiz Genghini
Mestre em Administração pela Universidade Guarulhos (2001). Graduação em Administração de Empresas pela Universidade São Judas Tadeu (1989). Graduação em CEETEC Esquema I pela Faculdade de Educação Campos Salles (1983). Graduação em Direito pelo Centro Universitário das Faculdades Metropolitanas Unidas (1980). Atualmente é sócio, psicopedagogo e consultor organizacional pela MENTOR - Orientação Psicopedagógica Ltda. e professor da Universidade Paulista. Tem experiência na área de Administração, com ênfase em Exportação, vendas, gestão e terceiro setor.

Contato
lagenghini@hotmail.com

Muito tem se falado e escrito a respeito da inteligência emocional e social no ambiente de trabalho. Dentre as características do profissional que pratica a inteligência emocional e social no trabalho há que se destacar a resiliência que é a propriedade que alguns corpos apresentam de retornar à forma original após terem sido submetidos a uma deformação.

O termo foi incorporado ao mundo corporativo para designar a capacidade de adaptação às novas condições do ambiente sem a perda das características originais e vem sendo aplicado pelos profissionais da área de secretariado que atuam nas soluções de conflitos nas organizações. A resiliência se constitui numa habilidade necessária para o exercício e desenvolvimento profissional, tornando-se um fator de diferenciação para que os profissionais entendam a necessidade de sair de situações adversas, buscando alternativas de modo flexível e criativo.

Observa-se que no mundo corporativo, as organizações e as pessoas se submetem às condições ambientais internas e externas, tendo que adaptar suas estratégias e processos às contingências, sem perder o foco das suas atividades fins, mesmo sob a pressão dos resultados, ao mesmo tempo em que exige adequação e adaptação a novos padrões profissionais. Vale ressaltar que o processo de adaptação demanda qualidades individuais relacionadas aos aspectos emocionais e sociais de cada indivíduo, de modo que o seu espectro de valores e crenças irá nortear suas decisões e seu comportamento.

As organizações atuam no **microambiente** ou ambiente interno e no **macroambiente** ou ambiente externo. A rigor, o ambiente externo é composto por vários elementos, sobre os quais a organização tem pouca influência, sendo movimentado por forças sociais, econômicas, legais, políticas e tecnológicas. Ao focar no cotidiano da empresa, microambiente, podem-se identificar três níveis que estruturam as organizações: o nível *estratégico* composto pelos dirigentes, que determinam as diretrizes organizacionais; o nível *tático*, composto pela gerência, que determina como a empresa irá colocar em prática o que foi determinado pela direção e o nível *operacional*, composto por supervisores e seus subordinados, conhecido como o ambiente de tarefas, composto pelos clientes, competidores, fornecedores, reguladores e parceiros estratégicos.

No ambiente interno que envolve os proprietários, empregados, administradores e no ambiente físico, são determinados os intercâmbios diários que ocorrem simultaneamente, circunscrevendo o ambiente de atuação dos executivos e de suas equipes. No ambiente de tarefas ocorrem as interações operacionais que permeiam o cotidiano das organizações em busca de converter seus orçamentos em resulta-

Excelência no Secretariado

dos, sendo vitais o bom senso e a exatidão para melhorar a produtividade, reduzir custos e construir diferenciais a partir de desempenhos que só equipes sintonizadas conseguem alcançar.

Como resultado das interações, as organizações se tornaram mais complexas e desenvolveram novas formas de gestão para propiciar melhor adequação da estrutura interna composta por processos, cooperação e colaboração entre os departamentos para atender às exigências ambientais, e, passaram a depender de intersecções entre as áreas, com o envolvimento de vários departamentos e atores (RIZZI; SITA, 2011).

Adicionalmente, foi necessário sistematizar os processos com a respectiva designação de funções e ações específicas dos ocupantes dos cargos, inclusive com a determinação de políticas de abordagem e tratamento dos assuntos comuns nas interseções sujeitas a conflitos, onde as áreas devem manter um processo de comunicação consistente, eficiente e eficaz com o objetivo de otimizar o potencial na consecução dos objetivos, em que cada participante contribui com suas melhores competências e habilidades, gerando um círculo virtuoso e sistêmico no sentido de atingir os resultados esperados.

Nessa perspectiva, o elemento humano é o responsável pela efetivação das ações cotidianas nas organizações e os profissionais de secretariado atuam como agentes catalisadores e facilitadores dos processos de comunicação, uma vez que a sua atuação exige maturidade emocional, perfil de gestor e capacidade de tomar decisões que facilitam a interação organizacional.

Para tais afirmações, parte-se do pressuposto de que na empresa, o profissional de secretariado deve procurar entender, compreender, perceber, agir, interagir e desenvolver relacionamentos nas circunstâncias mais distintas porque sendo um profissional de formação genérica, ele possui as condições de atuar de modo emocional e socialmente inteligente, sendo resiliente em relação à dinâmica e as demandas organizacionais, superando as dificuldades de readaptação.

RESILIÊNCIA NAS ORGANIZAÇÕES E O PROFISSIONAL DE SECRETARIADO

As organizações resilientes necessitam de pessoas preparadas para enfrentar as adversidades e as demandas provocadas pelo ambiente competitivo, porque o mérito das organizações vencedoras está na capacidade de se adequar, flexibilizar e moldar sem perder sua identidade e as propriedades que as caracterizam.

Os secretários podem desempenhar importante papel na interação

Cibele Martins & Luiz Genghini

entre os departamentos porque atuam nas áreas de interseção de comando e têm de lidar com um universo de funções, processos, rotinas, estilos e costumes, às vezes estranhos às suas competências profissionais.

As atribuições fundamentais do profissional de secretariado estão previstas nas Leis 7.377/85 e 9.261/96. Adicionalmente, quando se fala da ética e exercício profissional, o Código de Ética de Secretariado define, no capítulo III, os deveres fundamentais dos secretários, elencando ainda uma sólida hierarquia de valores, que fundamenta todo o comportamento do profissional de secretariado, como o sigilo profissional, as relações com a empresa e com as entidades representativas da sociedade.

Sendo a Lei de Regulamentação e o Código de Ética abertos ao tratar do exercício da profissão, fica clara a inferência de que os profissionais deverão ter disposição, vontade e recursos para atuar nos segmentos da administração e nos ambientes organizacionais onde forem designados. É uma situação que coloca o profissional em regime de alerta diante da necessidade de aprender sempre, de ser flexível e de resistir a altos níveis de pressão. Em outras palavras, o profissional de secretariado deve ser resiliente.

Pesquisa realizada pela Federação Nacional de Secretariado - FENASSEC (2011) procurou identificar os profissionais de secretariado nas organizações, levantar o que estavam fazendo e as condições gerais de trabalho. Verificou-se que o trabalho é exercido sob pressão, especialmente quando o secretário atende a mais de um departamento ou executivo, fato que demanda muita flexibilidade, capacidade de negociação e de mobilização, portanto, exigindo um comportamento resiliente.

Analisando as informações, do ponto de vista da resiliência, observaram-se as responsabilidades relacionadas como acrescentadas, porque é exatamente onde se localizam as demandas de maior elasticidade e de pressão profissional, tanto pelas inter-relações como pela incerteza ao lidar com o desconhecido. Tal situação exige total resiliência do profissional para adaptar-se à nova demanda de trabalho, porque as organizações precisam de operadores versáteis, ágeis e inteligentes para compor seus quadros de colaboradores, especialmente o profissional de secretariado, que a exemplo da pesquisa da FENASSEC, demonstra grande adaptabilidade.

O alto grau de ocorrência de mudanças dos meios, especialmente dos instrumentos ligados à inteligência organizacional, transforma o ambiente de tarefas das empresas em áreas instáveis e dinâmicas, impondo aos profissionais a obrigação de aprimoramento técnico permanente e adaptação às novas situações que surgem diariamente.

Excelência no Secretariado

Naturalmente, os processos de adequação às novas condições são muito mais acessíveis para pessoas resilientes, que convivendo profissionalmente em ambientes socialmente inteligentes se comportam de modo emocionalmente inteligentes.

Admitindo-se que a resiliência não seja uma condição inata do ser humano, é possível aprender a ser resiliente, dependendo apenas de como cada indivíduo se posiciona e se conduz diante da situação. Desempenhar o papel profissional em ambientes instáveis demanda habilidades profissionais e pessoais resilientes que podem ser aprendidas. Os profissionais devem selecionar cursos e leituras que lhes incorporem novos modos de agir e de reagir, a fim de desenvolver um conjunto de competências e habilidades que lhes coloque de maneira proativa diante de situações de decisão, especialmente as mais difíceis. O conjunto passará a incorporar o perfil profissional que ajudará a competir pelas melhores posições do mercado.

Para contribuir com o desenvolvimento da resiliência, as empresas devem promover cursos e outros eventos destinados a desenvolver em seus colaboradores as qualidades da resiliência, a fim de que suas equipes possam aproveitar os recursos na busca de resultados.

Depreende-se da dicotomia pessoa-empresa que o melhor dos mundos é um trabalhador resiliente ser empregado numa organização que se preocupa e incentiva a resiliência, porque ambos poderão se beneficiar com aumento da qualidade de vida e da produtividade.

Os profissionais de secretariado, pela natureza da própria profissão, devem se perceber inseridos no centro das mudanças porque atuam como assessores dos executivos que, em geral, tomam decisões e implementam os projetos que materializam as mudanças.

A pressão contínua gerada pela instabilidade do ambiente de mudanças pode provocar estresses, mas também pode ser convertida em oportunidades para profissionais mais bem preparados técnica e psicologicamente, como deve ser o caso dos profissionais de secretariado.

Devido ao ambiente instável, competitivo e pressionado por rápidas mudanças, as organizações necessitam de profissionais capazes de gerar resultados, incluindo-se os profissionais de secretariado, que vêm assimilando mais responsabilidades e, como acima pontuado, atuam como agentes catalisadores e facilitadores nos processos de comunicação das organizações.

Ao se submeter aos rigores do mercado de trabalho, o profissional de secretariado deve ser resiliente, porque sua atuação influenciará diretamente na conquista dos resultados organizacionais, pois sua ação se dá, tanto em questões do ambiente interno, quanto com as do ambiente externo e, ao serem resilientes para superar as dificuldades, os

Cibele Martins & Luiz Genghini

secretários promovem o rito de aprendizagem e de operacionalização demandado pelas situações.

No nível técnico (formação), o profissional deve ampliar sua visão geral sobre o negócio da organização, procurando conhecer as áreas e atribuições, a fim de construir uma base polidisciplinar de conhecimento e de cultura.

No âmbito pessoal, o profissional deve associar o desenvolvimento técnico a um perfil de postura, atitudes e comportamento, que o transformem em facilitador da comunicação e em agente líder de implementação de mudanças, capaz de interagir proativamente no macroambiente da organização em busca da efetivação dos objetivos e da realização da missão institucional.

Desse modo, infere-se que a resiliência, característica da inteligência emocional e social, é um diferencial imprescindível e necessário ao desenvolvimento e competitividade do profissional, em especial, o de secretariado, tanto para o desempenho da profissão e quanto para o crescimento pessoal.

REFERÊNCIAS

Código de Ética do Profissional de Secretariado. Disponível em: <http://www.sinsesp.com. br/index.php/secretariasos/70/81>. Acesso em: 17 de ago. de 2007.

FENASSEC. *Pesquisa sobre a Profissão – Verificando as Mudanças*. Disponível em: <http:// www.fenassec.com.br/pdf/afenassec_pesquisa_reg_trabalhos_cientificos.pdf>. Acesso em: 04 de maio de 2011.

Lei 7.377/85 e Lei 9.261/96. Disponível em: <http:// www.sinsesp.com.br/index.php/secretariasos/70/271-lei7377>. Acesso em: 17 de ago. de 2007.

RIZZI, M. SITA, M. *Ser+ em Gestão do Tempo e Produtividade: Estratégias e ferramentas para atingir a excelência no dia a dia*. São Paulo: Literare Books, 2011.

Excelência no Secretariado

31

A espiritualidade no ambiente corporativo e o profissional de secretariado

Serve como reflexão ao profissional de secretariado para tornar-se conhecedor de si mesmo, comprometido física e espiritualmente em sua carreira profissional, conduzindo-a de maneira ética e relevante, para que possa colaborar com o objetivo delineado em uma organização através da Missão, Visão e Valores

Dircélia Merlin

Dircélia Merlin

Personal and Professional Coach, Membro da Sociedade Brasileira de Coaching. Pós-graduação em Gestão de RH e Didática do Ensino Superior pela FECAP. Diretora e Membro do IAAP (International Association of Administrative Professionals). Membro do Comitê de Educação e Projeto Docente & Docente e Diretora de Comunicação e Marketing Institucional e I Diretora do Develop do SINSESP Gestão 2008-2012. Conselheira Fiscal SINSESP Atual Gestão 2012/2016. Secretária Executiva Bilíngue, atuando desde 1972 em diversos segmentos de mercado em empresas multinacionais e nacionais. Participante de palestra proferida pelo Dr. Daniel Goleman – Harvard Business Review Brasil, sobre Inteligência Emocional com foco na Sustentabilidade. Professora de inglês, palestrante, participante em bancas de conclusão de cursos de Secretariado Executivo em universidades paulistas.

Contatos
eceuc1205@hotmail.com
cemerlin@globo.com

Dircélia Merlin

A espiritualidade nas organizações

Hoje constatamos que as empresas também se preocupam com o estado emocional de seus colaboradores, afinal são eles que precisam atingir metas e trazer o resultado esperado para o negócio.

Qual o papel do profissional de secretariado neste campo da espiritualidade?

A espiritualidade, desde os primórdios da humanidade, está ligada a um vazio que o ser humano necessita preencher dentro de si. Na busca desse preenchimento é que o ser humano se inclina para esta ou aquela corrente doutrinária que corresponda ao seu conjunto de valores e crenças.

O que, dentro de uma organização, teria conexão com a espiritualidade? Uma organização trata de espiritualidade exatamente ao definir sua Missão, Visão e Valores. Cada vez que a Missão, Visão e Valores de uma empresa nascem, se integram com a espiritualidade latente em seu propósito.

É comum pensarmos que religião e espiritualidade são a mesma coisa, mas na verdade há diferenças. A espiritualidade é uma maneira de ser que predetermina como vamos reagir às experiências da vida, ao passo que a religião implica em incorporar e programar sistemas de crenças organizados que devem ser seguidos por seus adeptos. Para ter acesso à espiritualidade, precisamos fazer perguntas "fora da caixa", ou de um sistema e olharmos o próprio mundo interior em busca de respostas. Raramente somos encorajados a buscar respostas dentro de nós mesmos, nossa cultura nos ensina que a melhor solução vem de fontes externas. A espiritualidade, por outro lado, sugere que as soluções emanem de fontes internas.

Os budistas, lembrando-nos de Dalai Lama, interiorizam-se e analisam as diversas situações.

Vejamos como pensa Dalai Lama:

> "Julgo que religião esteja relacionada com a crença no direito à salvação pregada por qualquer tradição de fé e crença, tem como principais aspectos a aceitação de alguma forma de realidade metafísica ou sobrenatural, incluindo possivelmente uma ideia de paraíso ou nirvana. Associados a isso estão ensinamentos ou dogmas religiosos, rituais, orações e assim por diante. Espiritualidade considero que esteja relacionada com aquelas qualidades do espírito humano – tais como amor e compaixão, paciência e tolerância, capacidade de perdoar, contentamento, noção de responsabilidade, noção de harmonia – que trazem felicidade à própria pessoa e aos outros. Ritual e oração estão diretamente ligados à fé religiosa, mas essas qualidades interiores não precisam ter a mesma ligação. Não existe nenhuma razão pela qual um indivíduo

Excelência no Secretariado

não possa desenvolvê-las, até mesmo em alto grau, sem recorrer a qualquer sistema religioso ou metafísico."

As organizações que possuem visão, que vai além da lógica cartesiana, já incluem em seus planos estratégicos a espiritualidade ou humanização, criando um ambiente de confiança, no qual os colaboradores se sintam à vontade para questionar, aprender e contribuir para o crescimento da própria instituição.

Por meio do autoconhecimento há chances do indivíduo se perceber e facilitar a compreensão do outro, trazendo como consequência o amor a si mesmo, à família, ao trabalho. Num sentido mais amplo, a facilidade para se inteirar ao ambiente profissional e ao negócio, podendo compreender as necessidades essenciais dos clientes, para atuar em patamares que transcendam às expectativas gerais. Um dos caminhos da espiritualidade é encontrar-se com a felicidade. O segredo de ser feliz é saber que podemos fazer com que os outros sejam felizes. A grande descoberta das organizações é justamente transpor a espiritualidade individual para a vida corporativa, com impacto positivo aos negócios.

Muitas empresas fazem uso da pesquisa de clima organizacional, para perceber a satisfação de seus colaboradores e tentar ajustar situações de forma a encontrar a harmonia e respeito mútuos, para assim trazer resultados expressivos em suas atividades. Portanto, essas habilidades são ensinadas no ambiente corporativo. Gerenciar felicidade pode ser lucrativo.

Falsas interpretações de si e dos outros levam a distorções de imagens. Vaidade, orgulho, egoísmo, egocentrismo, ousadia, apego, favorecimento, poder, vingança, são todos sentimentos perecíveis e encontrados a cada esquina, ou nas redes sociais, ou na convivência diária em casa ou no trabalho, a partir da espiritualidade podemos compreender e ajustar tais sentimentos, por meio de ações que agreguem resultados positivos para si e para o todo.

A cada dia, os consultórios, prontos-socorros, ambulatórios, estão apinhados de pessoas que buscam um remédio para suas dores. Com a falta do autoconhecimento, filosofado desde Sócrates, pessoas estão cegas quanto ao reconhecimento de suas próprias falhas, que devem ser perdoadas e modificadas em suas atitudes, buscando qualidade em suas vidas. Erramos e precisamos reconhecer esses erros para conseguir acertar, este é o remédio mais indicado para diversos males. Ser feliz é o que buscamos. A espiritualidade é o caminho.

Quanto às organizações, como mensurar resultados, metas, produtividade e pessoas? Nesse aspecto, podemos valorizar o profissional de secretariado, que atua em diversos polos dentro e fora das empresas, cuja sensibilidade e inteligência emocional podem ser utilizadas no dia a

Dircélia Merlin

dia para agregar resultados organizacionais positivos.

O mundo atual grita, pede lealdade e parceria. Se a profissão de secretariado não se extinguiu, como tantos imaginavam que aconteceria quando os executivos tiveram seus computadores pessoais, é porque há necessidade de atitudes positivas e solidárias que só "o humano" preparado e espiritualizado pode oferecer. Sentimo-nos confortáveis quando podemos contar, confiar e esperar o melhor de alguém que esteja disposto a ser um excelente profissional humano.

Vale lembrar que executivos são GENTE. Nos ambientes corporativos podem até parecer arrogantes e distantes de seus subordinados, muitos talvez com atitudes e comportamentos imaturos. Um dos maiores problemas da humanidade quanto a relacionamentos é justamente o julgamento.

Um líder é cobrado e precisa tomar decisões com foco no negócio, mas não deve esquecer que convive com seres humanos. É então que o profissional de secretariado precisa estar espiritualmente preparado para compreender, apoiar, facilitar e permitir que tal líder ou executivo sinta-se confiante para desenvolver seu trabalho, contando com a presença leal daquele que o assessora, expressando dessa forma sua condição de ser humano.

Secretário é um forte e, em alguns casos, talvez o único recurso que o executivo tem para equilibrar-se no ambiente corporativo.

Reconhecemos o caráter de alguém quando esse indivíduo detém o poder. O profissional de secretariado pode fazer uso do poder de suas competências, sendo reconhecido pelo seu conhecimento, cultura global, idiomas, novas tecnologias, desenvolvimento contínuo, flexibilidade, relacionamento humano, comunicação, especialização e atendimentos internos e externos que servirão de facilitadores nos processos. Para tanto, há necessidade de ter o entendimento espiritual o que contribui para um ambiente organizacional.

O ideal é que o profissional consiga agir com respeito, ter empatia, ou seja, saiba colocar-se no lugar de seu semelhante, imaginar quais atitudes pode tomar para somar e agregar. Difícil, não é? Novamente, referimo-nos ao profissional de secretariado. Como pode agregar? Como pode facilitar um processo? Não é este profissional o elo entre a hierarquia empresarial e os demais níveis assessorados? Como viver num mundo melhor, começando deste pequeno espaço, onde existe uma realidade traduzida por uma cadeira giratória, um aparelho telefônico, alguns papéis, canetas e um computador, sendo que este último conduz ao mundo virtual que pode até vir a ser palpável?

Um grande desafio em ambientes corporativos é a comunicação entre pessoas. Reinaldo Passadori, mestre na arte da comunicação, discorre

Excelência no Secretariado

sobre pessoas altamente iluminadas, portadoras de grande alma, que praticam o bem e que são coerentes em seus comportamentos, quase próximas da perfeição as quais, segundo ele, atingiram um alto nível na dimensão da "comunicação espiritual". Ou seja, espiritualidade está ligada à comunicação. Há poder no que falamos. O profissional de secretariado precisa estar atento ao que ouve e fala.

O que pode o profissional de secretariado fazer utilizando a espiritualidade de forma contributiva ao seu ambiente de trabalho?

O profissional de secretariado aprende nos cursos voltados a esta área que a base da administração empresarial é entender e fazer valer a Missão, Visão e Valores estabelecidos por uma organização. Valores éticos inspirados no amor produzem sustentação. Para poder entender esse processo, o secretário precisa questionar-se qual papel representa em seu ambiente profissional, qual a sua missão enquanto ser vivente, quais são os seus valores e, como esses valores são percebidos no ambiente em que vive.

Cursos na área de Recursos Humanos abordam o tema espiritualidade nas organizações. Por quê? Simplesmente porque sem o ser humano não há empresa. O bem maior, o melhor ativo dentro de uma organização são as pessoas.

Empresas estão aplicando o conceito de "Felicidade Interna Bruta", baseadas em estudos no Butão, como um trocadilho de PIB (Produto Interno Bruto), para disseminar a necessidade de seus colaboradores sentirem prazer naquilo que fazem e buscarem o bem-estar compartilhando tal felicidade em seu ambiente de trabalho, bem como em suas vidas sociais e familiares.

Ser espiritualizado significa ser detentor de valores positivos. Cientificamente, como é vista a espiritualidade? Conseguiremos entender sabendo o que é a *Inteligência Emocional*. Na década de 80, as áreas de Recursos Humanos de diversas empresas compartilhavam ensinamentos de Daniel Goleman. Descobrem, então, que é por meio da maturidade emocional que existe o que há de melhor no relacionamento entre pessoas. O autoconhecimento com a identificação de pontos fortes e fracos que possuímos, a maneira como podemos nos automotivar, o saber ser empáticos, ou seja, entender o outro, para lidar com as emoções. Foi o que a ciência trouxe para o humano ser compreendido espiritualmente sem uma interpretação errônea que levasse ao entendimento religioso.

A rapidez como o mundo se transforma pede que as pessoas sejam flexíveis e estejam abertas ao "novo". O profissional de secretariado raramente terá um único superior e nem estará em uma mesma organização eternamente. Portanto, profissional de secretariado, seja flexível,

Dircélia Merlin

navegue nas mudanças que a vida lhe traz, esteja aberto para novas experiências e inovações.

Quais são as tendências da profissão de secretariado? Cremos que, além de estudar e deter conhecimentos acima comentados, o papel fundamental seja o de ser espiritualizado, possuindo a Inteligência Emocional amadurecida para unir, facilitar, agregar, saber utilizar valores positivos para transformar.

Reafirmamos que empresas são constituídas por pessoas. Se o profissional de secretariado souber atuar com bom-senso e compreensão, fará juz ao que é esperado dele como porta-voz no cenário corporativo, apresentando-se como um ser humano espiritualizado que faz a diferença dentro de uma organização, fortalecendo o elo entre equipes de trabalho para que consigam fazer, por meio da espiritualidade, parte da Missão, Visão e principalmente Valores de uma organização.

REFERÊNCIAS

BUCKHARD, Daniel, MOGGI, Jair. *O Capital espiritual da empresa: a importância da gestão intuitiva nos negócios.* Rio de Janeiro: Elsevier, 2009.

BUCKHARD, Daniel, MOGGI, Jair. *Como integrar liderança e espiritualidade; a visão espiritual das pessoas e das organizações.* 7. ed. Rio de Janeiro: Elsevier, 2004.

BRIDGES, William. *As empresas também precisam de terapia: como usar os tipos junquianos para o desenvolvimento organizacional.* São Paulo: Editora Gente, 1998.

Excelência no Secretariado

32

Marketing pessoal: Os sete segredos para o sucesso

Um dos grandes desafios no mercado de trabalho é se destacar e conquistar a visibilidade para alcançar maiores e melhores cargos, porém sem vanglória. A linha entre quem faz o marketing pessoal e quem é caracterizado como "bajulador" pode ser muito tênue. Que tal desenvolver os setes segredos do marketing pessoal para uma carreira de sucesso?

Douglas de Matteu

Douglas de Matteu

Prof. Me Douglas de Matteu – Ph.D. (c): Doutorando em "Business Administration" pela Florida Christian University. Mestre em Semiótica, Tecnologias da Informação e Educação, especialista em Marketing, Educação a Distância e em Gestão de Pessoas com Coaching. Bacharel em Administração de Empresas. Master *Coach* pelo Metaforum com reconhecimento internacional. Docente na Fatec de Mogi das Cruzes, Faculdade Unidade de Suzano - UNISUZ e em cursos de pós-graduação. Coordenador do Grupo de Ensino e Pesquisa em Liderança e Coaching – GEPLICO da FATEC. Presidente da Associação Brasileira dos Profissionais de Marketing. Diretor do Instituto Evolutivo – Coaching & Marketing. Desenvolve treinamentos *in company*, palestras, *coaching*. Coautor de mais de quinze livros pela Editora Literare Books.

Contatos
www.institutoevolutivo.com.br
www.douglasmatteu.com.br
douglas@institutoevolutivo.com.br
(11) 3419-0585

Douglas de Matteu

Um dos desafios para o sucesso do profissional em secretariado é desenvolver corretamente seu marketing pessoal. Nesse sentido surge a seguinte reflexão: qual a conexão do profissional em secretariado com a área de marketing? Diante desse questionamento, convido-o à reflexão de que, verdadeiramente, o marketing perpassa pela atuação de cada profissional da empresa. Entender que "Marketing é cada contato, por menor que seja" (LEVINSON, 2010, p. 01), isto é, que a cada momento que estamos em contato com pessoas, estamos fazendo marketing. Seja por meio da nossa imagem, sorriso, palavra pronunciada ou até comportamento, estamos diretamente influenciando a imagem da empresa e os seus resultados.

Marketing é também sinônimo de fidelizar os clientes, tanto os externos como os internos, os parceiros, bem como os funcionários da organização. O desenvolvimento de um excelente relacionamento pode promover sua fidelidade à empresa, seus produtos e serviços. Um secretário de destaque consegue personalizar cada contato customizando-os e gerando a valorização de cada atendimento. No marketing tradicional utilizamos o conceito de *Customer Relationship Management* - CRM, ou seja, o gerenciamento do relacionamento com clientes.

Geralmente o profissional que lida com diversas pessoas como o secretário tem o apoio de sistemas informatizados que permitem cadastrar e gerenciar o contato de cada indivíduo. Sistemas CRM são agentes potencializadores nesse processo.

O marketing vem se desenvolvendo no decorrer dos anos, podemos sintetizar em três momentos o marketing 1.0 focado em produtos, em transações de um para um, em seguida o modelo 2.0 de marketing em que o cliente é o foco e o relacionamento ganha espaço, porém limitado a um para um. Atualmente, o marketing 3.0 é a tendência mais aceita em que a interação com os consumidores é de colaboração de um para muitos (KOTLER, 2010). Logo, evidencia a necessidade de desenvolver uma maestria nos múltiplos relacionamentos em diversos níveis. Entendo que a assessoria executiva nos seus moldes atuais pertence exatamente a este nível, dados os múltiplos públicos e áreas que atende nas organizações.

Marketing ainda pode ser pensado tradicionalmente no composto de marketing, ou seja, "4 "Ps" Produto, Preço, Praça e Promoção, ou ainda de forma ampliada, acrescentando os "Ps" Planejamento, Pessoas, Pesquisa, no sentido de pensar mercadologicamente.

Diante desse cenário, focalizarei agora o marketing pessoal e oferecerei sete poderosos segredos para potencializar sua carreira e seus resultados.

Mas... O que é marketing pessoal?

Excelência no Secretariado

Marketing pessoal consiste no posicionamento individual frente ao mercado no que tange à sua imagem, ao destacar características próprias e inerentes, capacidades e potencialidades humanas e, principalmente, sua capacidade de comunicação. Está atrelado à autopercepção e suas interfaces com o mercado e com suas ações frente à sua autoimagem, tendo como objetivo o destacar-se.

Você já pensou como as pessoas o veem?
"Os 7 segredos para sucesso profissional".

1. Você - Seu serviço

Qual o seu "produto ou serviço"? O que você está entregando para a empresa? Realmente e verdadeiramente para se alcançar resultados no mercado de trabalho é importante ser eficiente e eficaz, fazer a coisa certa e de forma correta para atingir os resultados organizacionais. Essa é a base para o sucesso profissional, isto é, desenvolver suas atribuições com maestria.

É como uma receita de um saboroso bolo de chocolate com morango: não basta usar o melhor chocolate se não tiver farinha. E com fermento demais pode perder-se a receita. Só ficará bom se for usada a quantidade certa de cada ingrediente. Para desenvolver com excelência seu marketing pessoal é preciso ir além do chocolate de melhor marca! Vejamos os demais ingredientes para essa receita de sucesso!

2. Sua marca

Um dos segredos do marketing tradicional é a construção e cultivo de uma boa marca. Qual é a imagem que as pessoas do seu convívio profissional visualizam mentalmente quando pensam em você? Já imaginou isso? Como quer ser lembrado? O que as pessoas falam de você? Qual é sua marca? Sua marca está relacionada à sua identidade! Quem é você? Como quer ser reconhecido? Se tivesse que traduzir quem é você em uma frase, qual seria? Talvez essas inúmeras perguntas o conduzam a uma autorreflexão de uma forma muito especial!

Sua marca está diretamente relacionada aos seus valores, o marketing 3.0 evidencia a relevância das organizações em desenharem condutas alinhadas com valores (KOTLER, 2010). Quais são os seus valores? Os princípios que norteiam sua vida e sua missão. Qual sua missão? Qual é a sua marca?

3. Seu posicionamento

Como você se posiciona no mercado de trabalho? E na empresa? Existem diversos profissionais de secretariado atuando com você. Como se posiciona em reuniões? Frente ao seu superior? Ao lado dos seus pares? Com outros departamentos? Quais os traços de personalidade que estão presentes em você? Talvez seja mais dominante, ou não dominante, extrovertido ou introvertido, comunicativo ou mais reservado, é mais paciente espera as coisas acontecerem ou é impaciente, ou faz acontecer por meio do seu apurado senso de urgência? É uma pessoa analítica, atenta aos detalhes, gosta de trabalhar com precisão ou é não analítica. Muitas possibilidades.

O coaching, que é um processo para evocar a excelência humana, utiliza uma série de ferramentas para realizar o diagnóstico das potencialidades humanas entre elas destaca-se o levantamento do Perfil Comportamental, o SOAR, da Florida Christian University, que apresenta um relatório de cerca de dez páginas sobre nosso "eu", nossas potencialidades e fragilidades. O questionário permite identificar nossos principais traços de personalidade, o que permite nos posicionar de forma diferenciada no mercado de trabalho. Quais são suas principais habilidades? Qual é a sua personalidade? E como elas são percebidas e utilizadas no trabalho?

Qual o seu posicionamento?

4. Seu ambiente

Definir sua área de abrangência, seu ambiente e os seus contatos. O fato de atuar-se em uma sala ou determinado escritório não pode ser um limite para se relacionar. Talvez esta seja uma das maiores falhas do secretário, que limita seus resultados. Imagine se você se relacionar somente com seu gestor? Ou limitar-se às questões geográficas de sua sala ou setor?

A "Praça" em marketing está relacionada ao conceito de PDV, isto é o Ponto de Venda, e ao aspecto de distribuição, ou seja, onde você torna o seu produto ou serviço disponível para a compra. Imagine que você é uma central de informações e serviços, uma pessoa que serve primeiramente à empresa e ao seu superior imediato. Entretanto, você é muito, muito mais que isso! É um agente de conexão que viabiliza informação,

Excelência no Secretariado

conhecimentos, conecta pessoas, facilita processos e promove resultados. Para tanto, é necessário relacionar-se em diversos níveis, conversar com diversas pessoas e, acima de tudo, desenvolver relacionamentos ora ganha-ganha, ora cede-cede.

Como você se porta nesse contexto? Você percebe limitações ou oportunidades em cada contato? Zela pelo ambiente em que está inserido?

5. Sua imagem - Sua comunicação

Algumas pessoas limitam seu sucesso por se esconder atrás de uma crença limitante de que não podem se autopromover ou se aproximar do chefe com medo de receber o rótulo de bajulador, ou algo do tipo. Tal comportamento pode ser severamente prejudicial para os seus resultados organizacionais.

O composto de comunicação em marketing pode ser aplicado no seu contexto pessoal de forma muito simples e eficaz: Como está sua imagem física? Sua postura? Suas roupas? Acessórios? E sua apresentação pessoal?

O primeiro elemento da comunicação é sua imagem. Como você veria um profissional com cabelos ou roupas em desalinho ao cargo? Sua imagem é importante, porém a imagem que se constitui quando você se comunica e interage, ou seja, a sua fala, é fundamental: suas palavras são pronunciadas de forma correta? Qual o tom da sua voz? Demasiadamente alta, estridente, doce, baixa, rápida, lenta? É revestida de termos populares ou gírias, ou está alinhada a termos e vocabulário específicos da organização? Possui sintonia no que diz e faz? Seus posicionamentos são balizados em achismos, ou dados? Sua fala transmite seriedade e confiança? Suas frases focalizam a negatividade ou a positividade? Será que essas variáveis contribuem para sua imagem? E os seus e-mails? Como são as questões ortográficas e a concordância? Qual identidade está impressa em suas mensagens, o que você transmite? Seriedade? Otimismo?

Suas ações também 'constroem' sua comunicação, seus comportamentos são solidários? Você pensa no todo ou somente em você mesmo? Tem atitudes socializadas? Está pronto para ajudar as pessoas? Tem sempre palavras de apoio? Reflita: geralmente as pessoas são contratadas pelo currículo e pelas competências técnicas e são demitidas ou, por vezes, não promovidas, por conta dos seus comportamentos.

Tão importante quanto ter um discurso que enalteça suas

qualidades, virtudes e realizações, é ter pessoas ao seu redor que falem positivamente de você, cuide para que as pessoas saibam do que você faz e como faz, principalmente evidenciando suas conquistas. Detalhe importantíssimo nos tempos atuais: cuidado com uso das redes sociais. Pode ser uma ferramenta potencializadora, ou expor sua imagem de forma negativa. Portanto, deve-se saber usar com muita sabedoria, percepção e bom-senso.

6. Valor

Uma variável importante para o desenvolvimento do seu marketing pessoal é o valor que você entrega para organização, para seu grupo, para seus executivos, ou seja, quanto você contribui para o sucesso organizacional? Qual sua relação com a missão e a visão da organização? Qual o valor do seu trabalho para organização? O que você efetivamente entrega de resultado? O que o torna único na empresa? Quais os valores que você prega e emprega em seu trabalho? Agilidade? Confiabilidade? Quais são as cinco palavras que traduzem o seu valor? Pare e pense de zero a dez o quanto você acredita no seu valor? Faz sentido, que, se sua autoconfiança estiver em baixa, isso poderá impactar nos seus comportamentos e resultados? O que você consegue entregar de diferente, quais conhecimentos adicionais disponibiliza para a empresa? Possui uma especialização? Tem domínio de outros idiomas? Qual o seu valor para empresa?

7. Diferencial

Pense, o que você tem a oferecer de diferente para sua empresa? Mais que entender os aspectos técnicos da profissão, talvez um poderoso diferencial que você possa construir é o desenvolvimento da sua inteligência emocional (GOLEMAN, 1995). Gerenciar as emoções, se colocar no lugar do outro, desenvolver a sua automotivação e investir no seu autoconhecimento pode ser a mola propulsora para melhorar seus relacionamentos.

Sua competência cultural também pode ser um valioso diferencial, ou seja, torne-se um secretário com conhecimentos globais. Adriana Mirage Ph.D(2013) destaca a relevância de entendermos as diversas culturas. Talvez você esteja limi-

Excelência no Secretariado

tando seus feitos, já se imaginou ocupando uma posição de assessoria executiva internacional? O que o impede?

Lembre-se de oferecer sempre algo a mais, tal referência é tão verdade, que é uma das leis do Triunfo (HILL, 2011). Desenvolva constantemente seus diferenciais. O que o diferencia dos outros secretários?

Como seria se verdadeiramente pegasse uma folha e respondesse cada questionamento aqui levantado? Qual o efeito se você se desafiar e responder com profundidade cada questão? O que descobriria?

Lembre-se: os resultados da sua imagem são a tradução dos seus pensamentos, crenças e comportamentos. Ouse fazer a diferença!

REFERÊNCIAS

GOLEMAN, Daniel. *Inteligência Emocional*. Rio de Janeiro: Objetiva, 1995.

HILL, Napoleon. *A lei do triunfo: curso prático em 16 lições: ensinando pela primeira vez na história do mundo, a verdadeira filosofia sobre a qual repousa todo o triunfo pessoal.* Rio de Janeiro: José Olympio, 2011.

KOTLER, P, et. al. *Marketing 3.0: as forças que estão definindo o novo marketing centrado no ser humano.* Rio de Janeiro: Elsevier, 2010.

LEVINSON, J. C. *Marketing de guerrilha: táticas e armas para obter grandes lucros com pequenas e médias empresas.* Rio de Janeiro: Best Seller, 2010.

MATTEU, D; PEREIRA, M.L.G. *Estratégias para o atendimento maravilhoso sempre.* in: SITA, M; PERCIA, A. *Ser+ em Excelência no Atendimento ao Cliente.* São Paulo: Literare Books, 2012.

MIRAGE. Adriana. *Embarque Já! O mundo te espera: 11 segredos de uma mente global para potencializar sua vida pessoal e profissional.* Florida: Innomark, 2013.

33

Empreendedorismo: Empreenda tempo real!

Um conceito moderno e apropriado de empreendedorismo, significa trazer resultados através da criatividade, proporcionada a partir de um diferencial significativo que propõe avanços inovadores e saída de situações problemas de forma ousada, satisfatória, favorecendo as partes envolvidas e trazendo ganhos e crescimento ao profissional

Izulena de Jesus Almeida

Izulena de Jesus Almeida

Pós-graduada em Tecnologias na Aprendizagem pelo SENAC/SP e Serviço Social e Gestão de Projetos Sociais pela FMU - Faculdades Metropolitanas Unidas. Bacharel em Secretariado pela Universidade Anhembi Morumbi. Licenciada em Língua Portuguesa e Pedagogia. Docente de Língua Portuguesa na Rede Estadual de Ensino de São Paulo. Docente da área de Administração e Gestão em Técnicas Secretariais, Comunicação, Técnicas de Apresentação, Empreendedorismo, Eventos, Metodologia Científica e Gerenciamento de Rotinas e Serviços no Centro Paula Souza e SENAC/SP. Foi Coordenadora Pedagógica do Curso de Secretariado no Centro Paula Souza – Etec Embu das Artes. Coordenadora Pedagógica na Rede Pública de Ensino de São Paulo e Orientadora Educacional em diversas ONG's preparando adolescentes empreendedores para inserção no mercado de trabalho. Palestrante sobre os temas: Empreendedorismo, QVT – Qualidade de Vida no Trabalho, Mercado de Trabalho, Técnicas de Apresentação e Resiliência.

Contatos
lenaalmeida@uol.com.br
izulena.jalmeida@sp.senac.br

Cenário e conceito

O termo empreendedorismo não é mais uma abordagem nova para profissionais que atuam sob o comando da nova visão social frente ao mercado de trabalho. Ainda assim, existem profissionais que desconhecem o real conceito do termo, na essência e na prática: as atitudes e ações empreendedoras que lhes são necessárias para o desenvolvimento e atuação no mercado tão carente de profissionais empreendedores.

Retomemos o conceito de empreendedor: geralmente era aquela pessoa que, com um pequeno capital montava um negócio, de preferência em local onde não havia concorrência, dominava o território, e assim vendia seu produto. Ganhava muito pelo fato de ser o detentor do espaço e seus clientes, sem opção de escolha, contribuíam dessa forma para com sua ascensão. Há de se convir que o empreendimento, fruto do empreendedor, crescia. O lucro chegava. Aos olhos da economia local, este cidadão era considerado um empreendedor. Dessa forma, ser empreendedor no passado não exigia esforços, contemplava-se *expertise*. A partir dos anos 80, graças à crise, começa o período da concorrência, a economia entra em choque, as pessoas se desesperam, a tecnologia avança e enquanto muitos se desanimam frente à situação, aparece o que costuma-se chamar de "teste de criatividade e descoberta", pois, quando surgem dificuldades é que realmente descobrimos quem somos. É quando arriscamos e costumamos ousar e perceber do que somos capazes. Inicialmente pensamos tratar-se de saídas momentâneas. Porém há pessoas que hoje vivem um grande sucesso a partir de uma *ação-atitude* tomada como saída momentânea que lhes rendeu não apenas tal sucesso, mas a descoberta de talento, habilidade e competência.

Enquanto no passado se escolhia o território individualizado, hoje, os concorrentes estão lado a lado; vejam as praças de alimentação dos Shopping Centers, o setor de calçados, lojas de roupas, estão aos pares em concorrência e, há quem diga que a concorrência não é benéfica. É exatamente o contrário. A concorrência nos tornou "Seres bem-sucedidos", empreendedores, criativos, pois é por meio dela que descobrimos nossos talentos outrora adormecidos e, dessa maneira, chegamos ao conceito de empreendedorismo, do que é o ser empreendedor, bem como suas características.

Empreendedor é aquela pessoa que, em situações aparentemente difíceis, enxerga oportunidades para atingir o sucesso, soluções para ampliar seus talentos, resoluções sábias e criativas. Especialistas também costumam dizer que empreendedor é aquele que arrisca

Excelência no Secretariado

em oportunidades quando muitos não acreditam mais haver solução e, com razão, faz sentido. Mas, empreender é principalmente investir, inclusive interiormente. Ousar, arriscar na certeza de que algo novo vai surgir como fruto de um empenho, de uma dedicação, de um investimento. Tal resultado parte de um sonho e é aqui que se destaca o grande diferencial: há sonhos que se concretizam, outros não. Àqueles concretizados houve ação, prática e atitude com datas pré-definidas. Porém aqueles que só ficaram no sonho, faltou-lhes tais variáveis. Dessa maneira, afirmo, sonhos precisam ter data, para empreender é preciso crer.

É necessário observar a larga escala da concorrência, valorizá--la, pois é por ela que podemos encontrar novas habilidades, exigir o nosso bom interior e criar ações, soluções que possam inovar práticas anteriormente solucionadas de forma diferente das atuais, aliadas à tecnologia são inovadoras, formando um cenário empreendedor. Se assim é para os profissionais modernos como um todo, não é diferente para o profissional de secretariado, que além de executivo do saber, em comunicação poliglota, nas atitudes e ações, tem que necessariamente ser empreendedor e promover *ações-exemplo* para influir, no meio em que está inserido, um ambiente inovador, contagiar pessoas, criar clima de liderança, favorecer o marketing pessoal que repercute no marketing empresarial, trazendo assim resultados e colocando a organização no topo do ranking: sonho almejado por todos empresários.

Empresas empreendedoras são aquelas que apresentam, diante das dificuldades, soluções inovadoras, criativas, sabem lidar com concorrentes, e fidelizar clientes. As empresas são constituídas por pessoas, ajustadas aos seus interesses. E o mínimo que tais profissionais precisam ter para agrupar-se nas organizações são características empreendedoras.

Ao perceber um profissional empreendedor dentro da organização, líderes costumam classificá-lo como intraempreendedor: ou seja, é aquele empreendedor ativo, atuando coletivamente em um negócio sonhado por outros, mas que apresenta total empenho como se fosse seu. E, envolvido como tal, nenhum empresário quer perdê-lo, pois dessa maneira estaria correndo o risco de facilitar a criação de mais um concorrente (embora benéfico), porém um concorrente que saberia detalhadamente de todos seus pormenores, inclusive forças e fraquezas, oportunidades e ameaças. Nota-se com isso que ser um intraempreendedor é um excelente negócio para manter a empregabilidade.

Izulena de Jesus Almeida

Por que e como desenvolver habilidades e competências empreendedoras?

No mundo atual, estamos mergulhados num universo de infinitas possibilidades, mas é necessário conscientizar-se de que nesse universo interativo só se constrói aos pares; isoladamente nada se cria, a parceria ganha espaço e até nosso concorrente passa a ser instrutor. Precisamos ter consciência de que para sobreviver exige-se não mais aprender alguma coisa, mas aprender a aprender continuamente com os outros; e nessa troca, fortalecemos aquilo que existe de bom, trocamos, aprendemos sendo benéfico para o espaço organizacional a que pertencemos. É nítida a necessidade de aproximar trabalho ao prazer, espírito de coletividade – equipe e comprometimento. Essas são as grandes exigências do mercado futuro.

Empresas que estão se preocupando somente com o lucro, estão na verdade fragilizando suas bases reais. Precisam investir em pessoas, em seus potenciais. Sem desenvolver seu capital humano, não se encontram preparadas para lidar com as mudanças, que exigem flexibilidade frente ao inusitado. Nessa mesma via, os profissionais também precisam investir em heutagogia para que se complementem e busquem os mesmos ideais.

O indivíduo não pode ser considerado mais como sendo uma função, um rótulo. Continuamente estão surgindo profissões novas e desaparecendo outras. O que não vemos na área secretarial: a forma sobre como executar suas funções. O comportamento e as atitudes desse profissional é que passam por esse cenário.

O ser humano é um grande potencial de possibilidades e competências, e precisa se conhecer; refletir constantemente suas atitudes e práticas e, se necessário for, promover ações de mudanças para melhor se encaixar neste universo dinâmico.

Uma pesquisa realizada pela Conferência CEFE Brasil 1998 – *Rainer Kolshorn* – CEFE Internacional comprovou, por meio de estudos com uma população de 3 bilhões de pessoas, que:

2% estão preparados para o mundo de amanhã;
40% têm potencial para obter sucesso;
58% estão fora, não têm como ser trabalhados, são desempregados ou subempregados.

Após o levantamento, uma equipe de gestão de pessoas alertou para uma pergunta:

Excelência no Secretariado

Como deveriam ser as pessoas do futuro para sobreviver às mudanças vindouras? Para manterem-se dentro das organizações? Para terem sucesso?

A resposta dada por essa equipe e por pesquisas aleatórias feitas no cotidiano de minhas aulas, palestras e convívio social foram unânimes: temos que preparar indivíduos para se desenvolverem como seres integrais com as seguintes características: flexibilidade, visão sistêmica, proatividade, independência, gosto pelo conhecimento, ousadia, respeito às diferenças, ética, solidariedade, autoestima, coragem, foco no resultado, prontidão, liderança e comprometimento.

Para desenvolverem competências empreendedoras nos indivíduos, os envolvidos (quem passa e quem recebe a ação, quem instrui e os instruídos) terão que se conscientizar da existência de alguns pontos que, independente do público-alvo, devem ser levados em consideração (MOURA e CARVALHO, 2002):

COMPETÊNCIAS EMPREENDEDORAS:

1. Objetivos pessoais
Saber reconhecer os diversos objetivos individuais e suas inter-relações. Devemos apresentar para todos da equipe o objetivo da organização- inclusive Missão, Visão e Valores.

2. Análise integral
Saber analisar e relacionar – pessoa, projeto e situação. Ter uma visão globalizada da situação apresentada e sintetizá-la para o grupo.

3. Alternativas efetuáveis
Saber gerar alternativas e opções. Ser flexível e criativo, dinamizando o processo para que ele fique mais produtivo. Saber achar uma "saída" para a solução de um problema.

4. Decisões adequadas
Saber tomar decisões adequadas. Decisões seguras e equilibradas visando atingir os objetivos e metas.

5. Estratégias adequadas
Saber criar estratégias adequadas. Planejar de forma produtiva.

6. Ações correspondentes
Saber transformar estratégias em ações correspondentes. Ações que levem a atingir os objetivos.

Secretário empreendedor

Secretários bem-sucedidos e que buscam a empregabilidade são aqueles que empreendem constantemente em ações tão fundamentais em seu dia a dia. Fazem leituras constantes de periódicos, livros, noticiários, revistas de cunho intelectual pertinentes à economia, mercado de trabalho e sociedade como um todo, investem em atualizações, preocupam-se com responsabilidade social e ambiental; com a sustentabilidade, aprendem a aprender constantemente, a ser e, muito mais, a conviver com seus pares, com as diferenças diversificadas. Sabem refletir sobre sua prática atual e aceitar *feedbacks* como degraus para sua construção como um profissional sujeito às mudanças. Nunca se imaginam como profissionais prontos, tampouco se prendem a paradigmas e estereótipos do passado e, sim, se atêm ao CCE's, conforme desenvolvido pelo Empreenda do Serviço Nacional de Aprendizagem Comercial, como segue:

Características Comportamentais do Empreendedor - CCE's:

* Busca de oportunidade e iniciativa, capacidade de se antecipar aos fatos e criar novas oportunidades de negócios, desenvolver novos produtos e serviços, propor soluções inovadoras.
* Persistência.
* Enfrentar os obstáculos decididamente, buscando o sucesso a todo custo, mantendo ou mudando as estratégias, de acordo com as situações.
* Correr riscos calculados.
* Disposição para assumir desafios ou riscos moderados e responder pessoalmente por eles.
* Exigência de qualidade e eficiência.
* Decisão de fazer sempre mais e melhor, buscando satisfazer ou superar as expectativas de prazos e padrões de qualidade.
* Comprometimento.
* Fazer sacrifício pessoal ou despender esforço extraordinário para completar uma tarefa; colaborar com os subordinados e até mesmo assumir seu lugar para terminar um trabalho; se esmerar para manter os clientes satisfeitos e colocar a boa vontade em longo prazo acima do lucro em curto prazo.
* Buscar informações, usar empatia e resiliência.
* Pessoalmente obter informações sobre clientes, fornecedores ou concorrentes; investigar como fabricar um produto ou

Excelência no Secretariado

prestar um serviço; consultar especialistas para obter assessoria técnica ou comercial.

- Estabelecer metas.
- Assumir metas e objetivos que representam desafios e tenham significado pessoal; definir com clareza e objetividade as metas de longo prazo; estabelecer metas de curto prazo mensuráveis.
- Planejamento e monitoramento sistemáticos.
- Planejar dividindo tarefas de grande porte em subtarefas com prazos definidos; revisar constantemente seus planos, considerando resultados obtidos e mudanças circunstanciais; manter registros financeiros e os utilizar para a tomada de decisões.
- Persuasão e rede de contatos.
- Utilizar estratégias para influenciar ou persuadir os outros; utilizar pessoas-chave como agentes para atingir seus objetivos; atuar para desenvolver e manter relações comerciais.
- Independência e autoconfiança.
- Buscar autonomia em relação às normas e aos procedimentos; manter seus pontos de vista mesmo diante da oposição ou de resultados desanimadores; expressar confiança na sua própria capacidade de complementar tarefas difíceis ou de enfrentar desafios.

REFERÊNCIAS

DELORS, Jacques et al. *Educação um tesouro a descobrir – Relatório da Unesco da Comissão Internacional sobre educação para o século XXI*. 6. ed. MEC – ABDR. Editora Afiliada, 2001.

DI STÉFANO, Randy. *O líder coach: líder criando líderes*. São Paulo: Editora Qualitymark, 2012.

Empreenda. 6. ed. São Paulo: Senac.

GARDNER, Howard. *Inteligências múltiplas: a teoria na prática*. Porto Alegre: Artes Médicas, 1995.

MOURA, Ana Rita de Macêdo e CARVALHO, Maria do Carmo Nacif. *Libere sua competência. Associação Brasileira de Recursos Humanos*. 2. ed. São Paulo: Editora Qualitymark, 2002.

SANTOS, Graça. *Coaching educacional*. São Paulo: Editora Leader, 2012.

WEISINGER, Hendrie. *Inteligência emocional no trabalho*. Rio de Janeiro: Editora Objetiva, 1997.

WOLK, Leonardo. *Coaching: a arte de soprar brasas*. São Paulo: Editora Qualitymark, 2008.

ZAIB, José, GRIBBLER, Jacob. *Manual de coaching educacional*. São Paulo: Editora Leader, 2013.

34

Um novo equilíbrio

Neste artigo, explicarei a essência do treinamento que criei e denominei de *NeoMindfulness*, e que resulta no equilíbrio entre a mente e o corpo, e muda para a melhor os padrões de bem-estar e de qualidade de vida. Por meio dele, proporciono o desenvolvimento pessoal, o crescimento interior, a eliminação do estresse e de outras "doenças da vida moderna", melhoria da performance no trabalho e, principalmente, abre caminhos para a felicidade plena

Mauricio Sita

Mauricio Sita

É mestre em Psicanálise Clínica, Jornalista e escritor. Tem também formação em Ciências Jurídicas e Sociais, Filosofia e Marketing. Possui diversos cursos de marketing e gestão nos USA. Foi gerente e diretor de marketing de várias grandes empresas entre elas Minasgás S.A e General Electric do Brasil. É presidente da Literare Books International. Autor dos livros "Como levar um homem à loucura na cama" *bestseller* na 7ª edição – "Vida amorosa 100 monotonia" e *NeoMindfulness*. Coautor dos livros "Ser + Líder"; " Reciclando Vidas"; " Ser + em RH" ;" " Ser + em Vendas"; e Felicidade 360°. É coordenador editorial de mais de 40 livros. É criador do *NeoMindfulness*. Um método de relaxamento e meditação que está dentro do conceito mais moderno da meditação que é o *Mindfulness-Based Stress Reduction*. Faz palestras sobre Resiliência e *Workshops* só para mulheres, com a finalidade de melhorar a qualidade de vida das pessoas.

Mauricio Sita

Perguntaram certa vez ao Dalai Lama:

> – O que mais o surpreende na humanidade?
> E ele respondeu:
> – Os homens... porque perdem a saúde para juntar dinheiro, depois perdem dinheiro para recuperar a saúde. E por pensarem ansiosamente no futuro, se esquecem do presente de tal forma que acabam por não viver nem o presente nem o futuro. E vivem como se nunca fossem morrer... e morrem como se nunca tivessem vivido.

Tenho me preocupado em estudar e ensinar pessoas a terem melhor qualidade de vida.

Limito-me neste artigo a falar o óbvio - Como o estresse sempre esteve e estará presente em nossas vidas, o mais importante é saber como lidar com ele.

Sugiro o uso da Meditação e o desenvolvimento da Resiliência como meios para as pessoas conviverem com e estresse, aprendendo a controlá-lo e até evitá-lo.

Em nossa vida corrida e atribulada de hoje, ficou "natural" esquecer de fazer coisas que nos interessam e perder de vista o que é importante para o nosso "Eu".

Pequenas coisas fazem a diferença.

Você tem parado pelas ruas para admirar as árvores floridas?

Tem procurado o arco-íris nos dias de sol e chuva?

Observado o encantamento das crianças a cada nova experiência vivida com um novo brinquedo?

E a lua? As estrelas? Tem olhado para cima para identificar aquelas constelações que costumava admirar quando era criança?

Quantas vezes você parou, nos últimos 12 meses, para observar o verdadeiro e gratuito show que é o pôr-do-sol?

Nem vou perguntar quantas vezes deu flores à pessoa amada. Quantos jantares exclusivos e "festivos" lhe preparou, e com quantas viagens, mesmo que curtas, a surpreendeu?

Você está sempre correndo atrás de recuperar o prejuízo?

Tem dedicado tempo aos seus amigos? Quando pergunta a eles "como vai?", você se preocupa, de fato, com a resposta?

Ao deitar para dormir, consegue fazer um acordo com o sono? Ou os assuntos do dia ficam saltitantes na sua mente? Na cama, fica pensando como irá resolver os problemas do dia seguinte?

Se você não é muito diferente de mim, suas respostas a essas perguntas o reprovarão.

Pois é... quando você nasceu, o universo começou a tocar uma música exclusiva para você dançar. Uma música somente sua.

Mas acalme-se, e não dance tão depressa. Diminua o ritmo. Sin-

Excelência no Secretariado

ta a música na alma e fique feliz com ela. Porque o tempo voa.

Aproveite ao máximo a sua viagem, pois a chegada ao destino pode ser frustrante. E isso faz parte da música da vida.

Então diminua o passo, e lembre-se: não dance tão depressa. Deixe a música fluir, fluir indeterminadamente... sinta seus preciosos acordes ecoarem na sua alma e fique feliz com ela, pois um dia ela vai parar de tocar. Porque o tempo voa.

Alguma pessoa muito especial morreu e você ficou especialmente triste por não ter tido tempo de lhe dizer aquelas coisas que julgava serem tão importantes? Ou por não lhe ter dedicado mais do seu tempo, um pouquinho a mais que fosse?

Você já fantasiou visitar um lugar maravilhoso e, ao finalmente chegar lá, se decepcionou porque na sua imaginação era tudo mais bonito?

Não dance tão depressa. Diminua o ritmo.

Sinta a música dentro da sua alma e fique feliz. Ela é exclusiva para você. Exclusiva.

Você já ficou muito bem apenas pelo fato de ter feito alguém feliz? Já se sentiu recompensado pela felicidade que propiciou à pessoa amada? Não? Que pena. Parece que você tem curtido pouco a vida.

Não dance tão depressa. Diminua o ritmo.

Sinta a música dentro da alma e fique feliz... pois um dia ela vai parar de tocar. O tempo voa e você achará que tudo passou depressa demais.

Muita gente já disse: "mais vale a viagem que o destino".

Curta bastante a sua viagem pelo mundo. Muito mesmo.

O destino, a parada final, todos nós já sabemos qual é.

E quando você chegar lá, a sua música vai parar de tocar. E então não poderá mais dançar. Para que ter pressa?

Reencontrando você.

Sugiro neste artigo que busque um novo encontro com você, com o seu "Eu".

Explicarei em poucas palavras a essência do treinamento que criei e denominei de *NeoMindfulness*, e que resulta no equilíbrio entre a mente e o corpo, e muda para a melhor os padrões de bem-estar e de qualidade de vida. Proporciona o desenvolvimento pessoal, o crescimento interior, a eliminação do estresse e de outras "doenças da vida moderna", melhoria da performance no trabalho e, principalmente, abre caminhos para a felicidade plena.

É um método completo de relaxamento e meditação que se aproveita das alterações dos estados de consciência, para, de forma gradativa e natural, possibilitar o desenvolvimento da resiliência e a

Mauricio Sita

normalização dos processos físicos, mentais e emocionais que ficaram alterados pelo estresse, pelo aumento da pressão sanguínea e por outras razões que desequilibram a química do corpo, perturbando o estado de espírito.

Mais do que explorar apenas os fundamentos da meditação tradicional, o *NeoMindfulness* se vale do conceito mais avançado de *mindfulness* que representa melhor o Estado de Atenção Plena (EAP) que o *NeoMindfulness* pode propiciar.

A justificativa para a criação do *NeoMindfulness* está na necessidade que senti de ocidentalizar os ensinamentos orientais, tornando-os mais acessíveis e de fácil assimilação.

Assim como os orientais, nós, ocidentais, necessitamos da introspecção, da meditação, do conhecimento interior, do descobrimento do "Eu", para nos conhecermos profundamente, chegarmos à homeostase (equilíbrio no organismo ou estabilidade fisiológica, apesar das alterações exteriores) e atingirmos aquilo que chamo de renascimento.

Nós, ocidentais, não nos sentimos muito à vontade com a ideia de passarmos horas a fio entoando mantras ou ficando em posições aparentemente desconfortáveis para meditar.

Mesmo as posições de lótus e semilótus, as mais conhecidas como símbolos da meditação, são fisicamente desconfortáveis para os ocidentais. E sem conforto ninguém consegue meditar. Tais práticas são muito naturais na cultura oriental.

E porque temos todos a nossa "zona de conforto", encontramos dificuldade em mudar hábitos culturais já arraigados. Nem mesmo a nossa alimentação conseguimos mudar com facilidade, por mais convencidos estejamos de que determinados alimentos são mais saudáveis, proporcionem maior força e mais disposição, e que outros são altamente prejudiciais.

O *NeoMindfulness* permite a nós, ocidentais, atingirmos os mesmos resultados benéficos que os orientais alcançam com as práticas da meditação, o Yoga, etc.

Mas é importante dizer que o *NeoMindfulness* não é uma religião, e não tentarei cooptá-lo para nenhuma nova seita.

Nosso método é fundamentado na ciência, e utilizamos conceitos da física quântica, bem como fundamentos da neurociência, da psicologia, da filosofia, da programação neurolinguística e da neurofisiologia da meditação. Contudo, apesar disso soar técnico e inacessível demais, elaboramos nossas técnicas de treinamento e condicionamento de forma a serem facilmente compreensíveis e de fácil execução para todos.

Praticando o *NeoMindfulness*, você conseguirá alterar o seu estado de consciência que resultará em um processo completo de crescimento e desenvolvimento pessoal, de estabilidade emocional, de prevenção a algumas doenças, cura de outras, e, principalmente, em mudanças para melhor o seu bem-estar.

E, para que sejamos cada vez mais tolerantes e flexíveis ante as adversidades – que sem dúvida continuarão a existir – adicionei ao conjunto os meus conhecimentos sobre resiliência, que contém outros mecanismos extraordinários na prevenção do estresse e principalmente do *burnout*.

E, para que fosse aceito, compreendido e praticado pelos ocidentais, inclusive por você, o *NeoMindfulness* também teria de ser extremamente simples, de fácil realização, e com benefícios rapidamente perceptíveis e duradouros.

O *NeoMindfulness* atende a todas as necessidades de quem está ativo no mercado de trabalho e no mundo empresarial, principalmente por sua eficácia contra o estresse.

Sem dúvida, um dos maiores ensinamentos que podemos assimilar para vivermos uma vida melhor é aprendermos a valorizar aquilo que nos agrega benefícios, que nos engrandece e, ao mesmo tempo, que nos permite sentirmos leveza de alma, deixando de lado tudo o que não têm relevância. Veja bem: por vezes, algo que nos faz sofrer momentaneamente pode, se trabalhado da forma adequada, nos tornar pessoas melhores amanhã. Da mesma forma, algo que nos proporciona um bem-estar passageiro pode, na verdade, terminar por nos prejudicar. A chave está na busca pelo equilíbrio entre o corpo e a mente.

Finalizo destacando que a prática do *NeoMindfulness* é extremamente simples, principalmente em razão da autocomutação, ou seja, depois que sua mente estiver condicionada, atingirá o relaxamento profundo de imediato. E, com isso, poderá controlar ou curar as chamadas "doenças da vida moderna", Bom, não é?

Algumas das doenças que hoje mais afligem os seres humanos são:

Estresse; Depressão; Síndrome do pânico; Hipertensão emocional e nervosa; Falta de concentração e dificuldades de memória;

Baixa autoconfiança e aumento da insegurança; Baixa autoestima (identificação e superação de comportamentos que atrapalham a vida e impedem que as pessoas atinjam seus objetivos); Dificuldade em priorizar objetivos; Baixa eficiência no trabalho; Descontrole no uso do tempo no dia a dia; Dores musculares e de tensão; Certos tipos de dores crônicas como a fibromialgia; Certas enxaquecas e outras manifestações psicossomáticas; Insônia; Tendinites; Gastrites; Obesidade; Compulsão por comida, bebida, chocolate ou fumo; etc.

A prática do *NeoMindfulness* produz:

Autoconhecimento; Maior controle das reações emotivo-fisiológicas; Condições para enfrentar a angústia; Reforço do Ego; Condições para a interiorização; Supressão de dor; Aumento do rendimento no trabalho (qualitativa e quantitativamente);Homeostase (a capacidade do corpo para manter um equilíbrio estável, apesar das influências exteriores); Unificação e integração do Eu com o Universo; Melhoria da memória; A visão de si mesmo.

Afinal, o que é o estresse?

Estou seguro de que você sabe o que é estresse. Até por carga hereditária todos sabemos. Afinal, desde a pré-história, o ser humano vivia o estresse pela busca de alimentos e pela sobrevivência.

Nossos antepassados, os chamados homens das cavernas, estavam sujeitos ao estresse de escolher sua "casa própria" para se abrigar das intempéries e dos demais perigos. Isso tudo, podemos ter certeza, era estressante.

Perceba que, em essência, os desafios dos nossos antepassados eram bem semelhantes aos que temos hoje.

Por causa do estresse provocado pelo risco de serem atacados por predadores, e também pela busca por comida, nossos antepassados passaram a fabricar armas. Vem daí a origem das guerras. Homem inventando armas para matar "predadores" ou inimigos.

Estresse é um estado de alerta que ocorre no ser humano sempre que sofre ameaça, pressão ou desafio de ordem física ou psicológica. Sob a ação do estresse, a mente fica tensa, oprimida, inquieta, preocupada, perturbada e agitada.

Talvez você já tenha tido a experiência de ficar estressado, com consequências leves ou profundas.

Hoje temos pressa para tudo, e a rapidez é exigida como uma "competência". Estamos sempre correndo de um lado para o outro, em ruas congestionadas de automóveis dirigidos por estressados. Comemos *fast-food*. Transformamos refeições em almoço de negócios, com a presença do componente estresse em menor ou maior nível, dependendo da nossa posição em relação ao que está sendo negociado.

Vivemos situações estressantes e muitas vezes nem nos damos contas delas. Você já reparou que está sempre atento para ver se alguém não vai assaltá-lo? Está sempre tomando conta dos seus bolsos e bolsas. Das travas das portas do automóvel e da sua casa. Estamos permanentemente em estado de atenção. Às vezes nem nos damos conta disso, mas fatores estressantes estão sempre presentes.

No âmbito das relações interpessoais você se estressa com a falta de companheirismo, de amizade incondicional, de parceria e

Excelência no Secretariado

de solidariedade. O estresse no trabalho também não é um privilégio deste ou daquele cargo.

O chefe se estressa com seus superiores e também com os subordinados. Ele se estressa com as situações macroeconômicas, quase sempre incontroláveis.

Os subordinados se estressam com a rotina às vezes estafante e com as cobranças dos chefes para produzirem ainda mais.

O estresse vai impactar ou não as pessoas, dependendo de como cada um lida com as situações desafiadoras ou críticas. A consequência para muitos é uma síndrome do esgotamento profissional que muitas vezes leva à hipertensão, à depressão, ou se manifesta na forma de dores estomacais, ansiedade, dores de cabeça, baixa imunidade, etc. Já foram descritos mais de cem sintomas do esgotamento profissional.

Pesquisas mostram que os resilientes, ou seja, os que apresentam flexibilidade em alto grau, tolerância e habilidade para resolver problemas de forma criativa, costumam ser mais capazes de lidar com situações estressantes do que outras pessoas.

Mas atenção: viver na zona de conforto, e com isso evitar ou fugir das novidades ou de situações desafiadoras, não é caminho para evitar o estresse. Quem escolhe esse tipo de conduta apenas passa pela vida, não participa e nem contribui com a evolução.

A capacidade de suportar e superar situações difíceis não depende somente da pessoa, mas também do equilíbrio dinâmico, que neste caso pode ser compreendido como a relação entre ela e o seu contexto. Reinvente-se se necessário, mas aprenda a conviver com o estresse. Faça com que ele te impulsione para frente, e não para o fundo do poço. Dê um novo equilíbrio para a sua vida, e seja feliz.

Parte 5

Multifunção e polivalência na assessoria executiva

Excelência no Secretariado

35

Secretário particular
x
secretário corporativo

Diante da dinâmica da vida corporativa, da maturidade que profissional alcançou, o mercado descortina-se para o Secretário Particular e o Secretário Corporativo. Mas seus conceitos estão de fato aceitos e assimilados? Compete ao profissional, no exercício de suas atribuições, contribuir para esta direção? A realidade corporativa brasileira está preparada para contratar dois profissionais distintos?

**Angela Mota &
Magali Amorim**

Angela Mota & Magali Amorim

Angela Mota
Especialista em Língua Portuguesa e Psicopedagogia. Licenciada e Graduada em Secretariado Executivo Bilíngue. Coordenadora Responsável por Projetos Curriculares da Educação Profissional do Eixo Tecnológico Gestão e Negócios do CETEC do Centro Estadual de Educação Tecnológica Paula Souza. Foi docente do ensino superior em Secretariado Executivo. Docente no Curso Técnico de Secretariado na Escola Técnica - ETEC Prof. Aprígio Gonzaga. Quinze anos de experiência na Assessoria Executiva em instituições financeiras de grande porte.

Contato
angela.mota@centropaulasouza.sp.gov.br

Magali Amorim
Bacharel em Secretário Executivo Bilíngue pela PUC-SP, pós-graduada em Marketing & Propaganda pela ESPM-SP. É mestranda em Comunicação e Cultura Midiática. Desenvolveu sua carreira nos últimos vinte e quatro anos na Assessoria Executiva em multinacionais do segmento Químico e Farmacêutico. É consultora e palestrante em cursos, workshops e conferências em Comunicação e Atendimento ao Cliente. É facilitadora de treinamentos focados na área motivacional e comportamental. É docente nos cursos superiores de Tecnologia em Secretariado, Gestão em Logística Empresarial, Gestão em Recursos Humanos, Gestão Hospitalar e Gestão Financeira, na Faculdade de Tecnologia – FATEC e na Anhanguera-Uniban. É membro do Comitê Estratégico de Educação do SINSESP, trabalhando a interdisciplinaridade na Formação Executiva.

Contato
www.magaliamorim.com.br

Secretário particular X secretário corporativo

Independentemente de secretário executivo e secretário particular terem conceitos e atribuições distintas, essas diferenças não estão ainda definidas, de forma oficial no mundo corporativo. A forma "oficiosa" da convivência entre ambos, faz com que pairem várias dúvidas, por parte dos profissionais secretários e dos gestores assessorados.

Na parte prática, estão ainda sem resposta algumas perguntas:

- O profissional de secretariado é responsável por ambos papéis no assessoramento aos gestores?
- Os gestores podem solicitar, com a mesma qualidade e prioridade, as tarefas de cunho profissional e pessoal?
- Existe na empresa uma orientação normativa sobre o que os gestores podem solicitar ao profissional secretário?
- O profissional secretário tem o direito de se recusar a fazer alguma atividade particular?

Como todas essas questões não se solucionam por meio de procedimentos formais, visto estarem associadas a crenças e comportamentos, não temos a pretensão nesse capítulo de fornecer respostas e definir o que está certo e o que está errado.

Nosso objetivo é colocar o assunto em discussão, apresentar as situações vigentes no cenário empresarial, identificar o que já evoluiu a respeito e colocar algumas alternativas para o profissional de secretariado conhecer e poder se posicionar, de forma saudável e equilibrada.

Acreditamos que as dúvidas existentes não estão relacionadas ao conceito de cada perfil e sim quanto à coexistência de ambos, no exercício de um só papel.

Considerando toda a evolução ocorrida no perfil da profissão de secretário, na definição das atribuições pela Lei de Regulamentação e pelo parecer do MEC, para os cursos de graduação, as atividades pessoais dos gestores não estão contempladas.

Porém, esta informação não muda a realidade vigente, em que convivem os dois papéis – secretário corporativo x secretário particular, no mesmo profissional, gerando alguns prejuízos à produtividade, bem como desconfortos por parte do profissional, que muitas vezes se sente subutilizado, por não estar exercendo as suas verdadeiras funções.

Para refletir sobre essa dualidade, sem apresentar juízo de valor, cabe-nos uma breve contextualização sobre o perfil do executivo brasileiro, suas necessidades e expectativas, aliadas às políticas de grande parte das empresas brasileiras.

Excelência no Secretariado

Os gestores nacionais, quase em sua totalidade, demandam ao profissional de secretariado atividades profissionais e pessoais. Dentro do conhecimento que possuem da profissão, consideram que estão agindo de forma correta e adequada.

A princípio, a principal diferença entre eles é a proporção quantitativa de cada tipo de atividade requerida.

Nossa experiência profissional na área, bem como o convívio que temos em sala de aula com os vários níveis de profissionais – da iniciante à executiva – nos mostram que quando a relação é 80/20 – 80% com foco no profissional e 20% no pessoal, não existe conflito nem polêmica. É possível administrar as atribuições, sem prejuízo dos resultados empresariais. Nas situações em que as prioridades se sobrepõem, o diálogo e a negociação propiciam a solução.

O conflito começa a existir e a ganhar vulto, quando o secretário é demandado prioritariamente para atividades pessoais, principalmente, quando essa condição não foi claramente expressa na contratação.

Nessas circunstâncias, o sentimento é de desmotivação por não utilizar os conhecimentos da sua formação, aliado ao de não ter sido "avisado" de que essas seriam as suas atribuições.

Neste dilema, juntam-se "ruídos" de comunicação, de posicionamento, bem como de validação de expectativas, no início da atuação profissional.

Em muitos casos, esses conflitos se agigantam e parecem sem solução, porque há os limites do poder e da hierarquia dos gestores, bem como o risco de perder o emprego, se houver um questionamento ou esclarecimento assertivo, por parte do profissional de secretariado.

Antes de delinearmos algumas posturas que possam minimizar o conflito, é importante ressaltar que este quadro não representa 100% das empresas e gestores. Já há luz no final do túnel, para que estas questões sejam tratadas sob a ótica do século XXI, em que parte das empresas e executivos têm muito clara a vertente que separa as atividades profissionais das pessoais.

Mesmo que hoje, essas organizações, sejam minoria, elas sinalizam a vanguarda e o futuro próximo. O foco predominante é o profissionalismo e a erradicação do paternalismo. Dentro desse guarda-chuva, caem por terra todas as atitudes que sejam consideradas "paternais", tanto para os gestores, como para clientes internos e externos. Nesses ambientes, o que prevalece são os objetivos e metas empresariais. Todos são estimulados a terem autonomia e a assumirem as suas tarefas pessoais: cada um pega o seu café, a sua água, cuida dos seus pagamentos e/ou delega para outro funcionário particular, sem custos para a empresa.

Há também executivos, que já atuaram em empresas com essas políticas e incorporaram a atitude. Ao mudarem para outra organização, mesmo que o sistema ainda tenha ares paternalistas, mantém o perfil de autonomia.

Logo, podemos visualizar que o futuro será esse, com estímulo à autonomia e foco no corporativo.

Como não podemos estimar quando esse futuro será realidade para a maioria, temos que pensar no conflito ainda existente, tanto para que o profissional de secretariado possa se posicionar em relação a ele, sem confrontos e risco de perder o seu emprego, como promover a reflexão e o diálogo, para contribuir para a mudança desejada.

Secretário corporativo e secretário particular

Situações do cotidiano

Como dissemos acima, nas empresas em que se estimula a autonomia, os executivos não fazem demandas de caráter pessoal ao secretário corporativo. Isso não significa que eles não precisem desse suporte.

Aqueles que necessitam e que têm poder aquisitivo para tal, contratam o profissional particular, para cuidar e administrar todas essas atividades; normalmente, trabalham na casa do executivo ou na modalidade remota.

Há secretários que se especializaram nessa área e cujo objetivo profissional é atender esse perfil de gestores.

Há também situações em que faz parte do contrato do Executivo contar com dois profissionais secretários – um corporativo e um particular. Neste caso, ambos podem trabalhar no espaço da empresa e terem uma convivência saudável, com a linha de comunicação aberta, mas sem sobreposição de atividades e responsabilidades.

Até aqui, são negociações transparentes e aceitas pelas duas partes.

Situações conflitantes

- A contratação é feita com foco no corporativo e as atribuições são essencialmente pessoais.
- A contratação informa que o cargo inclui atividades particulares, mas com volume pequeno. Na prática, as atividades particulares são maiores que as corporativas.
- As atividades corporativas e particulares tem volume similar e há sobreposição de prioridades.
- Outras similares.

Excelência no Secretariado

Situações conciliáveis

- Quando a demanda é esporádica, representando no máximo 20% das atribuições e, quando não são consideradas "obrigação" e sim colaboração e gentileza.

Como o profissional de secretariado deve agir nas situações de conflito?

É nessa arena em que, normalmente, o profissional de secretariado não sabe como se posicionar adequadamente.

Não há um manual de regras, para resolver de forma harmoniosa e qualitativa essa questão. Mas, é possível encontrar caminhos alternativos, que possam ser negociados, caso a caso, entre executivos e secretários. Posicionar-se sobre a demanda, sem juízo de valor, mas questionando sobre a sua prioridade e aquelas de ordem corporativa, é sempre uma forma do gestor refletir a respeito e ter a oportunidade de colocar essas tarefas em grau secundário de prioridade.

Se o desconforto em realizar atividades particulares for grande, é importante o posicionamento ao gestor; porém, de forma equilibrada, com a consciência de que ele pode manter o mesmo perfil. "Não mudamos o outro". Contar com esse risco, é importante. Por isso, cabe também nessa situação, verificar com o Recursos Humanos a possibilidade de transferência para outra área, em que a necessidade do gestor seja compatível com o que você pode oferecer.

Decidir não fazer as atividades particulares, pode ser uma escolha. Porém, ela pode estar associada ao risco de perder o emprego. Se optar por esse caminho, que o seja com maturidade, planejando a saída e recolocação no mercado.

Quando a regra a respeito não estiver clara para a empresa e para o executivo, o melhor caminho é a negociação, o posicionamento e jamais o confronto.

Como prevenir esta situação antes de entrar numa empresa?

O momento da entrevista num processo de Recrutamento & Seleção pode ser o ponto determinante, para identificar como a empresa trata essa questão, bem como o perfil do executivo que será assessorado. Este pode ser também um momento de escolha e de posicionamento. Caso o profissional de secretariado não esteja disposto a assumir as atribuições de ambos os papéis, pode escolher dizer não a esse emprego. Caso seja o caso de conciliar os dois papéis, deve fazê-lo, com maturidade, sempre se posicionando sobre a prioridade, como sugerimos acima.

Angela Mota & Magali Amorim

Além do momento da entrevista, o primeiro dia de trabalho é também determinante para que a convivência secretário e executivo seja saudável e transparente, quando deve ser feita a validação das expectativas e necessidades do assessorado.

O time secretário e executivo pressupõe parceria, boa comunicação, transparência e negociação como a base do relacionamento. E como em todos os relacionamentos, essa construção é permanente, para que haja sinergia e satisfação de ambas as partes.

Os papéis de secretário corporativo e de secretário particular não se excluem, bem como não desqualificam o profissional e a profissão. Existem oportunidades e campo de trabalho para ambos e cada um deles pode ser escolhido, de acordo com o perfil do profissional e da necessidade do gestor.

O que podemos aperfeiçoar, em conjunto, é a informação sobre ambos, o processo de seleção das empresas, a comunicação clara e transparente e a escolha consciente.

REFERÊNCIAS

DURANTE, D. G., FÁVERO, A. A. *Gestão secretarial: formação e atuação profissional.* Passo Fundo. Ed. Universidade de Passo Fundo, 2009.

FREITAS, L.F. de; CAMPIOL, M.R.D. *Consultoria Secretarial: uma nova área de atuação do secretário executivo.* In: II Encontro Nacional Acadêmico de Secretariado Executivo, 2011. Passo Fundo. Anais do II Encontro Nacional.

Excelência no Secretariado

36

Gestão da inovação na área secretarial

Na última década do século XXI, o cenário econômico e social no Brasil propiciou o acontecimento de importantes transformações e construções no campo científico, tecnológico, cultural e social. Os resultados econômicos do país apresentam um médio crescimento e isso configura mais competitividade na economia local e internacional

Ariane Serafim & Jonas Silva

Ariane Serafim & Jonas Silva

Ariane Serafim
MBA Excelência em Projetos e Processos Organizacionais Bacharel em Secretariado Executivo. Experiência em Assessoria em Multinacional e Organização de Eventos Corporativos. Docente e Coordenadora de Projetos na área de Secretariado do Centro Paula Souza.

Contato
arianefserafim@gmail.com

Jonas Silva
Mestre em Educação, Administração e Comunicação. Especialista em Gestão de Pessoas e Projetos Socais. Planejamento e Gestão do Turismo Cultural. Bacharel e Licenciado em Comunicação Social, Relações Públicas. Professor Coordenador de Projetos no Centro Paula Souza.

Contato
jonas.silva@centropaulasouza.sp.gov.br

Ariane Serafim & Jonas Silva

Felizmente, dentre os significativos avanços que estão em expansão encontramos o setor de serviços que se mantém em alta e contribui para a melhoria da qualidade de vida das pessoas, das organizações e da economia de forma ampla.

O setor de serviços ocupa espaço essencial no setor produtivo da economia, que alavanca o progresso da produção do conhecimento das inovações tecnológicas e de mudança social. Este reflexo é visto dentro de empresas que investem e ampliam os espaços de pesquisa e desenvolvimento (P&D).

Segundo (Bernardes 2007) até a década de 90 ouvia-se falar de pesquisa e desenvolvimento no Brasil apenas no setor industrial e mesmo assim de maneira institucional, não havia por parte dos gestores a intenção de transpor as fronteiras do mercado competitivo, tão pouco, apresentavam visão de gestão estratégica da inovação e de desenvolvimento local, regional ou global.

Paralelamente a este fato, a profissão de secretariado passou por mudanças, para atender melhor às necessidades organizacionais, pois o advento da tecnologia ameaçava os secretários, que até essa década apenas operacionalizavam atividades. Nasce aí a necessidade de o secretário adaptar-se aos novos rumos das organizações, que exigiam mais dos assessores, devido às máquinas programadas conseguirem realizar a atividade operacional que o secretário antes realizava. Assim, o secretário teve que se transformar em um agente multifuncional estratégico para atuar e gerir os processos e tomada de decisão do executivo.

Com o advento da tecnologia, os secretários tiveram que procurar qualificação e fazer uma reengenharia do seu trabalho, para ampliar as possibilidades de atuação frente aos desafios tecnológicos presentes no cenário global. E a área secretarial já apontava para um rumo de pesquisa da evolução do perfil e de atribuições, tendo como objeto o secretário como gestor de processos e que até então não era difundido.

O secretário passa ser um profissional polivalente e estratégico, que se posiciona, analisa e facilita as tomadas de decisões. Pensa cada situação com suas especificações. Passa então de generalista para especialista, com perfil e potencial para empreender e inovar dentro do seu trabalho.

Cenário da inovação no setor produtivo brasileiro

O Brasil vivencia momentos de crescimento na economia e cenário global, mesmo com as oscilações e variações consegue

Excelência no Secretariado

obter destaque e concorrer com outros países frente a exportações de suas *commodities* e serviços. Um estudo realizado pela Organização Mundial de Propriedade Intelectual (OMPI) aponta o Brasil na 64ª posição no *ranking* mundial da inovação. Este índice revela que houve uma queda de seis posições em relação a 2012 e dezessete em relação a 2011.

Essa classificação leva em consideração 84 indicadores que avaliam as condições econômicas de investimento que propiciam a inovação nacional. Dentre os índices dos indicadores, o Brasil conseguiu melhor desenvoltura em termos de qualidade das principais universidades ou desempenho de empresas exportadoras, isso significa que ainda estamos no caminho dos processos formativos e geradores da inovação.

Contudo, nota-se que ainda são poucas as instituições brasileiras que inovam mesmo com o incentivo do poder público e/ou privado, sendo a busca pela pesquisa e desenvolvimento com foco na inovação ainda algo tímido para muitas empresas no Brasil. Algumas acreditam que já atendem bem sua demanda e não desejam investir para ir além.

O secretário contemporâneo deve atentar-se a essa oportunidade de crescimento, devido às tendências do mundo corporativo e mudanças que as organizações enfrentam.

Com o dinamismo das relações e a velocidade que as informações precisam ser acessadas, a tecnologia está mais próxima, independente da distância física entre as pessoas. (Cabezas, 2011) retrata muito bem esse cenário, quando diz que em 2030 não haverá tanta necessidade do assessoramento presencial, devido a várias tecnologias que podem manter o secretário conectado com qualquer pessoa, independentemente de onde ele esteja. E isso cria a possibilidade de o profissional assessorar diversos executivos de diferentes áreas e passa a atuar então como autônomo. Esse assessoramento será virtual, por meio de monitores 5D, que terão conexão com transmissão em tempo real.

Com essa visão de tendência, observa-se que o secretário terá necessidade de se adaptar aos novos papéis e estilos de trabalhos que o mercado necessitará.

Outra tendência que está mais próxima originária da carência deficitária das organizações, é do secretário assumir o papel de líder comportamental nas equipes. Principalmente quando há nas organizações colaboradores bons tecnicamente, porém com dificuldade na postura comportamental, o que pode acarretar em futuros prejuízos às empresas.

Nesse contexto, torna-se necessário o uso de programas comportamentais, liderados por secretários que tenham uma visão sistêmica da organização e que por meio dos treinamentos possa equilibrar e bem integrar os funcionários nos aspectos comportamentais à sua prática de atuação.

Inovação: o que é e qual sua importância

Definirmos o que é inovação, não é algo muito simples, há diversos fatores que podem interferir nos conceitos, inovação pode ser uma nova ideia, nova prática ou também um novo material a ser utilizado em um determinado processo.

Dessa maneira, podemos caracterizar a inovação em diferentes contextos, distinguindo-se entre inovações administrativas e técnicas, no trabalho organizacional e em produtos e processos. Não obstante, cabe ressaltar também que nem tudo pode ser considerado como inovação.

Inovar está alinhado à criatividade, em pensar em algo novo. Inovar é realizar 'coisas' novas. Numa outra consideração, podemos definir que a inovação consiste na transformação de uma ideia em produto, serviço ou processo novo ou melhorado.

Ao contrário do que muitas pessoas imaginam, a inovação não é apenas o simples fato de renovação ou novidade. Ela precisa estar definida no planejamento estratégico da organização e ser estabelecida como prioridade e partilhada com todos os funcionários e/ou colaboradores da instituição que a tenha como princípio.

Para as organizações empresariais, a inovação trata-se do resultado final de alguma ideia, capaz de agregar valor econômico e social para ela. Contudo, é necessário muito investimento no desenvolvimento de novas lideranças nas organizações. Não se pode deixar de priorizar o investimento nas pessoas, afinal, são apenas elas que farão a empresa atingir o progresso.

O secretário se adéqua devidamente a esse perfil, uma vez que desempenha atividades que agregam valor econômico à empresa, mesmo que indiretamente. Os processos que desenvolve, analisa e realiza são fundamentais para o resultado final.

Excelência no Secretariado

Tipos de inovação

Assim como há diferentes valores advindos do ato de inovar, há também variadas formas de fazer com que essa inovação seja realizada. Segundo a Rede de Inovação[1] ela pode acontecer sob algumas modalidades em produtos, serviços e processos internos ou externos. Por atores envolvidos ela pode ser:

- **Inovação aberta** – Trata-se da inovação desenvolvida por meio de parcerias, compras ou licenciamento de processos de inovação, como patentes, entre diferentes organizações como empresas, universidades e indústrias.

Uma oportunidade para o secretário inovar nesse contexto é por meio da criação de algo como processos ou serviços para melhorar e potencializar seu trabalho. Ele pode pensar em aplicativos de *tablets* que o auxiliarão em seu trabalho. E buscar parcerias com empresas ou instituições que queiram desenvolver o aplicativo. Cabe ressaltar que só será inovador se não houver produto nessa especificação no mercado.

- **Inovação fechada** – Processos de inovação desenvolvidos dentro de uma organização, sem apoio externo.

O secretário deve ser o agente de mudança e de inovação na empresa, cabe a ele analisar e selecionar as melhores práticas a serem adotadas na organização e persuadir os colaboradores, a fim de potencializar as estratégias organizacionais.

Por intensidade:

- **Inovação disruptiva** – É a inovação que é capaz de mudar a trajetória do mercado no qual está inserida.

O secretário na evolução da profissão procura se adequar às transformações do mercado de trabalho e, com isso, se depara com a necessidade de, também, inovar nos processos e na rotina de assessoramento e gerenciamento de suas atividades, e o reflexo disso o caracterizou como um agente facilitador de mudanças e de resultados.

---

[1] A Rede de Inovação é um Portal da internet que está vinculado ao Sistema FIEP (Federação das Indústrias do Estado do Paraná).

- **Inovação incremental** – São pequenos avanços em tecnologias, produtos, processos ou serviços existentes.

O profissional em secretariado interage com os diversos setores e/ou departamentos estratégicos e operacionais, o que permite a ele uma visão global e sistêmica dos processos, além de autonomia para propor novas formas de comunicação organizacional.

- **Inovação radical** – Processo profundo que demanda novas maneiras de compreensão de um produto, serviço, processo ou modelo de negócio.

A ressignificação dos postos de trabalhos e seu *layout* provocou uma demanda na reorganização das atividades e dos espaços do secretário, que antes era privativo, e passaram a ser automatizados e de uso coletivo, e ficou sob a supervisão desse profissional o gerenciamento e zelo dos equipamentos e suprimentos hoje existentes.

Desafios e oportunidades da inovação na área secretarial

Na área secretarial uma das inovações que trouxe muitas melhorias e oportunidades foi o processo desenvolvido por D´Elia (2009). São os indicadores de resultados do trabalho secretarial. A autora inovou dentro da profissão de secretariado, com um mecanismo que permite quantificar e qualificar o trabalho de um secretário.

Para o profissional de secretariado projetar as ações que possibilitam melhores resultados em números e qualidade, ele deve perceber se as suas ações isoladamente ou em grupo estão geram resultados favoráveis.

D'Elia propõe, ainda, um plano de trabalho em que o profissional pode desenvolver como norteador de processos de inovação.

O plano de trabalho consiste em traçar os seguintes itens:

- Necessidade e deficiências: o que pode ser melhorado ou desenvolvido na atividade do secretário e na organização.
- Metas e objetivos: descrever em tempo e espaço quais são os resultados que se pretende alcançar com o trabalho.
- Fontes e obstáculos: quais são os recursos que o secretário tem ao seu alcance e como contornar as possíveis barreiras.
- Estratégias e ações: quais ações, atitudes, medidas preventivas e corretivas que devem ser adotadas ao contexto situacional.

Excelência no Secretariado

A inovação dentro da área secretarial não necessariamente deve surgir apenas quando o secretário trabalha como autônomo, mas, também, quando ele atua em uma instituição e tem a percepção de oportunidades de mudanças, criações e empreendimentos dentro do seu trabalho, que podem ser estendidos para a corporação toda.

As tendências da área secretarial exigirão do secretário um espírito criativo, flexivo e reflexivo, para empreender e inovar em seu trabalho. Para tanto, afirmamos que pode utilizar um plano de trabalho de inovação, para orientar-se nesse processo. Esse planejamento não é estático, mas apenas um norteador e facilitador de ações.

REFERÊNCIAS

Três passos para uma ideia inovadora. Disponível em: <http://blog.geracaodesigner.com.br/2013/04/3-etapas-para-inovar.html>. Acesso em: 06 de set. de 2013.

BERNARDES, Roberto. (Org.) *Inovação em serviços intensivos em conhecimento.* São Paulo: Saraiva, 2007.

CABEZAS, Caroline Vidal. *Profissão de secretário: tendências para 2030.* Disponível em:<http://a-secretaria-que-faz.blogspot.com.br/2011/08/profissao-de-secretario-tendencias-para.html>. Acesso em: 26. de ago. de 2013.

MOREIRA, Assis. *Brasil cai para 64ª lugar em ranking mundial da inovação. Jornal Valor Econômico.* Disponível em: <http://www.valor.com.br/brasil/3180254/brasil-cai-para-64>. Acesso em: 15. de ago. de 2013.

NEIVA, Edméa Garcia e D´ELIA, Maria Elizabete Silva. *As novas competências do profissional de Secretariado. – 2. Ed.* São Paulo: IOB, 2009.

37

O executivo brasileiro: Assessorando diferentes gestores, seus estilos gerenciais e as diversas áreas

Exercer a assessoria executiva atendendo diferentes estilos gerenciais e assessorando vários gestores e áreas diversas. Com qualidade, competência e a devida percepção para se detectar a peculiaridade de cada assessorado. Trata-se de um tema, sem dúvida, fascinante e desafiante!

Cilene Pignataro

Cilene Pignataro

Secretária Executiva graduada pela FATEC Internacional Uninter, pós-graduada em Assessoria Executiva pela UniÍtalo-Centro Universitário Ítalo Brasileiro e Extensão em Gestão de Pessoas pela FMU- Faculdades Metropolitana Unidas. Tem 29 anos de experiência em diversos segmentos em destacadas instituições, assessorando presidências, vice-presidências, superintendências e diretorias. Palestrante de temas técnicos e motivacionais na área secretarial. Docente na Pós-Graduação em Assessoria Executiva da UniÍtalo/SP nas disciplinas: Protocolo e Cerimonial, Eventos, Etiqueta e Comunicação Integrada e também nos cursos livres para profissionais de secretariado no SENAC/SP. Atuou como Diretora de Treinamento, Desenvolvimento e Educação (gestão 2004-2008), Diretora de Eventos (gestão 2008-2012) e Membro do Comitê Estratégico de Educação no SINSESP-Sindicato das Secretárias e Secretários do Estado de SP.

Contatos
cilenepignataro@yahoo.com.br
cipignataro@gmail.com
(11) 99151-8478

Cilene Pignataro

O PROFISSIONAL DE SECRETARIADO

A categoria secretarial, além de sua evolução real e indiscutível, conquistou merecido respeito tanto no mundo corporativo, quanto na sociedade, mas principalmente na mídia. Esta conquista é resultado de um perfil profissional competente, equilibrado e por externar capacidade e confiança.

Assessorar um executivo é uma arte, pois nos permite aplicar as técnicas e competências desenvolvidas ao longo de um processo de aprendizado acadêmico e treinamentos focados tanto em desenvolvimento interpessoal quanto motivacional.

O profissional de secretariado requer, além dos necessários conhecimentos técnicos, bom senso em suas relações interpessoais, pois lida ora com sentimentos aflorados, ora até mesmo com egos inflados.

O ritmo de cada organização e de seus colaboradores é determinado e influenciado pelo comportamento da equipe e de seus gestores. Para que a sintonia aconteça, resultados sejam alcançados, é necessário entender, aceitar, ceder e diferenciar os diversos comportamentos; (quando falamos em 'comportamento' tendemos primariamente a pensar exclusivamente no indivíduo, esquecendo-nos por vezes, do comportamento organizacional cujo conhecimento por parte do profissional lhe confere grandes desafios e quando assimilado e entendido seus códigos, as chances de sucesso e alcance de resultados certamente serão maiores!). É comum, no ambiente corporativo, assessorar vários gestores ao mesmo tempo e em diversas áreas. E o que fazer então com esta diversidade de comportamentos?

A grande vantagem para o profissional em secretariado é que, na formação específica, somos preparados para entender, atender e encantar este universo multidisciplinar. Aprendemos a ajustar nosso talento às diversas áreas e perfis, nos qualificando com destacada superação profissional para assumir um papel mais agregador neste universo corporativo pontilhado por diferentes estilos gerenciais.

As empresas buscam colaboradores com postura e atitudes adequadas, congruentes aos objetivos e metas organizacionais, independentemente da pressão inerente do ambiente corporativo, sempre com foco em resultados. É comum um ambiente de alta competição profissional, em razão desta pressão. É neste cenário que o profissional em secretariado está inserido e se destaca, colocando em prática as suas habilidades e sua estrutura emocional,

Excelência no Secretariado

não apenas administrando a rotina secretarial, mas atendendo as exigências do mercado de trabalho.

O EXECUTIVO BRASILEIRO

Inteligentes, empreendedores, uns austeros, outros informais, alguns até mesmo 'descolados', outros arrojados, a maior parte do tempo, sempre 'conectados'. Visivelmente mais ansiosos ante às expectativas de crescimento das empresas que administram. Investem em novos negócios, gerenciam o risco. Outros mais conservadores tendem a manter seu patrimônio de forma mais tradicionalista. Enfim, uma pluralidade de estilos. Mas todos preocupados em acertar em suas ações e em suas escolhas. O objetivo final independentemente de cada estilo em resumo é único: equipe produtiva e crescimento com superação.

Diferenciar o estilo gerencial dos executivos é o primeiro passo para uma parceria de sucesso e alcançar os resultados desejados. Esta atitude caracterizará como devemos nos comportar frente ao gestor e à empresa. Esta relação é bem interessante e altamente produtiva quando utiliza-se o adequado processo de comunicação.

Identificar o perfil e tipo de cada executivo com quem trabalhamos não é tão difícil quanto parece. Precisamos observar suas características e trabalhar da melhor forma possível para que a engrenagem desta relação funcione bem sem rupturas.

Quando falamos de estilo gerencial não conseguimos separar os tipos de lideranças, temos o sistemático, diretivo, ponderado e o inspirador segundo Mary Blitzer Fields [apud Gaudencio].

Falando do líder sistemático, podemos entender que o seu foco está no processo, ele é metódico, analítico, detalhista e na hora de tomar as decisões ele é lento.

O líder diretivo já tem o foco nos resultados, ele é mais rápido, assertivo, mostra que é dinâmico, porém é autoritário.

O líder ponderado foca a harmonia, ele é afetuoso e quer agradar todos ao seu redor, mostra ser uma pessoa flexível e é leal.

O líder inspirador tem como foco a interação, muito articulado, rápido, pessoa entusiasta e um completo motivador.

A prática profissional, no entanto, nos capacitou a identificar alguns estilos:

Temos o profissional que foca o interesse nos resultados, vislumbra o *status* e pensa na hierarquia, podemos atribuir à característica do profissional disposto e ambicioso.

Por outro lado, também encontramos profissionais que não têm tanto interesse no poder em si, preocupando-se mais com as questões técnicas. São mais carismáticos e para chegar à liderança utilizam a inteligência.

Outros têm como foco a admiração das pessoas nos trabalhos apresentados, geralmente são mais temperamentais. Se não conseguem alcançar as expectativas, procuram culpar outras pessoas pelo resultado negativo.

Também temos aquele que não consegue oferecer espaço para o crescimento da equipe, são profissionais com dificuldade de troca: em ouvir e aceitar contribuições.

Devemos distinguir o líder tradicional do líder atual, pois apresentam diferenças bem acentuadas. O líder tradicional segue um modelo de normas e regras e cumpre seu dever como moeda de troca do seu salário e tem dificuldades em delegar e, quando o faz, diz o que fazer e como fazer. Já o líder atual prefere dar atenção à capacitação e à habilidade das pessoas. Claramente, este estilo gerencial observa a competência do seu liderado. É mais atuante, acompanha de perto o que é mais importante no processo e sabe delegar.

UMA PARCERIA SUSTENTÁVEL

Alguns pontos devem ser observados ao atender diferentes gestores em suas diferentes áreas de atuação, levando-se em consideração as diferenças de lideranças para uma parceria bem-sucedida. A relação humana precisa ser lapidada para que o relacionamento profissional seja agradável e que o foco seja único, para isso podemos cuidar de alguns aspectos que propiciarão uma melhoria nesta relação:

Autonomia: nessa parceria em assessorar vários gestores e áreas diversas, conquistar a autonomia é um grande diferencial para que todas as ações desenvolvidas pelo profissional possam ser executadas e transmitidas assegurando a maximização, otimização e melhoria na qualidade no atendimento quer nos processos inerentes quer nos projetos assumidos.

Comprometimento: todo executivo, ao perceber comprometimento em sua assessoria executiva, sente-se muito melhor entendido e interpretado. A parceria fica mais sólida.

Eficácia: trabalhar com eficácia para que toda tarefa ou projeto planejado seja desenvolvido com responsabilidade e com organização obtendo assim um resultado satisfatório. Qual executivo dispensaria essa ação?

Empregabilidade: é saber cuidar de cada detalhe, é ter consci-

Excelência no Secretariado

ência das obrigações, é antecipar-se, é ver antes de acontecer. É ainda, marketing pessoal cuidando tanto do visual como também das atitudes e comportamentos.

Globalização: estar atualizado com recursos tecnológicos, que geram rapidez e disseminação da informação e conhecimentos. Estar "antenado" para que a comunicação com gestores e áreas de trabalho estejam afinadas, mostrando-se um profissional pre-ocupado com o que acontece ao seu redor.

Iniciativa: profissionais proativos são bem-vindos, essa é uma das qualidades mais observadas pelos gestores. Ter a capacida-de de ir além com responsabilidade é um bom aliado no dia a dia corporativo.

Liderança: mesmo sendo, nesta parceria, a pessoa liderada, é importante também saber liderar utilizando o Q.E. (quociente emocional), junto à equipe de colaboradores. Esta prática não só harmoniza a convivência, mas favorece e motiva a execução de tarefas e atividades inerentes ao ambiente.

Negociação: dentre as inúmeras atribuições do secretário, nego-ciar faz parte da sua rotina. A cada instante é exigida uma postura e atitude de negociação, tanto com os clientes internos quanto com os externos. Ao atender um telefonema ou em uma sim-ples troca de e-mail ou até mesmo em uma abordagem com um colega denota-se o poder de persuasão e negociação focando sempre resultados e objetivos favoráveis para a empresa.

Relacionamento: para qualquer profissional é extremamente im-portante manter um bom relacionamento interpessoal no am-biente de trabalho. Saber lidar com pessoas é uma exigência do mercado atual, todos nós precisamos nos relacionar bem com os colegas e colaboradores.

Flexibilidade: um dos aspectos mais importantes no relaciona-mento corporativo é a capacidade do profissional em secretaria-do adaptar-se aos diferentes estilos gerenciais que assessora e, para tanto, a flexibilidade é importantíssima para que possa ha-ver uma convivência harmoniosa, além de produtiva ante a he-terogeneidade presente no ambiente organizacional. É comum a ocorrência de divergências de opinião, pontos de vista distintos, porém quando se sabe como o outro se comporta, a assertivida-de é um adequado comportamento para dirimir tais situações.

É necessário e relevante pontuar-se também o que não devemos fazer para que a parceria entre o gestor e o profissional de secretariado não seja prejudicada e consequentemente trazer ruídos de comunicação.

Os pensamentos pertencem unicamente a nós, portanto devemos ter cuidado para que não sejam transformados em palavras. Na maioria das vezes, palavras geram ações que podem gerar reações que acabam por moldar as atitudes e, a partir de uma dada situação, interferir negativamente na vida corporativa.

Prestando atenção nos pontos expostos, já iniciamos um processo satisfatório para uma boa parceria com o executivo, lembrando-se de sempre preservar os cuidados essenciais com cada um dos assessorados. Muito mais do que uma sala limpa e organizada, executivos querem ser assessorados por quem busca melhor entender a área de atuação, que se preocupa em saber o mínimo da área envolvida, mostrando interesse e motivação. Cada ser humano tem seu momento, respeitá-lo será uma estratégia para a sintonia da parceria.

Ao assessorar vários executivos, é necessário ter um controle muito rígido da rotina de cada um deles, personalizando a assessoria. Seja qual for o método adotado, deixar cada um confortável e confiante de que recebe uma assessoria individualizada ao seu estilo gerencial.

Presidentes, vice-presidentes, superintendentes em diferentes áreas diretivas, diferentes perfis e estilos de lideranças, alguns são mais leitores e outros mais ouvintes. Mas, são executivos capacitados com energia de sobra para fazer tudo dar muito certo, em seus diferentes segmentos de atuação. Por isso, o bom senso para diferenciar o que é importante do que é urgente, para atendê-los com qualidade.

A profissão é linda e exige muito zelo, precisamos superar expectativas não permitindo deslizes que comprometam a imagem profissional.

Seja qual for o estilo gerencial que encontremos em nossa jornada, precisamos ter em mente que devemos ser pessoas comprometidas com o fazer acontecer, nos identificando com a palavra responsabilidade e sabendo lidar com pessoas de forma sábia. Ao lado de gestores com estas capacidades e habilidades, a parceria sem dúvida será de respeito, credibilidade e confiança à frente dos negócios, alinhando uma verdadeira receita de sucesso profissional.

Agradeço a cada um dos executivos que assessorei e ainda assessoro pela troca de experiências, pelo aprendizado desenvolvido e pelo fator humano que marcaram a minha carreira, em especial ao Sr. Mario Eberhardt (*in memorian*), que muito contribuiu nesta minha jornada.

Façamos o nosso melhor sempre! Grandes líderes têm como parceiros, liderados capazes, habilidosos, munidos de determinação e competência.

Cilene Pignataro

Excelência no Secretariado

REFERÊNCIAS

DRUCKER, Peter Ferdinand. *O Gestor Eficaz em ação: uma agenda para fazer as coisas acontecerem.* 1.ed. Rio de Janeiro: LTC, 2007.

GAUDENCIO, Paulo. *Superdicas para se tornar um verdadeiro líder.* São Paulo: Editora Saraiva, 2011.

HOGAN, *Ateliê do RH. Os tipos de CEO.* Você S/A, São Paulo, n. 180, p.16, mai 2013.

38

Por uma competência intercultural do profissional de secretariado brasileiro no meio empresarial *bi-tri-pluri-língue*

Processos como o da globalização exigem dos profissionais competências que vão além do domínio meramente estrutural de língua(s) estrangeira(s). Nesse contexto, o conhecimento multicultural torna-se imprescindível e, assim, o Profissional de Secretariado deve estar preparado para atuar como agente facilitador das relações trans/internacionais no âmbito corporativo

Emili Martins & Warley Nunes

Emili Martins & Warley Nunes

Emili Martins
Graduada em Secretariado Executivo Trilíngue (Português/Francês/Inglês) pela Universidade Federal de Viçosa (2005). Mestre em Língua e Literatura Francesa pela Universidade de São Paulo (2011), desenvolve pesquisa de doutorado na área de Linguística Aplicada ao contexto profissional desde 2012 nessa instituição. Possui experiência profissional como Secretária Executiva e como professora de Línguas Estrangeiras com objetivos gerais e específicos. Enquanto docente-pesquisadora, atua nas áreas de Secretariado Executivo e de Letras.

Contato
emilimartins@yahoo.com.br

Warley Nunes
Graduação em Secretariado Executivo Trilíngue Português/Francês/Inglês pela Universidade Federal de Viçosa. É Secretário Executivo na Embrapa – Empresa Brasileira de Pesquisa Agropecuária e cursa pós-graduação em Tradução em Espanhol pela Universidade Gama Filho e graduação em Letras – Espanhol pela Universidade Federal de Juiz de Fora.

Contato
warley_stefany@hotmail.com

Introdução

Ao contrário do profissional de secretariado do passado, sempre às voltas com a datilografia, atendendo ao telefone, anotando recados e cuidando da agenda do chefe, o atual secretário deve estar preparado para desempenhar atividades mais complexas e diversificadas no contexto organizacional brasileiro. É exigido que este profissional domine e acompanhe os acontecimentos da empresa onde trabalha, interligando equipes e participando do dia a dia de um ou de mais executivos. Esta mudança de perfil reflete a demanda por parte do mercado de trabalho, pois como afirmam Dos Santos e Caimi (2009):

> Hoje, as organizações demandam profissionais [de secretariado] que desempenhem um papel fundamental de assessoria no contexto organizacional, tendo a responsabilidade de participar do gerenciamento de informações, documentos e pessoas, contribuir para a melhoria das relações interpessoais, manifestando dinamismo e flexibilidade, capacidade de empreendimento e automotivação.

Dessa forma, grande tem sido o número de pessoas que, almejando adquirir conhecimentos e desenvolver habilidades referentes ao novo perfil deste profissional, busca a formação técnica e/ou superior em Secretariado - oferecida por instituições de ensino localizadas em todo território nacional - além de cursos e de eventos de treinamento e de capacitação em diversos assuntos e áreas, tais como idiomas, gestão do tempo, informática, resolução de conflitos, liderança de processos e organização de eventos empresariais.

Dentre as diversas exigências feitas pelo mercado de trabalho, destaca- se a necessidade do domínio de uma ou mais línguas estrangeiras, sobretudo, daqueles que já trabalham ou têm interesse em trabalhar em alguma das diversas empresas multinacionais localizadas no país, bem como em empresas brasileiras que já atuam no mercado internacional ou que buscam a internacionalização. Sobre esta necessidade, Bruno (2006) afirma que:

> Com o fator da globalização uma das habilidades mais exigidas desse profissional é a fluência em idiomas para leitura, versão, tradução e conversação, mas focada na linguagem culta, independentemente do idioma em questão, bem como conhecimentos protocolares das diferentes culturas.

Nos setores de recursos humanos das grandes empresas, observa-se uma nítida preferência aos currículos de candidatos que dominem outros idiomas e isso é um determinante para o estabelecimento das remune-

Excelência no Secretariado

rações. Ao realizar-se uma pesquisa de vagas para secretários divulgadas nos principais sites brasileiros de recolocação profissional, é possível constatar que, na maioria dos casos, os salários oferecidos são mais altos para vagas que exigem o conhecimento de línguas estrangeiras.

Uma das consequências dessa exigência do mercado de trabalho é a obrigatoriedade do estabelecimento do ensino de, pelo menos, um idioma estrangeiro nos currículos dos cursos de graduação de Secretariado Executivo, conforme instituído pela Resolução n° 3, de 23 de junho de 2005.

Além da aprendizagem ao longo da formação universitária, os profissionais que já se encontram no ambiente de trabalho têm buscado o aprimoramento linguístico contínuo por meio da participação em cursos, em muitos casos com conteúdo totalmente voltado para o contexto secretarial.

É importante destacar que no ensino de línguas estrangeiras para este público, é de fundamental importância que sejam trabalhadas não somente características linguísticas e discursivas, mas também culturais a fim de sensibilizar os secretários às semelhanças e às diferenças entre sua própria cultura e aquelas presentes no ambiente de trabalho *bi-tri-pluri-língue* no qual atuam ou se preparam para atuar.

O profissional de secretariado e o contato com diferentes culturas

A presença de indivíduos de diferentes culturas nos mesmos espaços não é um fenômeno recente. Todavia, as mudanças decorrentes da rapidez e da extensão dos meios de comunicação e da globalização da economia levaram não somente à aproximação das relações entre os países, bem como ao encurtamento das fronteiras. Se antes uma reunião entre funcionários de diferentes nacionalidades só era possível se houvesse o deslocamento de um ou mais participantes, atualmente as *conference calls* já fazem parte do cotidiano de diversos profissionais. Assim, essas mudanças trouxeram a necessidade do fortalecimento da relação com a alteridade, que, segundo De Carlos (1998), tornou-se um assunto inevitável para a compreensão de um mundo no qual as trocas e a circulação de bens, de capitais, de indivíduos, de grupos, de ideias, de informação, assim como de projetos de vida intensificam-se a cada dia.

Ao atuar em uma empresa na qual seja necessária a utilização de não somente uma, mas de várias línguas estrangeiras, o profissional de secretariado tem a oportunidade de entrar em contato com indivíduos de outras nacionalidades e, consequentemente, de outras culturas, uma vez que língua e cultura são inseparáveis. Para Bryram

Emili Martins & Warley Nunes

(1992), assim como a indumentária e as instituições sociais, a língua incorpora os valores e os significados de uma cultura, pois evidencia a identidade cultural de um indivíduo.

Quando aprendemos a utilizar uma nova língua, interiorizamos uma série de informações e de conhecimentos, que são relativos aos nossos mundos culturais específicos e capazes de permitir com que cada sujeito de interação seja uma potencial fonte de conhecimento (MENDES, 2004). Em outras palavras, não se deve pensar apenas na(s) cultura(s) da língua-alvo, mas no processo interacional entre a cultura do outro e do próprio indivíduo. Segundo o Quadro Europeu Comum de Referência para as Línguas (2001):

> As atitudes e os *savoir-faire* interculturais compreendem a capacidade de estabelecer uma relação entre a cultura de origem e a cultura estrangeira; a sensibilização à noção de cultura e a capacidade de reconhecer e de utilizar estratégias variadas para estabelecer o contato com pessoas de outra cultura; a capacidade de desempenhar o papel de intermediário cultural entre sua própria cultura e a cultura estrangeira e de gerenciar de forma eficaz situações de mal-entendidos e de conflitos culturais; a capacidade de ir além das relações superficiais estereotipadas.

Dessa forma, o ensino de línguas estrangeiras para profissionais de secretariado deve ser capaz de promover no aprendiz o desenvolvimento de uma competência intercultural que, para Berwig (2004), pode ser definida como uma questão de atitude entre outras culturas. A finalidade dessa competência é reduzir o etnocentrismo, desenvolver formas de compreensão geral das culturas e modificar a atitude do aprendiz, criando posicionamentos mais positivos e abertos. Ainda segundo a autora:

> A incorporação desta nova competência se explica pelas condições atuais do mundo e que estão relacionadas com as preocupações políticas, econômicas, culturais, ideológicas e, inclusive, ecológicas. Os intercâmbios econômicos, políticos e culturais entre os países do mundo são mais estreitos e frequentes do que nunca. Existe, portanto, a necessidade de buscar uma compreensão, mais precisa e menos antagônica possível, entre os falantes de diferentes línguas e culturas.

Uma educação intercultural capaz de desenvolver a competência intercultural deve objetivar, por um lado, dar o apoio necessário aos aprendizes para que enfrentem a insegurança causada pelo desconhecido; por outro lado, conduzi-los a generalizar as experiências de contato com a cultura estrangeira, sem cair na armadilha do estereótipo.

Excelência no Secretariado

Muito além do domínio de uma língua estrangeira
O secretário multicultural

Pesquisas recentes têm demonstrado que a profissão de secretário configura como uma das dez com maior escassez de talentos no Brasil. Entretanto, apesar de os dados serem animadores para a área secretarial, é importante salientar que o mercado de trabalho busca por profissionais qualificados, capazes de atender as diversas exigências feitas tanto pelas empresas nacionais, quanto pelas multinacionais instaladas no país.

Dentre essas exigências, destaca-se o domínio de uma ou mais línguas estrangeiras para a comunicação no contexto empresarial. Por isso, percebe-se que o secretário tem um *status* importante no ambiente organizacional e social, uma vez que o conhecimento e o uso de uma língua estrangeira relacionam-se à possibilidade de contato com diferentes culturas, permitindo o enriquecimento e abertura de novas possibilidades pessoais e profissionais.

Considerando este multiculturalismo e a necessidade do plurilinguismo no exercício da profissão, o secretário deve desconstruir a concepção de homogeneidade cultural, visto que a sociedade moderna é constituída por formações híbridas. Assim, o profissional deve extrapolar o código linguístico, além de trabalhar o desempenho discursivo a fim de desenvolver a competência intercultural e, dessa forma, estar preparado para enfrentar os obstáculos culturais presentes na comunicação realizada no ambiente de trabalho, pois mal-entendidos culturais não costumam ser bem vistos e aceitos no ambiente profissional.

Para desenvolver a competência intercultural, o secretário deve usar algumas estratégias para superar relações superficiais estereotipadas e aceitar a existência da pluralidade de culturas. Ele deve compreender que as línguas, tanto a materna quanto as estrangeiras, estão inseridas em um universo de representações e que o plurilinguismo, por trazer em si valores de abertura ao outro, coloca o espírito de diálogo e de construção de um futuro comum no lugar do enfrentamento e do choque de interesses.

Dessa forma, o profissional de secretariado brasileiro deve estar preparado para conceber o diálogo entre a cultura do outro e a sua própria, assumindo, assim, uma postura mais reflexiva no meio empresarial bi-tri-pluri-língue no qual está inserido.

REFERÊNCIAS

AMOSSY, R ; PIERROT, A.H. *Stéréotypes et clichés*. Paris: Nathan, 2004.

BERWIG, C,A. *Estereótipos culturais no ensino/aprendizagem de português para estrangei-*

Emili Martins & Warley Nunes

ros. Dissertação (Mestrado em Letras) Universidade Federal do Paraná, Curitiba, PR, 2004.

BRASIL. MEC, CNE. Resolução no 3, de 23 de junho de 2005. Institui as diretrizes curriculares nacionais para os cursos de graduação em secretariado executivo e dá outras providências. Relator: Éfrem de Aguiar Maranhão. Diário Oficial, Brasília, DF, p.79, 27 jun. 2005. Seção 1. Acesso em: 23 de jun. de 2013.

BRUNO, I.M. *O poder de influência do profissional de secretariado no processo decisório das organizações.* Dissertação (Mestrado em Administração) Pontifícia Universidade Católica, São Paulo, SP, 2006.

BRYRAM, M. *Culture et éducation en langue étrangère.* Paris: Hatier/Didier, 1992.

CONSEIL DE L'EUROPE. Cadre européen commun de référence pour les langues. Apprendre, enseigner, évaluer. Paris: Didier, 2001.

CUCHE, D. *A noção de cultura nas ciências sociais.* 2. ed. Tradução de: Viviane Ribeiro. Bauru: EDUSC, 2002.

DE CARLO, M. *L´interculturel.* Paris: CLE INTERNATIONAL, 1998.

DOS SANTOS, C.V.; CAIMI, F.E. *Secretário executivo: formação, atribuições e desafios profissionais.* In: DURANTE, D.G. ; FAVERO, A.A. (org) *Gestão secretarial: formação e atuação profissional.* Passo Fundo: Editora Universidade de Passo Fundo, 2009. p. 23-41.

LADMIRAL, J.R ; LIPIANSKY, E.M. *La communication interculturelle.* Paris : Armand Colin, 1989.

MARTINS, E.B. *O ensino de francês língua estrangeira no contexto do profissional de secretariado: francês com objetivos específicos?* Dissertação (Mestrado em Letras), Universidade de São Paulo, São Paulo, 2011.

MENDES, E. M. *Abordagem Comunicativa Intercultural (ACIN). Uma proposta para ensinar e aprender língua no diálogo entre culturas.* Tese (Doutorado) Universidade de Campinas, Campinas, 2004.

SCOLLON,R;SCOLLON,S.W *Intercultural Communication: A Discourse Approach.* Cambridge: Blackwell, 1995.

ZARATE, G. *Enseigner une culture étrangère.* Paris: Hachete, 1986.

Excelência no Secretariado

39

O *Design Thinking* como ferramenta da gestão secretarial

Abduzir e desafiar as normas empresariais é a base do *Design Thinking*. Ao pensar de forma abdutiva, o designer desafia seus padrões, fazendo e desfazendo conjecturas, transformando-as em oportunidades para a inovação. É se desvencilhar do pensamento logico cartesiano, que faz com que o *designer* se mantenha "fora da caixa"

Adaptado de Maurício Vianna

Magali Amorim & Marcos Serafim

Magali Amorim & Marcos Serafim

Magali Amorim
Bacharel em Secretário Executivo Bilíngue pela PUC-SP, pós-graduada em Marketing & Propaganda pela ESPM-SP. É mestranda em Comunicação e Cultura Midiática. Desenvolveu sua carreira nos últimos vinte e quatro anos na Assessoria Executiva em multinacionais do segmento Químico e Farmacêutico. É consultora e palestrante em cursos, workshops e conferências em Comunicação e Atendimento ao Cliente. É facilitadora de treinamentos focados na área motivacional e comportamental. É docente nos cursos superiores de Tecnologia em Secretariado, Gestão em Logística Empresarial, Gestão em Recursos Humanos, Gestão Hospitalar e Gestão Financeira, na Faculdade de Tecnologia – FATEC e na Anhanguera-Uniban. É membro do Comitê Estratégico de Educação do SINSESP, trabalhando a interdisciplinaridade na Formação Executiva.

Contato
www.magaliamorim.com.br

Marcos Serafim
Mestre em Design - Planejamento de Produto pela UNESP (2010) e graduado em Design Gráfico pela mesma universidade em 2000. Desde 2006 é docente no curso de Design Gráfico e Design de Produto da Faculdade de Administração e Artes de Limeira (FAAL) e desde 2012 também exerce a docência no curso de Tecnologia em Design Gráfico da UNIMEP-Piracicaba. Desde 2003 é designer do Centro Cerâmico do Brasil onde mais recentemente exerce a função de gerente de Design e Inovação.

Contato
marcos.serafim@me.com

Magali Amorim & Marcos Serafim

UMA QUESTÃO DE INOVAÇÃO

Na mais recente história do mundo dos negócios, é sabido da grande arena competitiva instalada nas mais diversas corporações, dos mais variados tipos de serviços. A busca constante por obter melhores resultados levou às empresas a buscarem alternativas cada vez mais criativas para se sobressaírem às concorrentes. E nessa busca, muitos caminhos apresentam-se ora eficazes, ora totalmente ineficazes. Nesse contexto, uma das ferramentas, ou processo sistêmico de gestão mais atuais, é o *Design Thinking*, termo cunhado por Tim Brown (CEO e designer da IDEO) em 2009.

Como *designer*, Tim Brown buscou sempre as ferramentas clássicas do *Design* para resolver os problemas de seus clientes e percebeu que os conceitos por traz da essência do *Design* poderiam colaborar, de forma eficaz, na solução de problemas não somente de produtos, mas também da gestão da inovação das corporações.

A principal proposta do *Design Thinking* é trazer para o centro das resoluções dos problemas gerenciais, de produtos e outros pertinentes às corporações, uma abordagem centrada no ser humano, dispondo de suas habilidades, muitas vezes negligenciadas ou desconhecidas, de forma a reconhecer de maneira intuitiva, padrões que possam construir ideias, que sejam emocionalmente significativas, bem como funcionais. Para Vianna (et. al, 2012, p. 8):

> "No *Design Thinking*, a Arte se junta à Ciência e à Tecnologia para encontrar novas soluções de negócios. Usa-se vídeo, teatro, representações visuais, metáforas e música junto com estatística, planilhas e métodos de gerência para abordar os mais difíceis problemas de negócio e gerar inovação."

Para se utilizar do *Design Thinking*, não é necessário ser *designer*, mas sim pensar como *designer*. Ou seja, ser um *design thinker*. A forma criativa, como os *designers* trabalham em todo processo metodológico dos projetos, pode ser uma eficaz aliada nas resoluções dos mais diversos problemas encontrados em outras áreas do conhecimento. Mas afinal, o que é *design*?

Uma das definições mais amplificadas do termo é descrita pelo ICSID (*International Council for Societies for Industrial Design*) como:

> "... uma atividade criativa cujo objetivo é estabelecer as qualidades multifacetadas de objetos, processos, serviços e seus sistemas em ciclos de vida completos. Portanto, *Design* é o fator central da humanização inovadora de tecnologias e o fator crucial de intercâmbio cultural e econômico." (ICSID, 2013)

O *Design*, como uma atividade multidisciplinar e essencialmente

---

[1] IDEO é uma empresa global de *design award-winning* que tem uma abordagem centrada no ser humano, com base em projetos para ajudar as organizações dos setores público e privado inovarem e crescerem.

Excelência no Secretariado

criativa, que busca aliar técnica, arte, ciência, tecnologia, estética, cultura, economia e sociedade, centra o homem como o principal objeto a ser beneficiado dos seus resultados e a principal matéria--prima de desenvolvimento dessas soluções.

Enquanto a criatividade é a principal matéria-prima do *designer*, a inovação, necessariamente, deve ser seu resultado mais esperado. Lembrando que criatividade que não se aplica não é inovação. E o que os *designers* fazem é justamente transformar as soluções e possibilidades mais criativas em inovação. O *Design Thinking*, enquanto ferramenta de inovação, apresenta metódicas que podem ser aplicadas em seu processo. Para Vianna et. al (2012) esse conjunto de métodos, quando utilizados em processos empresariais, são ferramentas para uma abordagem diferente para a inovação.

Hashimoto (2012), traduz o conceito do *Design Thinking* que pode ser aplicado em diversos processos metodológicos como sendo: *insight*, mapa mental, prototipagem, pensamento integrativo e pensamento visual. A própria IDEO utiliza três espaços primordiais para o *Design Thinking*: a inspiração, a ideação e a implementação (protótipo). Onde, a inspiração é o 'problema' ou a oportunidade, que motiva a busca de soluções.

Nas ferramentas tradicionais de *Design* e nos seus processos de metodologias projetuais, o 'problema' (motivador de melhorias e oportunidades para a solução de produtos, sistemas ou serviços) é o principal tópico a ser respondido. Munari (2001), em seu clássico processo de metodologia projetual, coloca o problema e a definição do problema como sendo as primeiras e mais importantes etapas que podem levar à sua solução, afirmando que em muitos casos a solução para o problema muitas vezes encontra-se em sua própria definição, mas que a rigor é necessário que todas as etapas envolvidas até ela, sejam respeitadas. Curiosamente, a metodologia proposta por Munari encaixa-se perfeitamente nos três alicerces básicos do *Design Thinking*, inclusive pela etapa de experimentação ou prototipagem.

O segundo tópico apontado pela IDEO, é a ideação onde há o processo de gerar, desenvolver e testar ideias. Aqui o pensamento indutivo e divergente pode ser bastante explorado onde os *insights* são organizados de maneiras que sejam obtidos padrões que auxiliem na compreensão do problema (VIANNA et. al, 2012). Ferramentas criativas de geração de ideias como o *brainstorming* podem ser bastante eficientes nesse processo. E o terceiro espaço apresentado pela IDEO é a implementação (ou protótipo), que é o caminho que conduzirá o projeto. A prototipagem, segundo Vianna et. al (2012) auxilia na validação das ideias geradas e, apesar de ser colocada

Magali Amorim & Marcos Serafim

como a terceira fase, pode ocorrer ao longo do projeto paralelamente às demais fases. Aliás, o método indutivo propõe essa não linearidade do processo, em que as fases podem ocorrer de maneira simultânea e circular entre elas.

Com essas definições clarificadas, fica evidente que quaisquer profissionais que se proponham a gerar inovação no seu ambiente laboral, podem ser *design thinkers*. Especialmente profissionais que são constantemente confrontados na resolução de problemas... tais como os profissionais do secretariado!

O Design Thinking na Gestão Secretarial

A bem da verdade, acreditamos que, a maioria dos profissionais em secretariado faz uso do *Design Thinking* sem mesmo se dar conta disso! *Design Thinking* além de tudo o que falamos, é a forma de se pensar "fora da caixinha", sair do lugar comum, lançar um olhar para as rotas diferenciadas e, por vezes, mais curtas e eficazes para solucionar ocorrências, situações corporativas das mais diversas naturezas: administrativas, ligadas a processos, à logística departamental, a projetos, enfim, às múltiplas ações cotidianas.

Para Vianna, entre as muitas descrições que faz dessa ferramenta, afirma que:

> "*Design Thinking* traz uma **visão holística** para a inovação. São **equipes multidisciplinares** que **seguem um processo, entendendo** os consumidores, funcionários e fornecedores no **contexto onde se encontram, co-criando** com os **especialistas** as **soluções** e prototipando para **entender** melhor as **suas necessidades**, gerando ao final **novas soluções, geralmente inusitadas e inovadoras**." (VIANNA, 2012, p12).

Todo o negrito demarcado no texto acima é nosso e não do autor. Por quê? Pois queremos fazer uma reflexão de tais assertivas:

- *Design Thinking* traz uma **visão holística** para a inovação. - pode um secretário atuar com conhecimento e visão fragmentados? Não. Insistimos que é imprescindível ter visão global para uma ação local! Não basta ver apenas a árvore. Há que se enxergar a floresta. A visão holística é pré-antecedente a qualquer processo que vise à inovação.

- São **equipes multidisciplinares que seguem um processo**, - o secretário não somente atua em meio a uma equipe multidisciplinar, como ele próprio é um profissional multidisciplinar dada sua formação específica que contempla as di-

Excelência no Secretariado

versas áreas do saber. E, o processo, é típico e próprio de sua atuação. Um secretário ao desempenhar suas atribuições, segue um processo previamente definido ou, processo este, por ele criado em decorrência de dada atividade repetitiva e faseada dentre a múltiplas atribuições que lhe são inerentes.

- **Entendendo** os consumidores, funcionários e fornecedores - é premissa, para a qualitativa atuação do profissional em secretariado, que se entenda quem é seu cliente, quer interno, quer externo, para que se possa atendê-lo adequadamente e, assim, buscar sua fidelização, superando suas expectativas. Quando entendemos os consumidores, funcionários e fornecedores as chances de resultados positivos são muito maiores.

- No **contexto onde se encontram** – simplesmente 'empatia'. Novamente, há que se ter, 'olhos de ver', empregar ao máximo a percepção de quem são e em que contexto estão inseridos esses atores. É aquele contexto que nos indica, nos orienta e nos capacita a discernir, quais suas necessidades.

- **Cocriando** com os **especialistas** as **soluções** – ao secretário é demandada sua participação ativa na busca de soluções corporativas das mais variadas formas e contextos. Quer por demanda do executivo, quer por demanda do time a que igualmente assessora. Ao atuar ao lado do poder decisório, é coparticipante deste processo.

- E prototipando para **entender** melhor as **suas necessidades** – a inovação já começa por aqui: é nesta 'prototipagem' que antevê os possíveis caminhos, os vieses, que serviço ou produto, que entrega pode ser realizada para de fato atender às necessidades dos diversos públicos com quem trabalha. Muitas vezes, a prototipagem, se dá, literalmente, na tentativa e erro, erros tanto técnicos quanto comportamentais (principalmente os comportamentais que comprometem os relacionamentos, por exemplo no ambiente corporativo). Ajustar-se, adaptar-se, flexibilizando e, aqui novamente, usando da empatia. Sem empatia, como prototipar e entender melhor as necessidades do cliente? (heim...secretário... começando a se identificar...?)

- **Gerando** ao final **novas soluções, geralmente inusitadas e inovadoras** – isso é lugar comum se pensarmos detidamente nos resultados e nas entregas realizadas pelo profissional de secretariado. É lugar comum ouvir-se: "estou com um problemão enorme e sei que só você pode me ajudar aqui dentro

Magali Amorim & Marcos Serafim

dessa empresa..." dirigido em geral ao profissional de secretariado. O secretário é dotado de uma tamanha capacidade criativa e inovadora de conduzir processos e atingir resultados. Se até passado bem recente, o profissional ainda não tenha clarificado os instrumentos para mensurar sua performance e resultados, a realidade hoje é outra. O próprio executivo valoriza altamente a Gestão Secretarial precisamente pelas reais agregadoras entregas em soluções inovadoras.

Foi buscando novos caminhos para a inovação que se criou o que hoje é conhecido como *Design Thinking*: uma abordagem focada no ser humano que vê na multidisciplinaridade, colaboração e tangibilização de pensamentos e processos, caminhos que levam a soluções inovadoras para negócios. (VIANNA, 2012, p12).

Segundo Vianna, o *designer* sabe que, para identificar os reais problemas e solucioná-los de maneira mais efetiva, é preciso abordá-los sob diversas perspectivas e ângulos. O que diferencia o *designer* de outros profissionais é seu modo de pensar, ao identificar problemas e utilizar pensamento abdutivo (a lógica do "poderia ser") para gerar soluções. É enxergar a solução onde outros não o fazem ou não o conseguem. Ao investir esforços nesse mapeamento, o *designer* consegue identificar as causas e as consequências das dificuldades e ser mais assertivo na busca por soluções. O *designer* sabe que para identificar os reais problemas e solucioná-los de maneira mais efetiva, é preciso abordá-los sob diversas perspectivas e ângulos. Assim, prioriza o trabalho colaborativo entre equipes multidisciplinares, que trazem olhares diversificados e oferecem interpretações variadas sobre a questão e, assim, soluções inovadoras. (VIANNA, 2012, p.12). Substituamos em todo esse contexto e literalmente texto, o termo *designer* para secretário. E então? O *Design Thinking* e o secretário. Coincidência não?!

Dessa forma, podemos sintetizar que os principais diferenciais, deste Processo de Inovação chamado *Design Thinking*, são:

- Foco na percepção e comportamento do cliente: Necessidades, desejos e escolhas
- Desenvolvimento em equipe multidisciplinar ou cocriação com clientes
- Uso da intuição, experiência e conhecimento tácito
- Utilizar protótipos para validar a inovação

Excelência no Secretariado

É exatamente a habilidade, o traquejo, do *designer* (ou seria secretário?) ao pensar "fora da caixa" em encontrar soluções inovadoras. Entendamos inovação como algo diferente, produto da criatividade. Para isso, sair do pensamento lógico cartesiano e adentrar no modo diferente de ver a situação e pensar como um *designer*. Esta é uma característica nata, intrínseca do profissional em secretariado!

A forma criativa do pensamento ativo dos *designers* é igualmente correspondente à forma e à maneira como o profissional em secretariado identicamente atua e conduz sua gestão. Muito embora o pensamento típico do *designer* possa lhe conferir uma certa aura criativa conforme Vianna, a bem da verdade é que os profissionais de secretariado são *design thinkers* por sua natureza! O *Design Thinking* aponta-se como uma efetiva, válida e qualitativa ferramenta de Gestão. Daí, nos apropriarmos imediatamente da desta premissa e transferi-la à Gestão Secretarial.

REFERÊNCIAS

HASHIMOTO, Marcos. *Você sabe o que é design thinking?* Revista PEGN, ago. 2012. Disponível em: <http://revistapegn.globo.com/Revista/Common/0,,EMI317168-17141,00-VOCE+SABE+O+QUE+E+DESIGN+THINKING.html>. Acesso em: 05 de out. de 2013.

ICSID. Definition of Design. Disponível em: http://www.icsid.org/about/about/articles31.htm. Acesso em: 05 de out. de 2013.

MUNARI, Bruno. *Das coisas nascem coisas.* 2. ed. São Paulo: Martins Fontes, 2008.

VIANNA, Maurício et. al. *Design Thinking: inovação em negócios.* Rio de Janeiro: MJV Press, 2012.

40

O eterno conflito entre a vida pessoal e a vida profissional

O profissional moderno se depara com desafios que exigem cada vez mais sua permanência *in loco* muito além das horas oficialmente contratadas. Entrar no escritório, trabalhar e ao fim do dia ir para casa e desfrutar uma vida plena e feliz junto à família é o sonho de consumo de qualquer profissional. Porém, conciliar as atividades profissionais e tempo livre está longe de ser uma tarefa simples

Valdessara Bertolino

Valdessara Bertolino

Doutora em Ciências Sociais, Mestre em Educação, Especialista em Tecnologia Educacional, Especialista em Gestão de Pessoas, Graduada em Direito, Graduada em Secretariado Executivo, Técnica em Turismo. Atuou como secretária executiva por muitos anos em empresa estrangeira com vivência no exterior e como membro do INEP/MEC para autorização e reconhecimento dos cursos superiores de Secretariado. Possui vasta experiência na área acadêmica com 23 anos de atuação em renomadas instituições de ensino superior. Atualmente, é Coordenadora dos Cursos Superiores de Tecnologia em Secretariado, Tecnologia em Eventos e da Faculdade Aberta para a Terceira Idade. É Professora nos cursos superiores de Secretariado, Direito, RH, Eventos, Logística e Administração. Escreve artigos sobre empregabilidade, autoajuda profissional, questões sociais, escreve livros infanto-juvenis e profere palestras sobre cidadania e voluntariado no Brasil e no exterior.

O dilema: vida pessoal e vida profissional

No mundo corporativo um dos maiores dilemas é justamente conciliar a vida pessoal da vida profissional. Mas o que é um dilema? Uma decisão entre duas alternativas mutuamente satisfatórias. Há o desejo por ambas, mas só se pode optar por uma.

Trabalhar e ao fim do dia ir para casa e viver uma vida plena e feliz junto à família é o sonho de consumo da maioria, senão de quase todos os profissionais.

É importante compreender-se que são dois universos indissociáveis. Não há como separar um do outro, acreditando-se que um profissional, ao adentrar os domínios da empresa, deixará do lado de fora, seus problemas tais como, um filho enfermo, contas atrasadas ou relacionamento conjugal em crise, dedicando-se integralmente às metas corporativas e ainda, com plena e alta produtividade.

Segundo especialistas, o trabalho interferiu de tal forma na vida do indivíduo que seu perfil mudou. O trabalhador atual passa a ser muito mais requisitado, e em contrapartida, dedica menos tempo às suas atividades de lazer e família.

Há muito, a jornada de trabalho deixou de ter oito horas. Com o avanço tecnológico, ferramentas como o notebook e o celular podem facilmente manter um trabalhador ativo por até 24horas sem um desligamento entre o profissional e o pessoal. Acentuou-se a figura do *Workaholic*, - expressão americana com origem na palavra *alcoholic* (alcoólatra) para designar uma pessoa viciada, não em álcool, mas, em trabalho, desencadeado, tanto pela alta competitividade, quanto pela vaidade, ambição, necessidade de sobrevivência ou ainda por alguma necessidade pessoal de provar algo a alguém ou a si mesmo.

Dentre os fatores que contribuíram para a existência da dualidade trabalho e vida pessoal, estão a globalização, e o avanço das comunicações e a tecnologia, fazendo os valores profissionais tomarem mais espaço na vida das pessoas (ROBBINS, 2009, p14).

A vida não pode ser só trabalho. É importante o equilíbrio entre vida pessoal e vida profissional. A base do sucesso profissional é o tripé – *Trabalho, Família e Saúde*. A família e, por vezes os filhos querem o pai ou a mãe presente no seu dia a dia, participando das atividades como base de segurança e da formação psicológica.

Há que se considerar que as esferas pessoal e profissional, muitas vezes entram em atrito, demandando decisões difíceis, com fortes conflitos e tensões. Uma delas, é gestão do tempo, queixa mais comum dos profissionais. Falta tempo para conciliá-las, para dar conta das demandas e ainda fazer tudo com alta qualidade. A palavra de

Excelência no Secretariado

ordem é aprender a administrar bem o tempo e isso implica igualmente também o pautar-se como pessoa. Saber planejar, evitar trabalhos fúteis e inúteis, desenvolver e otimizar processos. Considerar que as necessidades pessoais, as que dizem respeito às relações com a família, com a saúde, com a cultura, com a espiritualidade, com a natureza, com a sociedade e com a sexualidade, precisam ser consideradas com muito cuidado e muito carinho. E acima de tudo: respeito!

Alguns caminhos

O que há de positivo é que o ser humano consegue desenvolver amor àquilo que faz. Quando se atua em algo que se gosta, que se tem vocação, a tarefa e o trabalho tornam-se prazerosos. O ponto é encontrar a equivalência entre o lazer, a família e o trabalho. Organização e controle emocional são necessários.

As empresas podem auxiliar para que os profissionais tenham uma melhor qualidade de vida com rendimento, oferecendo um ambiente profissional agradável. Com a nova organização do trabalho, é inevitável que haja uma fusão dos papéis. É necessário, entretanto que as empresas entendam que aspecto pessoal, familiar, por vezes se funde com o profissional, e que também agrega valores importantes com bons resultados quando trabalhados em sinergia.

Empresas mais modernas, por exemplo, convidam os filhos dos colaboradores a conhecer o ambiente de trabalho dos pais, por vezes aos sábados, buscando desta forma, uma aproximação e um melhor entendimento por parte dos filhos quanto às funções profissionais dos pais. Outras possuem comitês de filhos para organização de eventos internos, clube de esposas, entre outras atividades extensivas aos familiares.

Grande parte das empresas já permite que seus funcionários se relacionem entre si, com formação de vínculos familiares, uma vez que o profissional passa grande parte de sua vida dentro da empresa e consequentemente por vezes é nela que desenvolve tanto os laços de amizade quanto os afetivos. Seria incoerente não permitir tais envolvimentos, em alguns casos, ocorre até mesmo o aumento da produtividade. Evidente que os envolvidos devem agir com bom senso, respeito e moderação, evitando exposições desnecessárias e mantendo-se o foco nos resultados que deles se espera.

Hoje temos a figura do *homeworker*, aquele profissional que trabalha em casa e muitas vezes com rendimento superior aos que produzem nos escritórios. Segundo Chiavenato (2010), muitas são as vantagens que o trabalho remoto traz, tanto para as organizações quanto para o trabalhador. Por exemplo, a redução do tempo desperdiçado

Valdessara Bertolino

no deslocamento até o local de trabalho, o estresse com o trânsito, a violência urbana, a liberdade de o trabalhador usar roupas mais informais, a desoneração da empresa quanto a infraestrutura com equipamentos, assistentes e disponibilização de materiais de almoxarifado, telefones, etc. Além disso, a produtividade tende a aumentar em função de haver no trabalhador a sensação de ser seu próprio chefe, ter independência e de comandar o seu ritmo de trabalho.

Todavia, apesar das vantagens, o trabalho remoto também possui alguns aspectos negativos que interferem na vida do trabalhador, principalmente em sua vida pessoal, por vezes acarretando conflitos pessoais e estresse, pela dificuldade do trabalhador em separar o trabalho da vida pessoal e o tempo dedicado à família por compartilharem o mesmo espaço, até a perda da visibilidade perante seus colegas de trabalho com a sensação de isolamento e perda de convívio social. Este conflito trabalho-família do trabalho remoto, impacta na convivência em família misturando-se com o tempo despendido para as atividades profissionais, com tempo insuficiente para dedicação à família (SPECTOR, 2006). Muitas organizações têm demonstrado certa preocupação para com esse tipo de conflito, optando pelo horário flexível por entenderem que esta flexibilização possa fazer com que o trabalhador atenda às suas demandas pessoais com efetividade sem interferir na dedicação profissional.

O equilíbrio

Uma pesquisa global divulgada em 16/04/2013 pela consultoria *Hay Group* mostra que 39% dos profissionais consultados não conseguem equilibrar a vida pessoal e a profissional. Em 2011, o número era de 32%. O estudo ainda apontou que 52% dos entrevistados acreditam que suas áreas não têm pessoas suficientes para realizar as tarefas solicitadas. A percepção dos profissionais de acordo com a pesquisa é resultado da estratégia de "fazer mais por menos" adotada pela maior parte das empresas. Por outro lado, o estudo mostra que os profissionais que recebem suporte das organizações para equilibrarem vida pessoal e profissional estão mais satisfeitos com a sua remuneração. Nesses locais, 58% acreditam que são pagos pelo trabalho que desempenham.

Adotar medidas para equilibrar a vida pessoal e profissional também é um indicativo de que a empresa sabe atrair e reter talentos. Essa foi a resposta de 71% dos funcionários dessas companhias. Entre as regiões pesquisadas pela consultoria, a América Latina foi a que apresentou o maior equilíbrio: 70% responderam que conseguem aliar sua vida

Excelência no Secretariado

profissional à pessoal. Em seguida, está a América do Norte, onde 65% têm um bom equilíbrio entre as duas áreas. Depois aparecem Leste Asiático (63%) e Sul da Ásia (62%). O Brasil apresenta um número de 64%.

A pesquisa foi feita com base em informações de 2012 do banco de dados global da consultoria *Hay Group* – formado por mais de 5 milhões de colaboradores de 400 organizações de todo o mundo.

Stress X qualidade de vida

A pressão por prazos e resultados se intensifica no ambiente corporativo, tornando o stress parte integrante do cotidiano e gerando executivos cada vez mais suscetíveis ao excessivo desgaste físico e mental. Harmonizar-se nas diversas dimensões da vida – física, emocional, social, intelectual, emocional e espiritual – é a principal maneira de aprimorar a qualidade de vida sem ignorar a carreira e as tarefas necessárias.

O autoconhecimento é uma ferramenta para que cada um identifique o momento adequado de investir mais em cada uma dessas áreas e também permite perceber a hora certa de desligar.

As pessoas sábias apontam que devemos trabalhar fazendo com que o nosso trabalho tenha real significado, nele deixando a nossa marca, o nosso legado. Cada um de nós, isoladamente e até mesmo o nosso trabalho não vai sobreviver, mas suas repercussões haverão de se estender para além de cada um de nós.

E é isso que importa trabalhar: pessoal e profissionalmente. É deixar marcas, deixar um legado, para que outros possam se beneficiar daquilo que um dia possamos ter plantado com dedicação, sinceridade e amor pelo que fazemos.

Trabalhar com afinco durante a jornada, aprender a delegar tarefas operacionais e demonstrar ao seu empregador que não é a quantidade de horas, mas a qualidade das horas trabalhadas o fator determinante para o bom desempenho e o sucesso da organização. Dialogar com seu superior hierárquico, determinando uma agenda positiva, capaz de atender expectativas da empresa e contemplar seus interesses pessoais. Entretanto, se a Organização na qual se está inserido, adota o perfil patológico ou é liderada por pessoas que não enxergam nada além da última linha do balanço – apesar de toda uma retórica voltada à motivação e incentivo à qualidade de vida – o profissional deve considerar uma recolocação no curto ou médio prazo.

Assim a escolha não deve ser entre a vida pessoal ou profissional, mas entre ser feliz ou infeliz. O que poucos enxergam, todavia, é que para ser bem-sucedido como gestor corporativo e atender a todas as demandas e responsabilidades da área é necessário ser capaz de gerenciar igualmente os aspectos da vida pessoal. Na lista de competências e nas ocupadas agendas profissionais, é imprescindível que haja espaço para o bem-estar e para a qualidade de vida.

Quando a vida profissional se torna mais relevante que a pessoal, é o momento de lembrar e avaliar que, por vezes, máximo desempenho pode vir a ser sinônimo de alto desgaste. O corpo e a mente humana exigem descanso a fim de produzir as substâncias químicas necessárias para gerar novas ideias e pensamentos e, com isso, atingir melhor *performance*. A grande fonte de energia para as baterias vitais chama-se **equilíbrio**. O equilíbrio está em saber qual é a dose de energia ideal a ser dispensada no trabalho. Esta energia pode ser considerada exagerada quando não provém mais do prazer em realizar, mas surge do impulso obsessivo que não impõe limites e ocasiona graves efeitos colaterais.

Ter paixão pelo trabalho é fundamental e existem momentos em que pode ser necessário colocar mais energia nessa atividade (lançamento de um produto, finalização de um projeto, fusão corporativa, podem ser alguns exemplos). Entretanto, o problema surge quando esses momentos tornam-se frequentes. Atitude e autoconhecimento são fundamentais para que cada pessoa identifique seus próprios limites – físicos, sociais e emocionais – e dessa forma evitar transtornos.

Os executivos mais jovens pensam estar distantes de complicações na área da saúde, e ignoram o excesso de trabalho e o alto nível de stress de forma mais visível do que os indivíduos acima dos 40 anos, que já sentem mais claramente o peso dos anos e a importância do conceito "prevenção". Esta percepção chega a cada um de modo bastante específico.

Pode vir de forma lenta e gradual, com a mudança paulatina de hábitos e estilo de vida, ou como uma "ruptura", provocada por algum "susto" com um problema de saúde (próprio, de um amigo ou de um familiar), pela percepção de que o casamento fracassou pelo pouco tempo que se dedicou a nutri-lo, pelos problemas com filhos adolescentes, entre outros. E então, nesta etapa talvez, já seja tarde.

REFERÊNCIAS

CHIAVENATO, Idalberto. *Administração*. 1.ed. São Paulo: Campus, Elsevier, 2010.

ROBBINS, Stephen P. *Administração: Mudanças e Perspectivas*. 1. ed. São Paulo: Saraiva, 2009.

SPECTOR, Paul E. *Psicologia nas Organizações*. 1. ed. São Paulo: Saraiva, 2006.

Excelência no Secretariado

Parte 6

Teorias administrativas e a interface com atuação secretarial

Excelência no Secretariado

41

Fundamentos do gerenciamento de projetos

Sala da diretoria, reunião em andamento, discussões acirradas, decisões complexas sendo tomadas e... de repente, alguém olha para você e pede que se responsabilize por dar encaminhamento a uma ação importante no contexto, com prazo, nível de qualidade, detalhes e requisitos genéricos. Você anota no caderninho e pensa: "Caramba! Eu terei a disponibilidade e a competência necessárias e adequadas para tal solicitação?"

Alonso Soler

Alonso Soler

Doutor em Engenharia pela Escola Politécnica USP. Sócio da J2DA Consulting – Agência de Projetos.

Contatos
www.j2da.com.br
amsol@j2da.com.br

Alonso Soler

Introdução

A cena introdutória lhe pareceu familiar? Quantas vezes você participou dessas reuniões nas últimas semanas, meses ou anos? Quantas vezes saiu delas com seu caderninho repleto de novas solicitações para realizar? Considerando ainda, que, grande parte delas, era totalmente diferente, complexa e inusitada para você e sua rotina de trabalho.

Creia! Você não está só nessa reflexão. É o novo mundo da ação organizacional que reflete decisivamente na nossa atuação e sucesso profissional. Nele, ações são decididas e devem ser rapidamente executadas em resposta a estímulos mercadológicos, concorrenciais, legais, geográficos, políticos, etc. Para que a empresa mantenha seu crescimento e não se deixe sucumbir, ela necessita mudar, hoje, amanhã e sempre, cada vez mais rápido, e de forma mais precisa. É o mundo dos projetos, no qual se enfatizam as mudanças necessárias de modo eficiente para que a empresa possa alavancar seu desempenho.

Você se reconheceu nos parágrafos acima? Conhecer os fundamentos do **Gerenciamento de Projetos** irá apoiá-lo nessa jornada! Apresento, abaixo, as questões básicas, os jargões típicos do tema, sem a preocupação com o academicismo, porém, comprometido com a precisão da informação.

Afinal de contas, como se pode definir "projeto"?

A fonte básica de referência será o Guia PMBOK® 5ª edição (PMI Publishing), trago de lá a definição:

> "Projeto é um esforço temporário realizado para criar um produto, serviço ou resultado exclusivo".

Por essa definição, internacionalmente aceita no ambiente organizacional, projeto é o trabalho (esforço) despendido para se realizar algo novo e diferente (exclusivo).

Definido como trabalho (esforço), o conceito de projeto não deve ser confundido com o resultado desse trabalho (um produto, um serviço ou um resultado). Entretanto, em certas áreas especializadas da Arquitetura e/ou da Engenharia, por exemplo, a definição do termo "projeto" está ligada diretamente ao resultado do trabalho profissional empregado, como a elaboração de uma planta de arquitetura ou o cálculo de uma estrutura de engenharia: "Acabo de contratar o projeto arquitetônico da minha nova casa", "Acabei de revisar o projeto estrutural da ponte".

Excelência no Secretariado

O arquiteto ou o engenheiro estão errados ao denominar suas plantas, maquetes e desenhos como projetos? Certamente não! O **jargão** típico de suas áreas de atuação assim o faz, há tempos, e a visão diferente, contida no Guia PMBOK® não os fará mudar, e nem se deve tentar mudar. Cabe-nos, contudo, estarmos atentos e sabermos identificar o contexto em que a palavra "projeto" está sendo usada de modo a nos posicionarmos adequadamente.

A definição pelo Guia PMBOK® enfatiza que projeto é um esforço "temporário", ou seja, esse trabalho tem começo, meio e (principalmente) fim. Não se trata de uma consideração sobre a dimensão do prazo do projeto (pequeno, médio ou longo prazos), mas da necessidade da delimitação no tempo – haver um **fim** definido para o trabalho.

São comuns notícias sobre projetos de cunho social ou ambiental que não permitem definir claramente seu prazo final. Exemplos: o "Projeto Axé", na Bahia, o "Projeto Meninos do Morumbi", em São Paulo, o "Projeto TAMAR" na Costa Brasileira. Pergunto: "Esses projetos mencionados têm um término bem claro e definido?". Provavelmente não! Tratam-se de intervenções afirmativas em situações sociais e ambientais que tendem a se perenizar, garantindo assim a continuidade dos benefícios e avanços obtidos. Mas, se não têm um fim definido, não poderiam ser denominados como um "projeto", segundo a definição do Guia PMBOK®. Estarão então todos os sociólogos e ambientalistas errados? Novamente não! Tratam-se de **jargões** estabelecidos e reconhecidos a ser considerados dentro de seu contexto.

A definição adotada menciona ainda a criação de "um produto, serviço ou resultado exclusivo". O que é ser único e exclusivo? Aqui, outra característica importante da visão organizacional do projeto. O resultado do projeto, a sua entrega, deverá se materializar em algo novo, diferente, nunca antes feito sob determinadas condições, que foge da visão rotineira e processual do trabalho. Se você foi contratado para cumprir alguma função sistêmica na empresa, bem definida na sua descrição de cargo, tudo aquilo que foge de suas atribuições rotineiras poderia ser visto como um projeto. Ou seja, projetos diferem de "rotinas" e de "processos" por não se tratarem de trabalhos repetitivos.

Como nascem os projetos?

De onde surgem? Como e por que uma solicitação inusitada de conduzir um trabalho diferente de sua rotina funcional "caiu no seu colo"? Bem, vamos ajustar o tempo verbal do título desse tópico: **Como "deveriam" nascer os projetos?** Assim a pergunta faz mais sentido, considerando que muitos projetos nascem simplesmente do ímpeto ou do impulso momentâneo de quem tem a autoridade para autorizá-lo.

Os projetos deveriam ser definidos e autorizados como desdobramentos adequados dos objetivos estratégicos da empresa (ou, das áreas funcionais), numa lógica clara e defensável de causa e efeito e ser entendidos como "ações táticas" que, potencialmente, dão sustentação ao alcance de tais objetivos.

O que é o Gerenciamento do Projeto?

A próxima pergunta relevante é: "**Como é** que **as pessoas** que estão à frente desses projetos **fazem sua condução**? De que modo ("como") o trabalho é realizado? Como fazer com que os projetos alcancem os resultados desejados?"

Aqui está o cerne deste capítulo, pois projetos todas as empresas os têm, mas nem sempre **são conduzidos** de forma adequada e, por isso, nem sempre conseguem **alcançam os resultados** desejados e entregar o **benefício** esperado. Na maior parte das vezes, as pessoas conduzem os projetos de forma caótica e situacional. As coisas vão acontecendo, sem planejamento, ou qualquer disciplina. Existe muita vontade de que as coisas aconteçam da forma adequada, mas ao mesmo tempo, observa-se muita complacência com o que não acontece conforme desejado e pouca ação preventiva para que tais coisas possam efetivamente acontecer da forma desejada.

O Gerenciamento de Projetos vem ao encontro da necessidade de se conhecer e aplicar formas mais adequadas de gestão ao trabalho para que ele, potencialmente, resulte nos resultados desejados.

Novamente, eis uma definição internacionalmente aceita, apresentada pelo Guia PMBOK® 5ª edição:

GERENCIAMENTO DE PROJETOS "É a aplicação de conhecimento, habilidades, ferramentas e técnicas às atividades do projeto a fim de atender aos seus requisitos".

Em outras palavras, o Gerenciamento de Projetos é o trabalho de organização, planejamento, acompanhamento e o controle das atividades do projeto, das pessoas e dos recursos a ele alocados, objetivando alcançar os resultados esperados do projeto.

Não é preciso ser um "super" especialista para conduzir adequadamente o Gerenciamento de um Projeto. Porém, o profissional que se dispõe a fazê-lo, deve reconhecer as boas práticas pertinentes, as dificuldades intrínsecas da função e as competências organizacionais e humanas de que deve dispor.

Excelência no Secretariado

O que é o sucesso de um projeto?

O sucesso de um projeto deve ser medido contra condicionantes preestabelecidos de ESCOPO do produto (que define as entregas tangíveis do projeto), nível de QUALIDADE da entrega (definida por requisitos claros), PRAZO e CUSTOS acordados. Se ao final do projeto entregou-se exatamente aquilo o que dele era esperado, dentro dos requisitos esperados de qualidade, no prazo e no custo acordado, então o projeto é considerado um sucesso – Tais dimensões são chamadas de "quadrado mágico" no jargão específico da profissão.

Mas será só isso? E se o produto do projeto for entregue dentro das quatro condicionantes, mas os objetivos de negócios (benefícios) que eram esperados pelos executivos que autorizaram o projeto não se confirmarem? Hum! Boa pergunta.

Considero essas duas posições complementares sob a óptica dos termos "eficiência" (entregar dentro das dimensões combinadas de escopo, qualidade, prazo e custo) e "eficácia" (o projeto rendeu os resultados de negócio que eram esperados dele durante a sua autorização).

Por vezes, o Gerente de Projetos não participou da análise que levou à autorização do projeto – desconhece todas as razões e justificativas de negócio que levaram à sua autorização. Por isso, cabe a ele, quando solicitado a se responsabilizar pelo encaminhamento do projeto, conceber e planejar os condicionantes associados ao produto do projeto (escopo, qualidade, prazo e custo) e levar a cabo sua missão de organizar e administrar o trabalho e entregar dentro do esperado – ou seja, sua atuação ocorre, prioritariamente, no âmbito da "eficiência" (o, fazer bem feito) do projeto. Parece claro, ainda que controverso!

Isso não limita a atuação do Gerente do Projeto a entregar burocrática e cegamente o que foi combinado (escopo, qualidade, prazo e custo). Pode e deve, sempre que possível, entender os objetivos de negócio que estão por trás da entrega solicitada e sugerir mudanças na condução do projeto caso perceba oportunidades de melhorias.

O que é o PMI® (*Project Management Institute*) e os processos do gerenciamento do projeto do Guia PMBOK®

O PMI® – *Project Management Institute* é uma organização sem fins lucrativos, criada ao final dos anos 60 na Philadelphia, EUA, cuja missão é "promover o profissionalismo e a ética no Gerenciamento de Projetos", presente em mais de 160 países com 600.000 associados (dados de 2012), daí sua aceitação internacional, por sua magnitude e seu pluralismo multicultural.

O instrumento mais importante no cumprimento de sua missão é

Alonso Soler

o Guia PMBOK® (*Project Management Body of Knowledge*). Com atualização periódica a cada quatro anos, o Guia PMBOK® representa a consolidação dos conhecimentos necessários ao bom desempenho do Gerenciamento de Projetos (boas práticas).

Os propósitos principais do Guia PMBOK® são:

- Identificar e descrever "boas práticas", normalmente aceitas;
- Fornecer um vocabulário comum, no contexto da profissão, para discussões sobre o Gerenciamento de Projetos;
- Prover uma referência básica para qualquer profissional interessado na profissão de Gerenciamento de Projetos;
- Prover uma estrutura consistente para os programas de desenvolvimento profissional do PMI®.

Estruturado em 10 capítulos denominados "ÁREAS DO CONHECIMENTO" que delimitam os principais temas do bom Gerenciamento de Projetos.

- Gerenciamento do ESCOPO
- Gerenciamento do TEMPO
- Gerenciamento dos CUSTOS
- Gerenciamento da QUALIDADE
- Gerenciamento dos RECURSOS HUMANOS
- Gerenciamento das COMUNICAÇÕES
- Gerenciamento dos RISCOS
- Gerenciamento das AQUISIÇÕES
- Gerenciamento das PARTES INTERESSADAS
- Gerenciamento da INTEGRAÇÃO

Cada área dispõe de um conjunto de processos (ao todo 47) ou "boas práticas".

O Guia PMBOK® oferece uma visão adicional da leitura de seus processos ("boas práticas"), de modo a dar orientação dirigida ao trabalho na sequência temporal de como ele geralmente deveria acontecer durante a realização de um projeto (chamemos esses agrupamentos, numa interpretação livre do autor, de "etapas" ou "fases"), o que a torna uma visão mais próxima da realidade do trabalho esperado do Gerente do Projeto. Essas "etapas" ou "fases" estão interligadas através de uma ordem, não necessariamente sequencial, e são formalmente denominadas como "GRUPOS DE PROCESSOS". Seguem a seguir as definições de cada grupo de processo:

Excelência no Secretariado

- **Grupo de PROCESSOS DA INICIAÇÃO:** quando se autoriza o início do projeto ou de uma nova fase.
- **Grupo de PROCESSOS DO PLANEJAMENTO:** quando se define e refinam os objetivos do projeto e se seleciona a melhor alternativa de ação.
- **Grupo de PROCESSOS DA EXECUÇÃO:** quando se coordena pessoas e outros recursos para realizar o plano.
- **Grupo de PROCESSOS DO MONITORAMENTO E CONTROLE:** quando se assegura que os objetivos do projeto estão sendo atingidos, por monitoramento contínuo e regular do seu progresso. Identificam-se variações da situação real versus planejada para ações corretivas quando necessário.
- **Grupo de PROCESSOS DO ENCERRAMENTO:** quando se formaliza o aceite do projeto ou se encerra o trabalho de uma forma organizada.

Os conhecimentos advogados pelo PMI®, através de seu Guia PMBOK® podem servir de fonte basilar de referência para qualquer profissional que procure conhecer melhor o modo adequado de se gerenciar projetos.

Por entendermos o quão importante é a participação do profissional em secretariado no Gerenciamento de Projetos é que nos propusemos a resumidamente apresentá-lo. Por acreditarmos na atuação ímpar deste profissional, frente ao desafios organizacionais que lhe são demandados, é que compusemos com muita deferência à profissão, à Secretária, Rosalina do livro "Rosalina e o Piano" (Editora Brasport, 2008) fazendo uso de uma metáfora didática, em que explicitamos toda a complexidade da condução apropriada desse tipo de trabalho inusitado que nos cai no colo diariamente e para o qual temos que dedicar toda a nossa atenção, comprometimento e competência.

REFERÊNCIAS

Project Management Institute (2012). The Guide to the Project Management Body of Knowledge (PMBOK Guide – 5th Edition). PMI Publishing Division, Pennsylvania USA.

SOLER, A. M. (2008) *Rosalina e o Piano: Estudo de Caso de Gerenciamento de Projetos.* Brasport.

42

A equipe de projetos e a atuação do profissional em secretariado

O perfil do profissional em secretariado tem se tornado cada vez mais arrojado, empreendedor e inovador com muita versatilidade diante do cenário do mercado de trabalho independente do segmento em que atua. Percebe-se que o secretário nas organizações participa de forma assertiva e integradora em equipes de trabalho, atuando e gerenciando equipes de projetos nos diversos segmentos

Angela Mota & Valdete Magalhães

Angela Mota & Valdete Magalhães

Angela Mota
Especialista em Língua Portuguesa e Psicopedagogia. Licenciada e Graduada em Secretariado Executivo Bilíngue. Coordenadora Responsável por Projetos Curriculares da Educação Profissional do Eixo Tecnológico Gestão e Negócios do CETEC do Centro Estadual de Educação Tecnológica Paula Souza. Foi docente do ensino superior em Secretariado Executivo. Docente no Curso Técnico de Secretariado na Escola Técnica - ETEC Prof. Aprígio Gonzaga. Quinze anos de experiência na Assessoria Executiva em instituições financeiras de grande porte.

Contato
angela.mota@centropaulasouza.sp.gov.br

Valdete Magalhães
Especialista em Gestão e Negócios e Habilitação Profissional Plena em Secretariado. MBA em Gestão Estratégica da Educação. Licenciada em Administração. Experiência em projetos no CETEC do Centro Estadual de Educação Tecnológica Paula Souza, na construção e reelaboração curricular de Planos de Curso, na Padronização dos laboratórios e especificações, acompanhamento de implantação de novos currículos no Curso Técnico em Secretariado e no auxílio do mapeamento de competências e Síntese de Currículos. Docente e Diretora de Serviços Acadêmicos na ETEC Fernandópolis/SP.

Contato
valdete.magalhaes@etec.sp.gov.br

Ambiente profissional

O ambiente de trabalho é fundamental para a visibilidade do profissional em secretariado desde os mais remotos tempos à atualidade. Inicialmente, a preocupação com o ambiente dava-se sobre sua organização física. Hoje, dá-se sobre o controle dos fluxos documentais, a ação seguindo-se procedimentos que simplificam e agilizam as atividades.

Reforça-se a ideia de Chiavenato (2008) no sentido de que a atuação no ambiente deve vislumbrar a harmonia, um ambiente saudável, alegre, com parcerias, cooperação e comprometimento, percebe-se que não só o ambiente físico é importante, mas também o todo que envolve uma organização empresarial, pois por mais que o *layout* esteja perfeito e com as providências ergonômicas tomadas, se não houver a figura que articula as ações de forma harmônica, o resultado pode não ser compatível com o desejado.

Ser proativo não é mais um diferencial para o secretário. Com a inserção das tecnologias e a diversidade de atividades do ambiente de trabalho, ter flexibilidade e capacidade multifuncional tornou-se imprescindível.

Nesse contexto, as atividades do profissional podem representar uma extensa lista de afazeres que se repetem e devem ser checados constantemente para acompanhar a demanda. Todas as atividades devem ser executadas com relevante eficácia em sua administração e tempo de execução.

A prioridade e foco do profissional não mais devem estar centrados exclusivamente no cumprimento de tarefas, mas sim na conquista de resultados. A profissão passa a ter uma conotação diferente à medida que dá ao profissional autonomia para tomada de decisões e possibilita sua atuação em diversas fases do processo produtivo da organização.

Dessa forma, não se pode abrir mão do planejamento do ambiente e das atividades que serão desenvolvidas, uma vez que o planejar enseja efetuar todo um procedimento e este, consequentemente, desencadeia a organização, o direcionamento das atividades com delegação de tarefas, que se complementam e se completam à medida que sejam verificadas as execuções, anotados os resultados e que haja a retroalimentação de processo corrigindo falhas para atuar cada vez mais com acertos, minimizando as falhas e lacunas do processo.

A rigor, as atividades desempenhadas agregam valor aos processos e as melhorias são visíveis e consistentes, ou seja, contar com um profissional em secretariado é essencial e torna perceptível a qualidade dos serviços da organização.

Gerenciando pessoas e alcançando resultados

O profissional em secretariado está capacitado a atuar em muitas áreas e desenvolve diversas competências, cuja *performance* necessita de um refinamento na arte de gerenciar pessoas para o alcance de resultados.

As execuções de tarefas, quando direcionadas e gerenciadas, transcorrem de forma muito tranquila e branda, porém, para que tal intento seja possível há que se esmerar no trato com as pessoas. Tal função é executada pelo profissional em secretariado com excelentes resultados, uma vez que ele tem competências fundamentais para o reconhecimento de perfis necessários a diversas funções.

O secretário deve ser profundo conhecedor da cultura e filosofia da organização com a finalidade de recrutar, selecionar, aplicar e gerenciar o desempenho de seus auxiliares. O conhecimento da cultura e filosofia da organização dá ao profissional em secretariado a segurança na composição de perfis profissionais para que os colaboradores exerçam suas atividades com o nível de exigência bem conhecido pela classe secretarial. Assim, o conhecer enseja pesquisas e observações com o intento de colocar a pessoa certa no lugar ideal com a finalidade de produzir resultados.

À medida que o profissional detecta o perfil, verifica as atribuições, delimita as responsabilidades de um auxiliar, ele está gerando o sucesso de determinado segmento na organização.

Fica evidente que o fato de verificar o perfil, elencar o rol de atividades é de suma importância, porém recrutar em fontes fidedignas também representa um diferencial, sabedor de tal premissa, o profissional em secretariado deve selecionar mídias confiáveis para que os candidatos apresentados para um cargo sejam passíveis de seleção com segurança.

A captação de candidatos deve ser efetuada de tal forma que priorize a cultura da empresa. Caso a empresa prime pelo recrutamento interno, há que se pensar em selecionar candidatos que estejam alinhados com a função, sendo desejável que tenham competências sociais e técnicas esperadas para a função, e ainda, sejam estudantes da área em que vão atuar para que almejem a promoção interna. Caso a empresa opte pelo recrutamento externo, o candidato selecionado deve contar com características essenciais ao cargo, cujo procedimento de plano de carreira dar-se-á por horizontalização e não por verticalização.

O fato de planejar e organizar com precisão a gestão dos recursos humanos é fundamental para o alcance dos resultados na assessoria às equipes de projeto nas diversas áreas, conforme se pode verificar a seguir.

A equipe de projetos e a atuação do profissional em secretariado

A atuação do profissional em secretariado tem se apresentado como estratégica e a tendência em acumular funções nas organizações já não são tão esporádicas como em outros tempos. Acompanhando as mudanças no perfil, os profissionais utilizam uma ferramenta fundamental para que suas atividades sejam desenvolvidas, o planejamento.

O planejar enseja a visualização da situação como um todo, sob a ótica de diversas alternativas e que se opte pela alternativa que ofereça menores riscos e melhores resultados.

Tendo o planejamento como um procedimento constante, o profissional em secretariado trabalha com melhor administração de seu tempo, adquire hábitos saudáveis na execução de tarefas e está sempre no comando, efetua atendimento a equipes de projeto ordenadamente e prioriza o cronograma de atividades e situações evitando gargalos, distinguindo claramente o urgente e o importante, com isso, o profissional delega responsabilidades e a execução das atividades transcorre com naturalidade.

A organização é o passo posterior e essencial para sucesso da tarefa de atender a equipe de projetos. Sua formação o capacita às práticas administrativas, portanto, executar o planejamento por meio da organização assegurará que cada atividade terá um profissional responsável, que lhe será conferido o compartilhamento de autonomia de trabalho, delegando à equipe atividades e responsabilidades para que sejam desempenhadas com qualidade. Afinal, apto a escolher e alocar pessoas, o profissional em secretariado deve contar com uma equipe treinada e orientada para a execução das tarefas com a finalidade de minimizar problemas e aferir bons resultados.

A competência individual de negociação do secretário possibilita a atuação nas diversas fases de um projeto, e levando em consideração os aspectos relacionados a um modelo integrado de negociação que é fundamental à equipe de projetos, tal profissional tem o conhecimento do projeto com domínio dos assuntos a serem tratados, podendo fornecer à equipe subsídios importantes nas tomadas de decisão. Os problemas atinentes, tanto de ordem de execução quanto de ordem de compreensão, fazem parte das atividades de assistência e assessoramento pertinentes ao profissional de secretariado.

Importante salientar que deter a informação do fluxo do processo de trabalho geral que integrará a equipe do projeto será de suma importância para que o profissional possa exercer sua proatividade.

Manter canal aberto de comunicação, tanto com a equipe de projetos quanto com os colaboradores é fundamental, para que se

Excelência no Secretariado

detectem falhas nos processos e que sejam discutidas as estratégias para melhorar a atuação e alcançar os resultados.

Nesse contexto, faz-se necessário estabelecer a mensuração das atividades da equipe com comando firme e criterioso, em que se contemple comunicação eficaz de forma a manter o equilíbrio para atendimento à equipe de projetos, respeitando as peculiaridades de personalidade de cada membro e a necessidade de cada área.

Considerando a habilidade de comunicação do secretário, há que se enfatizar que os procedimentos devem ocorrer em conformidade com a cultura organizacional para que transcorra de forma eficaz, cujo profissional deve efetivar ações para gerir o conhecimento dos setores, interpretar atuações, ter capacidade para resolver conflitos e fazer negociações, levando em consideração que o profissional deve proporcionar conexões entre ação, consequência e situação.

O posicionamento ético e postura assertiva se fazem necessários para atendimento à equipe de projetos. Apesar de cada profissional da equipe de projeto apresentar suas peculiaridades de área de atuação, cabe ao profissional em secretariado organizar a si e a seus auxiliares para atender aos membros do projeto coordenando as atividades e tarefas à sua equipe com maestria.

Como melhor aproveitamento das competências dos colaboradores, o profissional em secretariado deve instigá-los à autonomia, desde as pequenas ações do dia a dia, até as escolhas, decisões, posicionamentos, entregas, relatórios, enfim, no gerenciamento efetivo dos processos e dos talentos de uma organização, proporcionando o "empoderamento" da equipe como um todo.

O empoderamento eleva o nível criativo e intelectual das pessoas, cujo conceito de *Empowerment* tem como objetivo transmitir responsabilidade e recursos para todos os colaboradores. Sobretudo, (...) distribuir níveis adequados de autoridade e responsabilidade por toda a organização, torna-se necessário fortalecer todos os seus membros. (Chiavenato, 2004)

Dessa forma, compete ao profissional de Secretariado a avaliação e controle dos resultados das equipes de trabalho, e se algo não for satisfatório, prontamente aciona e incentiva os colaboradores a pensarem no ajuste, alteração ou correção da atividade com nova ação para o alcance dos resultados, de forma que se observe um ambiente favorável ao alinhamento e à execução das atividades, com o propósito de manter o equilíbrio da equipe de trabalho, sobretudo, as funções administrativas são executadas perfeitamente pelo secretário que efetua a retroalimentação do sistema administrativo, como postula Fayol (1981).

Angela Mota & Valdete Magalhães

Todavia, para atuar com uma equipe de projetos, o profissional deve exercitar procedimentos e comportamentos que os membros da equipe esperam obter com os serviços de seu assessor, como por exemplo, a ação estratégica, afinal a conduta do profissional qualificado e habilitado enseja na resolução de problemas automaticamente e não por execução de ordens.

Nesse contexto deve-se priorizar a gestão do tempo, que depende muito do sincronismo das atividades dos vários membros da equipe e da interação do profissional secretário e seus colaboradores com os membros da equipe de projeto, sendo necessário observar um perfeito ajustamento de todas as fases do assessoramento, cujos processos devem ser permanentemente planejados, executados e controlados, para que durante a produtividade da equipe não evidencie quaisquer surpresas.

Assim, se evidencia nessa abordagem uma forte influência do secretário no sucesso em equipes de projetos, uma vez que as competências sociais e técnicas o configura um membro de extrema importância em seu espaço de atuação.

REFERÊNCIAS

CHIAVENATO, Idalberto. *Gestão de pessoas: e o novo papel dos recursos humanos nas organizações*. Rio de Janeiro: Elsevier, 2004.

FAYOL, Henri. *Administração industrial e geral: previsão, organização, comando, coordenação e controle*. 10. ed. São Paulo: Atlas, 1990.

Excelência no Secretariado

43

Balanced Scorecard – BSC – Um modelo de gestão para medir indicadores de resultado do profissional de secretariado

Esse modelo traduz a missão e a estratégia de uma empresa, em objetivos e medidas tangíveis. As medidas representam o equilíbrio, entre os diversos indicadores externos – voltados para acionistas e clientes –, e as medidas internas, dos processos críticos de negócios – como a inovação, o aprendizado e o crescimento

**Bete D´Elia &
Fernando Camargo**

Bete D´Elia & Fernando Camargo

Bete D´Elia

Diretora Toucher Desenvolvimento Humano Ltda. Graduada em Português-Francês pela Usp - Universidade de São Paulo, Pós-graduada (lato-sensu) em Psicologia Universal, pelo Psyko Universal, Instituto de Desenvolvimento. *Coach*, com formação pelo IDHL – Instituto de Desenvolvimento Humano Lippi. Palestrante, instrutora de cursos, consultora de empresas; para profissionais da gestão empresarial, com destaque no segmento secretarial. Autora do Livro Profissionalismo – Não dá para não ter – Editora Gente e coautora de As novas Competências do profissional de secretariado, com Edméa Garcia Neiva – Iob Thomson, e Gestão do Tempo e Produtividade, Editora Literare Books, dezembro/11.

Contatos
www.betedelia.com.br / betedelia@uol.com.br / (11) 5052-4947 / (11) 7891-3162

Fernando Camargo

Pós-graduado em Assessoria Executiva. Graduado em Secretariado Executivo Trilíngue. Diretor Adjunto do Sindicato das Secretárias e Secretários do Estado de São Paulo (SINSESP). Secretário Executivo da Diretoria da Concessionária do Aeroporto Internacional de Guarulhos (GRU Airport). Professor do Curso de Secretariado na Faculdade Sumaré e na Escola Técnica Estadual Albert Einstein - ETEC, palestrante e instrutor de cursos no segmento secretarial. Membro do Comitê Estratégico de Educação, do Grupo de Estudos Secretariando do Sindicato das Secretárias e Secretários do Estado de São Paulo (SINSESP) e do International Association of Administrative Professionals (IAAP).

Contato
faguiarcamargo@uol.com.br

Balanced Scorecard – Conceito

Balanced Scorecard se diferencia de outros modelos de gestão, por agregar controle financeiro e aspectos humanos.

Segundo Robert Kaplan e David Norton, o *Balanced Scorecard* é um instrumento que integra as medidas derivadas da estratégia, sem menosprezar o desempenho passado, sob quatro perspectivas diferentes. Traduz a missão e a estratégia de uma empresa, em objetivos e medidas tangíveis, que representam o equilíbrio, entre os diversos indicadores externos, voltados para acionistas e clientes, e as medidas internas, dos processos críticos de negócios, como a inovação, o aprendizado e o crescimento.

Perspectivas do Balanced Scorecard e analogia com atividades do Profissional de Secretariado

São quatro as perspectivas do BSC – *Balanced Scorecard:*

Perspectiva financeira: avalia a lucratividade da estratégia da empresa.

O profissional de secretariado pode participar nessa perspectiva contribuindo nas suas atividades para o aumento de receitas e a redução de custos, bem como ampliando o tempo do gestor, para focar nos assuntos relevantes do negócio.

Perspectiva do cliente: identifica os segmentos de mercado e as medidas de êxito da empresa, frente aos clientes, considerando tempo, qualidade, desempenho e serviço.

O profissional de secretariado pode contribuir com essa perspectiva na aquisição, retenção e a lucratividade dos clientes. Na retenção, atua, principalmente, na excelência do atendimento, vital para o fechamento de negócios.

Perspectiva dos processos internos: é elaborada, após a perspectiva financeira e dos clientes, pois fornecem as diretrizes para seus objetivos. Os processos internos abrangem a inovação, criação, serviços, operacional, produção, comercialização e serviços pós-venda.

O profissional de secretariado pode colaborar nessa perspectiva, na melhoria de do fluxo da comunicação, padronização das informações, elaboração de procedimentos, organização de reuniões etc.

Excelência no Secretariado

Perspectiva, aprendizado e crescimento: oferece a base para a obtenção dos objetivos das outras perspectivas: nível de satisfação dos funcionários, rotatividade, lucratividade, capacitação e treinamento, bem como a participação dos mesmos com sugestões, para redução de custos ou aumento de receitas.

O profissional de secretariado pode colaborar nessa perspectiva realizando treinamento de estagiários, profissionais de suporte às áreas, como também sugerir redução de custos e aumento de receitas, em determinados processos.

Gerar Resultados – Desafio de todos os profissionais e do profissional de Secretariado

Atualmente, as empresas objetivam gerar e otimizar resultados para sobreviver e permanecer no mercado, bem como concretizar sua visão, missão, objetivos e metas.

O conceito de mensurar, de forma quantitativa e qualitativa, nasceu com as filosofias de qualidade, que datam da década de sessenta, no Japão (Natalense, 1998).

Nas últimas quatro décadas, uma grande parte das empresas se conscientizou da importância de estabelecer seus indicadores, visto que "o que ela define como indicador é o que vai ter como resultado" (Almeida, 2004). A maioria dessas organizações, privilegiou eleger apenas os indicadores dos profissionais da área fim, deixando de lado os índices dos profissionais da área meio. Nesse fenômeno, quase coletivo, se inserem os profissionais de Secretariado. Mesmo que o perfil do século XXI prepare e exija que esses profissionais ajudem os níveis decisórios a gerarem resultados, seus indicadores sequer foram criados.

Existe uma incipiente iniciativa de algumas empresas, solicitando indicadores do profissional de secretariado. Porém, não há referencial para criar indicadores específicos, na literatura pertinente, nos cursos de graduação e nas empresas que os utilizam para outros profissionais.

Peter Drucker, em seu Livro **Sociedade pós-capitalista**, diz: "a escola de que necessitamos deve prover uma educação universal de ordem superior, muito além do que a educação significa hoje".

Quando estudantes de secretariado conhecerem as filosofias e os métodos para medirem seu desempenho, a profissão terá avanços e será respeitada.

A inexistência dos indicadores de resultado para secretariado gera inúmeros prejuízos. Para o profissional, desmotivação, falta de visibilidade da importância da sua atuação e o sentimento de não pertencer ao todo empresarial. Para os gestores e empresas, faltam parâmetros para valorizar e mensurar as atividades, identificar a evolução, ocasionando que esse profissional seja excluído de muitos programas da organização, como participação nos resultados e similares. Parte dos profissionais de secretariado sentem defasagem, entre o que fazem e o que é percebido pelos gestores e empresas, nos momentos de avaliação de desempenho. Há dificuldade de se transmitir, de forma objetiva e quantificável, as atividades realizadas e como elas contribuem para o resultado da organização.

Indicadores - Conceito

Existem várias definições de Indicadores de desempenho:

"Gerenciar é controlar e agir corretamente. Sem controle, não há gerenciamento. Sem medição, não há controle". (Juran, 1992);

"São sinais vitais da organização, ou é a quantificação de quão bem as atividades dentro de um processo ou de seu *output* atingem a meta específica". (Hronec, 1994);

"É uma relação matemática que mede, numericamente, atributos de um processo ou de seus resultados, com o objetivo de comparar esta medida com metas numéricas, pré-estabelecidas". (FPNQ, 1995);

Com base nas citações acima, nos estudos e vivência da profissão de secretariado executivo, podemos traduzir indicadores de resultado para o secretariado, como a capacidade de medirmos quão eficiente é nosso trabalho, quantificando e qualificando todas as nossas ações para a empresa, seus executivos e áreas correlacionadas.

Segundo Robert S. Kaplan e David P. Norton, em um de seus artigos publicados pela *Harvard Business Rewiew*, "O que é medido é conseguido". Para criarmos indicadores de resultado para o secretariado, além de levar em consideração as metas já estabelecidas pelas empresas, é determinante identificar as atividades meio e fins mensuráveis, no dia a dia do profissional, que devem ser sustentadas pelas ferramentas de gestão utilizadas, para avaliar melhoria contínua, inovação e satisfação do cliente.

O Perfil atual do profissional de Secretariado está capacitado para definir indicadores para a profissão

O novo perfil do profissional de secretariado confirma o preparo para gerar resultados, no assessoramento aos gestores, bem como para definir seus próprios indicadores, dentro das múltiplas atividades e atuação polivalente.

Excelência no Secretariado

O porquê de a história do profissional de secretariado não ter favorecido a aplicação de indicadores de resultado é suportada pelo histórico. Os profissionais de secretariado não exerciam, até o final da década de noventa, funções finais, ou seja, aquelas que impactavam, diretamente, no resultado das empresas. Mesmo com a visível evolução, promovida pelo novo perfil definido pelo Parecer 102/2004, este profissional sempre exerceu funções meio, que otimizam as atribuições dos executivos da empresa e de suas equipes. O resultado final, ainda é atribuído apenas ao executivo e a sua equipe.

O resultado de qualquer empresa é a sinergia da contribuição dos profissionais da área fim, com os da área meio.

Alguns aspectos aumentam a dificuldade para os profissionais de secretariado desenvolverem os seus indicadores: a característica da função, que é polivalente, com demandas simultâneas e inúmeras interrupções, além da forma subjetiva com que o profissional descreve sua rotina de trabalho. Paralelamente à criação dos indicadores, ele necessita desenvolver uma linguagem objetiva, que possibilite aos gestores terem a real dimensão do que fazem, quanto fazem, e do porquê fazem.

DUAS SUGESTÕES DE INDICADORES PARA O PROFISSIONAL DE SECRETARIADO

Como demonstrado, é possível criar indicadores para o profissional de secretariado, independentemente, do segmento de negócio e das ferramentas de gestão utilizadas.

A primeira atitude é conhecer o assunto indicadores, ferramentas de gestão, e procurar identificar exemplos aplicados a outros profissionais. A segunda é a realização de um diagnóstico, na empresa em que atua, para identificar as ferramentas de gestão utilizadas, como estão sistematizadas, áreas e profissionais envolvidos. É indispensável conhecer o negócio, a filosofia, a cultura institucional, o perfil dos gestores, bem como a forma que o trabalho secretarial é percebido e valorizado.

A escolha do tipo de indicador – quantitativo ou qualitativo – deverá levar em conta esse diagnóstico, além da autopercepção da profissão.

Nas situações em que o sentimento do profissional for negativo ou sem motivação, por falta de consciência do que faz, quanto faz, e da exata dimensão do trabalho, recomendamos estabelecer indicadores quantitativos, que dão visibilidade à produtividade, além de evidenciarem quais as atividades mais representativas e demandadas.

Outro aspecto que justifica a implantação de indicadores quantitativos é a possibilidade de apresentar, aos gestores, objetivamente, as principais atividades realizadas, a quantidade e duração. Como a essência do trabalho secretarial é apresentar-lhes soluções e resultados, muitas vezes eles desconhecem os processos necessários, as etapas e o tempo investido.

Para construir os Indicadores Qualitativos, segundo Fernando Camargo, em seu estudo sobre indicadores de resultado do profissional de secretariado, é necessário:

1 Nomear o Indicador, 2 Definir o seu objetivo, 3 Estabelecer sua periodicidade de medição, 4 Indicar o responsável pela geração e divulgação, 5 Definir sua fórmula de mensuração, 6 Indicar seu intervalo de validade, 7 Listar as variáveis que permitem a mensuração, 8 Apontar onde e como as variáveis serão capturadas".

Considerando a polivalência da profissão, bem como os vários aspectos que devemos observar para criar indicadores, é necessária reflexão, antes de defini-los:

Por que criar indicadores? O que queremos evidenciar? O que queremos otimizar?

A essas respostas, devem-se somar as ocorrências observadas na sua rotina de trabalho: o que é possível mudar, no padrão de resultado, tanto para aumentar receita, melhorar processos e rotinas, fidelizar clientes, diminuir custos, ou minimizar retrabalhos. Os indicadores não devem ser definidos aleatoriamente. Eles precisam fazer sentido na gestão e justificar os procedimentos que serão desenvolvidos para medi-los e controlá-los.

Para exemplificar o formato dos indicadores, apresentamos duas, dentro das atividades secretariais:

A. Atividade ou área de Resultado: Qualificação

1. Indicador: formação e qualificação profissional
2. Objetivo: mensurar qualitativamente e quantitativamente cursos e atualizações profissionais
3. Periodicidade de medição: semestral
4. Responsável pela geração e divulgação: profissional de Secretariado/RH
5. Fórmula de Mensuração: cursos realizados

    a. Certificados
    b. Avaliação de aprendizado

6. Intervalo de Validade: anual
7. Variáveis: cursos técnicos, de formação ou livres
8. Captura das variáveis: instituições prestadoras de serviço

Excelência no Secretariado

Nas visões do BSC, este indicador se enquadra na Perspectiva Aprendizado e crescimento, visando a qualidade total da formação e também a atualização constante para o aprendizado, crescimento e desenvolvimento profissional.

B. Atividade ou área de Resultado: Organização de viagens

1. Indicador: volume de passagens requisitadas, fora do tempo normal
2. Objetivo: medir despesas extras com viagens, solicitadas sem tempo hábil, cujas tarifas são X % mais caras
3. Periodicidade de medição: mensal
4. Responsável pela geração e divulgação: secretária/gestor
5. Fórmula de Mensuração: planilhas de solicitação de viagens: volume mensal

   a. Porcentagem passagens dentro do prazo

   b. Porcentagem passagens fora do prazo

   c. Despesa extra efetuada

6. Intervalo de Validade: mensal
7. Variáveis: destinos, horários, número de pessoas e cotação de moedas estrangeiras
8. Captura das variáveis: companhias aéreas e casas de câmbio

Nas visões do BSC, este indicador contempla a Perspectiva Financeira, visto que evidenciaria gastos desnecessários, a serem economizados, com adequação dos usuários à política de viagens da empresa.

REFERÊNCIAS

ALMEIDA, R. O. de. *Performance Empresarial: Indicadores da era Industrial aplicam-se à era do conhecimento?* Disponível em: <http//www.guiarh.com.br/p70.html>.

COSTA, E. P. da; FERNANDES, P. A. e PAGIN, P. L.. Balanced scorecard. Disponível em: <https://www.ietec.com.br/site/techoje/categoria/abrirPDF/283>.

DRUCKER, P. *Sociedade Pós-Capitalista*. São Paulo: Pioneira, 1995.

FPNQ, Fundação para o Prêmio Nacional da Qualidade. *Indicadores de desempenho.* São Paulo: FPNQ, 1995.

HRONEC, S. M. *Sinais vitais*. São Paulo: Makron Books, 1994.

JURAN, J. M. *Planejando para a qualidade*. São Paulo: Pioneira, 1992.

KAPLAN, R. S.; Norton, D.P.: *Mapas estratégicos – Balanced Scorecard: convertendo ativos intangíveis em resultados tangíveis*; tradução de Afonso Celso da Cunha Serra. Rio de Janeiro: Elsevier, 2004 - 3ª Reimpressão.

NATALENSE, Liana. *A secretária do futuro*. Rio de Janeiro: Qualitymark, 1998.

44

Gestão da qualidade e o secretariado executivo

O tema qualidade está em plena transição por meio de aprimoramentos focados em uma somatória de entregas de valores agregados à satisfação dos clientes. Os conceitos e as ferramentas de qualidades aqui apresentadas são fundamentais para o entendimento da necessidade de um ambiente organizado, com viés de *Kaizen* (melhoria contínua) para o profissional de secretariado e seus clientes *stakeholders*

Bruno Frota

Bruno Frota

Graduação em Administração de Empresas pela Universidade Católica de Santos. MBA Executivo em Marketing pela FGV - Fundação Getulio Vargas. Docente na FMU - Faculdades Metropolitanas Unidas ministrando as matérias de Gestão da Qualidade, Sustentabilidade, Empreendedorismo, Gestão de Projetos, Gestão Profissional de Carreiras, Planejamento Estratégico, Governança Corporativa e Marketing. Experiência de 13 anos no mercado financeiro na elaboração de Programas de Qualidade. Gestor de EaD em *e-learning* para melhores práticas de atendimento e alavancagem de negócios. Instrutor e palestrante para Mercado Financeiro, Código de Defesa do Consumidor, Lei do SAC e Educação Financeira Sustentável. Atuação no mercado de TV por assinatura em alta definição HDTV e comunicação via banda larga em empresa líder da América Latina, na área de Qualidade de Atendimento. Auditor de Responsabilidade Social, Ambiental e 3º Setor com ISO 26000:2010. Consultor, *Personal Coach, Professional & Executive Coach, Coach* Empresarial. Escritor do livro *Coaching de alta performance*, pela Editora Literare Books International.

Contatos
bruno.frota@hotmail.com
(11) 97150-2286

Bruno Frota

O tema qualidade está em plena transição por conta de aprimoramentos focados em uma somatória de entregas de valores agregados para a satisfação dos clientes. Os conceitos e as ferramentas de qualidades aqui apresentadas são fundamentais para o entendimento da necessidade de um ambiente organizado, com viés de *Kaizen* (melhoria contínua) para o profissional de secretariado e seus clientes *stakeholders*.

A qualidade a ser abordada é a que acontece na relação de consumo, ou seja, na relação existente entre o consumidor e seu fornecedor, na compra e venda de um produto ou na prestação de um serviço, necessário para a assessoria executiva.

Na mesma esfera dos avanços da Revolução Industrial, Revolução Tecnológica e desde 1970 até os dias de hoje, nos quais vivemos diariamente uma Revolução Digital, a qualidade também deixou de ser somente conceitos de padronização, métricas, volumetrias, inspeção, medição e fichas técnicas para uma evolução assistida à satisfação dos clientes.

O mesmo aconteceu com a Teoria Geral da Administração, partindo de uma abordagem Clássica da Administração com as Teorias das Relações Humanas, Teorias Neoclássicas, seus modelos burocráticos e sistêmicos, passando pela Teoria Comportamental e o desenvolvimento organizacional, evoluindo para as técnicas modernas de Gestão com as novas metodologias, sendo Administração Participativa, *Benchmarking*, Reengenharia, Terceirização, *Feedbacks*, Responsabilidade Socioambiental, entre outras.

Na conceituação moderna, qualidade significa adequação ao uso. É o atendimento aos desejos e às aspirações dos consumidores, incluindo os aspectos econômico, de segurança e desempenho. (ALGARTE, 2000 p.11).

Qualidade é o grau com que o produto atende satisfatoriamente as necessidades do usuário. (CARPINETTI, 2010 p.13)

Assim, um produto ou serviço de qualidade é aquele que atende perfeitamente, de forma confiável, de forma acessível, de forma segura e no tempo certo às necessidades dos clientes.

No papel do **profissional de secretariado**, torna-se mais fácil tal identificação de qualidade nos serviços prestados, por ser uma posição onde defeitos não são permitidos, que a atividade de trabalho seja nitidamente **confiável e segura, no tempo certo, no local, no idioma e na quantidade certa, transmitindo pontualidade e satisfação ao seu cliente.**

Dessa forma, teremos uma descoberta de novas ferramentas de qualidade que ajudarão o profissional de secretariado a ter uma

Excelência no Secretariado

maior visão de negócio com qualidade, em suas atividades e nos processos que certificam as organizações, em seus departamentos com os serviços (conforme e/ou não conforme).

A primeira ferramenta abordada, **5`S**, é considerada como meio para atingir os fins, pois trata-se de uma filosofia de vida, que tem o objetivo de melhorar o ambiente de trabalho para que todos os outros fluxos de trabalhos sejam mais saudáveis em suas agilidades e entregas.

A filosofia dos 5S busca promover, através da consciência e res-ponsabilidade de todos, disciplina, segurança e produtividade no ambiente de trabalho. Cada uma das cinco palavras **Seiri, Seiton, Seiso, Seiketsu e Shitsuke** representa uma etapa do programa de implantação do 5`S, conforme o quadro abaixo:

Tabela – 5`S

5`S		Conceito	Objetivo
Japonês	**Português**		
整理 *Seiri*	Utilização	Senso de utilização, separar o necessário do desnecessário.	Descartar do espaço de traba-lho o que seja inútil.
整頓 *Seiton*	Ordenação	Senso de organização colocar cada coisa em seu devido lugar.	Organizar o espaço de trabalho de forma eficaz.
清掃 *Seisō*	Limpeza	Senso de limpeza, limpar e cuidar do ambiente de trabalho.	Melhorar o nível de limpeza, após descartar o desnecessário, é preciso manter limpo.
清潔 *Seiketsu*	Saúde	Senso de saúde e higiene, tornar saudável o ambiente com a preocupação de asseio.	Prevenir o aparecimento da desordem e cuidar da higiene pessoal também.
躾 *Shitsuke*	Autodisciplina	Senso de disciplina, rotini-zar e padronizar a aplica-ção dos S anteriores.	Incentivar esforços de aprimo-ramento, ao caráter do indiví-duo que deve ser, educado e manter bons hábitos.

Os principais benefícios da implantação da metodologia 5`S são:

1. Maior produtividade pela redução da perda de tempo procu-rando por objetos. Só ficam no ambiente os objetos necessá-rios e ao alcance rápido e eficaz.
2. Redução de despesas e melhor aproveitamento de materiais. A acumulação excessiva de materiais tende à degeneração e lentidão no trabalho.
3. Melhoria da qualidade de produtos e serviços.
4. Menos acidentes do trabalho.
5. Maior satisfação das pessoas com o trabalho, levando um ambiente saudável para o lado pessoal também.

O 5'S é o bom-senso que requer treinamentos e fases de implantação, bem como deve ser aperfeiçoado e praticado para o crescimento humano e profissional. Convém se tornar hábito, costume, cultura.

O profissional de secretariado traz consigo habilidades de organização e sensos de utilização. Assim, consegue uma implantação rápida dessa metodologia, servindo como exemplo e conquistando um **diferencial no valor de sua imagem através da qualidade!**

A segunda ferramenta é o **Ciclo PDCA**, sendo que após educar e manter um ambiente saudável, o profissional poderá usufruir de um método para a prática do controle, através de quatro fases básicas como planejar, executar, verificar e atuar de forma corretiva quando necessário.

É aplicado principalmente nas normas de sistemas de gestão e pode ser utilizado em qualquer porte de empresa, de forma a garantir o sucesso nos negócios, independente do segmento, pois o profissional de secretariado tem muitas oportunidades de atuar em escritórios, indústrias, bancos, hospitais, bem como em diversas áreas ou departamentos, como logística, vendas, marketing, contabilidade, atendimento, recursos humanos, administração entre outras áreas afins.

Vejamos sua aplicação:

Figura – Ciclo PDCA

A 1ª fase, (P) *Plan* – **Planejamento**, consiste em elaborar uma missão, visão, objetivos (metas), procedimentos e processos (metodologias) necessárias para atingir os resultados.

Excelência no Secretariado

- Estabelecer metas sobre os itens de controle;
- Estabelecer o caminho para atingir as metas propostas.

A 2ª fase (D) *Do* - **Execução** – consiste na execução das tarefas exatamente como prevista no plano e coleta de dados para verificação do processo. Nessa fase é essencial o treinamento no trabalho decorrente da realização perante o planejamento.

A 3ª fase (C) *Check* - **Verificação** – Na verificação, deve-se monitorar e avaliar periodicamente os resultados, avaliar processos e resultados, confrontando-os com o planejado, objetivos, especificações e estado desejado, consolidando as informações, eventualmente confeccionando relatórios. A partir dos dados coletados na execução, comparam-se os valores medidos, as variações e os resultados com a meta planejada.

A 4ª fase (A) *Action* – **Ação corretiva** – consiste em agir de acordo com o avaliado e de acordo com os relatórios, eventualmente determinar e confeccionar novos planos de ação, de forma a melhorar a qualidade, eficiência e eficácia, aprimorando a execução e corrigindo eventuais falhas. Essa é a última etapa onde o profissional detectou desvios ou melhorias e atuará no sentido de fazer correções definitivas, de tal modo que o problema não volte a ocorrer.

Para a conclusão dessa ferramenta, temos uma observação importante referente ao tipo de mudança a ser implementada no Ciclo PDCA, podendo ser uma mudança reversível ou irreversível.

As mudanças reversíveis são aquelas que podemos desfazer e voltar ao estágio inicial. Por exemplo, alterações de procedimentos, de formulações, de pesquisas ou testes.

As mudanças irreversíveis: são aquelas que uma vez implementadas, não podem ser desfeitas. É possível que se mude novamente, mas para outra situação. São exemplos de mudanças irreversíveis as aquisições de equipamentos e algumas reestruturações organizacionais.

Dessa forma, quando houver uma tomada de decisão para uma mudança considerada irreversível, é necessário que se estabeleça um programa de testes antes da implantação da mudança, para que tenha sempre resultados positivos.

O **Ciclo PDCA**, no entanto, possui um movimento espiral, e uma vez que os objetivos foram atendidos, os próximos ciclos podem ter metas mais arrojadas!

Agora que o profissional de secretariado obteve conhecimento em organizar seu ambiente de trabalho e planejar suas atividades, suas estratégias de mudanças pessoais e profissionais, com um ciclo de atividades voltadas ao planejamento, execução e assertividades,

Bruno Frota

vamos verificar uma ferramenta que impacta diretamente o cliente do profissional de secretariado.

Como o profissional tem o seu primeiro cliente, um executivo, ou uma equipe com cargo gerencial ou de alguma forma, pessoas que completam a Alta Administração da empresa ou do Negócio, iremos verificar uma ferramenta que vai de encontro com os objetivos da Alta Administração, chamada de **Hoshin Kanri.**

Em japonês, *Hoshin* significa "bússola" ou "direção" e *Kanri* significa "administração" ou "controle".[4] O nome sugere como *hoshin* planejamento alinhado a uma organização para a realização de um único objetivo.

O Hoshin Kanri proporciona um processo passo a passo para o planejamento, execução e revisão das mudanças". (CAMPOS, 2004)

É uma abordagem de sistemas para a gestão da mudança nos processos de negócios críticos. A ferramenta emprega um conjunto padronizado de relatórios e tabelas, no processo de revisão. Esses relatórios são usados por gerentes e equipes de trabalho para avaliar o desempenho.

É de grande importância que o profissional de secretariado tenha noção de que a alta administração das empresas também precisa de ferramentas de qualidade. Assim, ao assessorar um executivo, o profissional de secretariado pode ajudar ou aconselhar através de um planejamento proveniente das diretrizes da empresa, pois o principal foco do *Hoshin Kanri* está na Missão, Visão e Valores das organizações.

Trata-se de um sistema administrativo praticado por todas as pessoas da empresa, que visa **concentrar esforços e alcançar resultados**.

a) *Por meio da visão estratégica* estabelecida com base em análise do sistema empresa-ambiente e nas crenças e valores da empresa, que fornece o rumo para o estabelecimento das diretrizes.

b) *Por meio do direcionamento da prática do controle da qualidade* por todas as pessoas da empresa no gerenciamento da rotina do trabalho do dia a dia.

A Constituição do Gerenciamento pelas Diretrizes trabalha em duas formas:

Gerenciamento Funcional:

Lida com os assuntos ligados à manutenção e melhoria contínua das operações de rotina da empresa. Cuida do *stress* do colaborador, da rotina do dia a dia, do trabalho operacional, do trabalho voltado para as pessoas. Este tipo de gerenciamento é também chamado de ``Gerenciamento da Rotina do Trabalho do Dia a Dia '' ou ``Gerenciamento pela organização'' e é a prática do controle da qualidade (trabalhador x atividade).

O Gerenciamento funcional busca melhorar continuamente a rotina diária de seus colaboradores.

Gerenciamento Interfuncional:

Excelência no Secretariado

Lida com a solução de problemas prioritários da alta administração através do desdobramento das diretrizes e seu controle entre departamentos. Voltada para sistemas, projetos, processos, desenhos, mudanças no organograma (estrutura x empresa).

Gerenciamento interfuncional, ou seja, o gerenciamento dos objetivos de desempenho entre as diferentes funções da estrutura funcional da organização, e avaliação de progresso, que convencionou a chamar de auditorias do presidente. (CARPINETTI, 2010, P.191)

O profissional de secretariado, quando detém o conhecimento de um método desenvolvido para **capturar e concretizar objetivos estratégicos, bem como** *flashes* e *insights* sobre o futuro, e desenvolver os meios para propor novas realidades, terá um grande diferencial competitivo, na empresa, junto aos concorrentes e no mercado, além de propagar conhecimentos e qualidade.

Dessa forma, o profissional de secretariado adquire um conhecimento que, quando solicitado, pode expor um maior coeficiente intelectual e de qualidade, somado ao seu perfil, atendendo à relação de consumo como foi citado no início deste texto, podendo vislumbrar melhores resultados para:

A **empresa**, com estratégias organizacionais, que vão de encontro com os seus princípios através de sua Missão, Visão e Valores.

O **executivo**, com o mapeamento para definição das principais prioridades e seus setores, direção que as atividades gerenciais devem rever com trabalhos a serem realizados, em prazos, custos, consumo, metas e investimentos;

O profissional, assegurando a garantia de sua empregabilidade por meio dos serviços prestados com proatividade e inteligência, e garantindo a satisfação das necessidades dos clientes, atual conceito da QUALIDADE.

REFERÊNCIAS

AKAO, Yoji, ed. (Jap: 1988, Eng.: 1991). *Hoshin Kanri, implantação de política para TQM bem-sucedido* (em Inglês (tr. do japonês). New York: Productivity Press (Standards Association originalmente japonês). pp. xiii. ISBN 1-56327-311-X.

CAMPOS, V.F. TQC- *Controle da Qualidade Total (No estilo japonês)*. Minas Gerais: INDG, 1992.

CARVALHO, M.M , PALADINI E.P. *Gestão da qualidade: teoria e casos*. Editora Campus Elsevier, 2005.

CARPINETTI, L.C.R. *Gestão da Qualidade Conceitos e Técnicas*. São Paulo: Editora Atlas, 2010.

HOSHIN, Kanri. *A abordagem estratégica para a melhoria contínua* por David Hutchins, Gower publicação de 2008.

45

O profissional de secretariado e a sustentabilidade

A compreensão das dimensões da sustentabilidade
tende a garantir decisões sustentáveis nas organizações.
Precisamos visualizar a Sustentabilidade de uma
forma ampla, como um "guarda-chuva" que abriga
Responsabilidade Econômica, Responsabilidade Ambiental
e Responsabilidade Social, entre outras dimensões

Maria do Carmo Todorov

Maria do Carmo Todorov

Vice-presidente do SINSESP – gestão 2012/2016. Mais de 20 anos de experiência na área secretarial e no movimento secretarial brasileiro. Tecnóloga em Secretariado pela Fatec Internacional. Bacharel em Administração de Empresas, pela Faculdade São Luis. Pós-graduada (lato-sensu) em Informática em Educação. Mestranda em Gestão de Projetos - Uninove. Professora de Técnicas Secretariais do Instituto Monitor/SP. Gestora Editorial da Revista Científica "Gestão e Secretariado".

Contatos
www.sinsesp.com.br
sinsesp@sinsesp.com.br
(11) 3662-0241 R. 225

Sustentabilidade – origem e conceito

A palavra Sustentabilidade tem sua origem do latim sus-tene-re, que significa suportar ou manter e começou a ser usada na agricultura. De um modo geral entrou para o vocabulário tanto da sociedade como do empresarial, com diversas definições. A mais comum é dada pelo *WBCSD-World Business Council for Sustainable Development* para desenvolvimento sustentável: "atende às necessidades da população atual sem comprometer a capacidade das gerações futuras no atendimento de suas próprias necessidades".

Elkington (1998) definiu três dimensões para a Sustentabilidade: econômica, ambiental e social, conhecido como o *Triple Bottom Line*. Ao falarmos em sustentabilidade é preciso pensar nas três dimensões de uma forma holística.

Para Sacks (2002), existem oito dimensões da Sustentabilidade que devem ser levadas em conta:

1) **Social:** alcance de um patamar razoável de homogeneidade social, com distribuição de renda justa, emprego pleno e/ou autônomo, com qualidade de vida decente e igualdade no acesso aos recursos e serviços sociais.
2) **Cultural:** para se buscar concepções endógenas de desenvolvimento que respeitem as peculiaridades de cada ecossistema, de cada cultura e de cada local.
3) **Ecológica:** preservação do potencial do capital natural na sua produção de recursos renováveis e à limitação do uso dos recursos não renováveis.
4) **Ambiental:** respeitar e realçar a capacidade de autodepuração dos ecossistemas naturais.
5) **Territorial:** configurações urbanas e rurais balanceadas, melhoria do ambiente urbano e estratégias de desenvolvimento ambientalmente seguras para áreas ecologicamente frágeis.
6) **Econômica:** desenvolvimento econômico intersetorial equilibrado, com segurança alimentar, modernização dos instrumentos de produção, autonomia na pesquisa científica e tecnológica e inserção na economia internacional.
7) **Política (Nacional):** democracia definida em termos de apropriação universal dos direitos humanos, desenvolvimento da capacidade do Estado para implementar o projeto nacional, em parceria com todos os empreendedores e um nível razoável de coesão social.
8) **Política (Internacional):** eficácia do sistema de prevenção de

Excelência no Secretariado

guerras da ONU, na garantia da paz e na promoção da cooperação internacional, Pacote Norte-Sul de co-desenvolvimento, baseado no princípio da igualdade, controle institucional efetivo do sistema internacional financeiro e de negócios e da aplicação do Princípio da Precaução na gestão do meio ambiente e dos recursos naturais, prevenção das mudanças globais negativas, proteção da diversidade biológica, gestão do patrimônio global, sistema efetivo de cooperação científica e tecnológica internacional.

Gestão Secretarial Sustentável

Enquanto Profissionais de Secretariado devemos voltar nossa atenção ao que ocorre nas organizações. Pensar sempre de forma sustentável e contribuir para a diminuição dos impactos socioambientais, pois apesar da crescente preocupação das empresas com os problemas ambientais, na maioria das organizações isto ainda não se transformou em práticas administrativas e operacionais efetivas.

O profissional de secretariado pode ser o agente facilitador e viabilizador ideal para a transição das empresas para uma gestão empresarial eco responsável, pois segundo Aguero (2011), o secretário, enquanto profissional sustentável, é "um agente de mudança sistêmica em comportamento e visão de sua liderança, desconstrói preconceitos, traz mudanças permanentes, considerando cada atividade de trabalho como possibilidade, aprendizagem, crescimento e é direcionado para objetivos projetados ainda não concebidos".

Na década de 1980, o Profissional de Secretariado foi peça chave na implantação da Gestão da Qualidade, pelo importante papel para disseminar os novos processos. As empresas perceberam sua capacidade de Agente Facilitador. A Gestão Ambiental tem os mesmos elementos básicos da Gestão da Qualidade: foco no cliente, qualidade como dimensão estratégica, processos como unidade de análise, participação de todos, trabalho em equipe, parcerias com os clientes e fornecedores e melhoria contínua.

Sustentabilidade - Sua linha do tempo

Para tanto, é necessário se familiarizar com alguns marcos das preocupações socioambientais.

- **1972 – Conferência de Estocolmo** – Conferência das Nações Unidas sobre o Meio Ambiente – realizado pelas Organizações das Nações Unidas-ONU.

Maria do Carmo Todorov

- **1987 – Nosso Futuro Comum** – Documento criado pela Comissão Mundial sobre Meio Ambiente e Desenvolvimento-CMMAD (*World Commission on Environment and Development – WCED*) chefiada por Gro Harlem Brundtland, e por isto também conhecido como Relatório Brundtland, documento este que começou a ser produzido em 1984.
- **1992 – Rio-92** – Conferência das Nações Unidas sobre o Meio Ambiente e Desenvolvimento (palavra acrescentada a conferência, após o Relatório Brundtland). Nesta Conferência foram assinados alguns documentos como a Carta da Terra e a Agenda 21.
- **1997 – Protocolo de Kyoto** – Documento assinado na Conferência das Partes da Convenção sobre Mudanças do Clima, que trata da neutralização do carbono e redução de CO^2.
- **2010 – Rio+10** – Realizada em Johanesburgo, África do Sul e gerou a Declaração de Johanesburgo.
- **2012 – Rio+20** – Realizada no Rio de Janeiro para renovação do compromisso político com o desenvolvimento sustentável.

Além disso, é preciso conhecer um pouco da legislação sobre o assunto, como:

- **ISO 14000 (1996)** – Estabelece especificações para os sistemas de Gestão Ambiental.
- **ISO 26000 (2010)** – Norma Internacional de Responsabilidade Social, não certificável.
- **Lei 12305 (2010)** – Estabelece a Política Nacional de Resíduos Sólidos.

E alguns dos indicadores mais comuns de sustentabilidade:

- **Pegada Ecológica (1996)** – Definido por Mathis Wackernagel e William Rees no Livro Our Ecological Footprint – Reducing Human Impact on the Earth, para medir o impacto humano da Terra.
- **Índice Dow Jones de Sustentabilidade (1999)** – indicador da performance financeira das empresas líderes em sustentabilidade a nível global. As empresas que constam deste Índice, indexado à bolsa de Nova Iorque, são classificadas como as mais capazes de criar valor para os acionistas, a longo prazo, através de uma gestão dos riscos associados a fatores econômicos, ambientais e sociais.

Excelência no Secretariado

- **Indicadores Ethos de Responsabilidade Social Empresarial (2000)** – Dividido em sete temas: valores, transparência e governança; público interno; meio ambiente; fornecedores; consumidores e clientes; comunidades; e governança e sociedade.
- **Indicadores de Ecoeficiência do WBCSD (2000)** – definiu sete componentes para identificar a ecoeficiência empresarial: a) Redução da intensidade no uso de materiais para a produção de bens e serviços; b) Redução da utilização de energia para a produção de bens e serviços; c) Redução da dispersão tóxica; d) Reaproveitamento de material reciclável; e) Maximização do uso sustentável de recursos não renováveis; f) Prolongar a durabilidade dos produtos, e g) Aumento da intensidade de bens e serviços.
- **Índice de Sustentabilidade Empresarial–ISE (2005)** – O ISE é uma ferramenta para análise comparativa da performance das empresas listadas na BM&FBOVESPA sob o aspecto da sustentabilidade corporativa, baseada em eficiência econômica, equilíbrio ambiental, justiça social e governança corporativa.
- **Indicador da GRI-Global Reporting Initiative (2006)** – estão organizados nas categorias econômica, ambiental e social.

A Ecoeficiência

Para se destacar no mercado, as empresas precisam pensar em Sustentabilidade e Inovação. Segundo o Manual de Oslo (editado para orientar e padronizar conceitos, metodologia e indicadores de pesquisa de P&D) existem quatro tipos de inovação: de produto, de processo, organizacionais e de marketing.

De todos os indicadores de sustentabilidade apresentados, escolhemos a Ecoeficiência para exemplificar como o Profissional de Secretariado pode contribuir, implementando uma inovação de processo com um Projeto de Ecoeficiência.

A Ecoeficiência é o conceito-chave para ajudar organizações, indivíduos e governos tornarem-se mais sustentáveis. Mas é importante entender que a ecoeficiência por si só não é suficiente, porque integra somente duas dimensões da sustentabilidade, a econômica e a ambiental, deixando de lado a social.

Porém, a Ecoeficiência precisa de mais atenção por parte das empresas, pois o conceito parece ser tão óbvio, que parte-se do princípio que todas as empresas o adotariam sem reservas. A Ecoeficiência deve estimular a criatividade e a inovação na procura de novas formas de atuar, pois oportunidades para a Ecoeficiência podem emergir em qual-

Maria do Carmo Todorov

quer ponto do ciclo de vida de um produto, não se restringindo a áreas como da produção, mas deve ser um grande desafio para as outras áreas como compras, marketing, financeiro, controle de gestão.

> "As empresas, que adotam a ecoeficiência, situam-se frequentemente entre os líderes do setor a que pertencem. Como o seu sucesso, inevitável e constantemente, leva a que muitas outras as imitem, a ecoeficiência acabará por generalizar-se." Frank W. Bosshardt - Consultor da Anova Holding AG e fundador do Programa da Ecoeficiência do WBCSD.

O SINSESP-Sindicato das Secretárias(os) do Estado de São Paulo implantou um Projeto de Ecoeficiência em 2009 e por meio de palestras e e-mails semanais denominados "EcoDicas", os colaboradores do SINSESP foram conscientizados a desenvolver novos hábitos de comportamento, que visavam o consumo consciente de cinco itens escolhidos (água, energia elétrica, copo descartável e papel sulfite).

O controle dos resultados foi feito em planilhas e divulgados mensalmente aos colaboradores e como incentivo no final de cada ano, o valor economizado foi distribuído entre eles, como bônus.

Veja agora algumas das "EcoDicas" usadas pelo SINSESP para conscientizar os colaboradores:

- **Luz:** ao sair de um ambiente apague imediatamente a luz; aproveite ao máximo a luz solar; prefira lâmpadas fluorescentes às incandescentes; passe a planejar a iluminação de cada ambiente, obtendo o máximo de efeito possível com o menor custo energético; preferencialmente use cores claras nos ambientes, potencializando a reflexão da luz; faça uso de luminárias sempre que possível.
- **Carregador de celular:** tire o carregador do celular da tomada, quando o mesmo estiver carregado. Esse pequeno descuido gasta energia elétrica.
- **Copos descartáveis:** ajude o meio ambiente, use apenas um copo descartável por dia.

Dicas para economizar com a máquina de lavar: junte uma quantidade razoável de roupas para só depois lavá-las (isso também vale na hora de passá-las a ferro); a lavagem com água fria pode economizar até 90% de energia; a função pré-lavagem desperdiça energia. Basta deixar as roupas mais sujas de molho antes de ligar a máquina.

Apresentamos apenas um exemplo de como o profissional de secretariado pode ser mais sustentável. Mas deixamos agora outras dicas para que seja pesquisada e implantada em sua empresa. O

Excelência no Secretariado

Balanced ScoreCard - BSC pode ser um promissor ponto de partida para a empresa incorporar também as dimensões social e ambiental da sustentabilidade. A aplicação da Lei de Resíduos Sólidos é outra forma de ser sustentável.

As atitudes sustentáveis contagiam e acabam sendo incorporadas não apenas no meio profissional, mas também pessoal.

> "Quando os colaboradores encontrarão tempo para inovar se todas as tarefas e assuntos são classificados como "urgentes" e todos os prazos são "tão cedo quanto possível?" Lisa Bodell

Adotando um pequeno comportamento sustentável, atenuamos as mudanças climáticas, preservamos a diversidade biológica, combatemos a poluição das águas e promovemos o desenvolvimento econômico. A chave da participação está na inovação. Levar a vida de modo criativo em casa, na escola, na empresa e ter virtudes de um "ser sustentável": senso ético, visão coletivista, respeito pela diversidade e habilidade para conjugar resultados econômicos, sociais e ambientais.

REFERÊNCIAS

AGUERO, C. F. R. *La Secretaria Sustentable*. Posadas: Creativa, 2012.

BARBIERI, J. C. *Gestão ambiental empresarial: conceitos, modelos e instrumentos*. São Paulo: Saraiva, 2010.

BODELL, L. *Kill the Company: End the Status Quo, Start an Innovation Revolution*. Bibliomotion, 2012.

BRUNDTLAND, G. H. *Nosso Futuro Comum. Relatório da Comissão Mundial sobre Meio Ambiente e Desenvolvimento*. Rio de Janeiro: FGV, 1987.

GEMI, Global Environmental Management Initiative. Corporate Quality/Environmental Management: The First Conference. Proceedings. Washington, DC: GEMI, 1993.

ELKINGTON, J. *Sustentabilidade – canibais com garfo e faca*. São Paulo: M.Books, 2012.

MUNCH, L.; OLIVEIRA, F.; BANSI, A. Ecoeficiência: Uma análise das metodologias de mensuração e seus respectivos indicadores. *Revista de Gestão Social e Ambiental*. V. 5 (no. 3), pp. 183-199, setembro a dezembro de 2011.

SACHS, I. *Caminhos para o Desenvolvimento Sustentável*. Rio de Janeiro: Garamond, 2002.

46

O profissional de secretariado e os projetos de responsabilidade social

O secretário, profissional que assessora o executivo, vem conquistando espaço nas instituições, muito valorizado tanto na área administrativa quanto em outras. As organizações buscam ser socialmente responsáveis e é interessante que os discentes dos cursos superiores para formação de secretários executivos participem de projetos nessa área

Neusa Massarutti

Neusa Massarutti

Mestre em Administração pela UEM/UEL. Professora Assistente da UEL/CESA/Curso de Secretariado Executivo.

Contatos
massarutti@sercomtel.com.br
(43) 3328-0054 / 9996-6554

Neusa Massarutti

INTRODUÇÃO

O objetivo do projeto de extensão, *"Secretaria Modelo: Colocando em prática a responsabilidade social do curso de Secretariado Executivo da Universidade Estadual de Londrina"*, em 2009 - a partir de estágios desenvolvidos pelos alunos - foi a criação de um espaço físico para o seu cumprimento. O projeto adotou uma empresa da região, do comércio de instrumentos musicais, bem como ofereceu Cursos de *Introdução aos Serviços de Secretaria e Escritórios* para as comunidades internas e externas à Universidade, além de atuar na Escola Profissional e Social do Menor de Londrina em 2012. Todo o material foi elaborado por egressos do Curso de Secretariado Executivo da UEL a partir de monografias ou de manuais elaborados para este fim.

Os problemas sociais advindos da globalização motivaram importantes mudanças no comportamento da sociedade. A disseminação da Responsabilidade Social – RS – no Brasil é vista como obrigação moral na gestão empresarial e resultado da pressão da sociedade. Orientada por legislação e política buscando proteção aos direitos humanos, preserva o meio ambiente e melhora a condição de trabalho com resultados a curto e longo prazo. É tida por alguns como um privilégio das empresas no pagamento de impostos e cumprimento das leis, mas seu papel não fica restrito a isso, até por uma questão de sobrevivência das próprias empresas. Esse seu comprometimento ético contribui com o desenvolvimento econômico, com a melhoria e à qualidade de vida, também, das instituições.

Nosso objetivo é demonstrar que ela permite maiores ganhos empresariais e pode ser implementada pelo Secretário Executivo, pois sua profissão a torna um diferencial, sua carreira ganha destaque, sendo um profissional indispensável nas organizações, como afirmam Sabino e Rocha: {...} O curso de graduação em Secretariado Executivo se propõe a formar bacharéis com sólida formação geral e humanística, [...] aptos para o domínio em outros ramos do saber, desenvolvendo postura reflexiva e crítica [...]. (apud. Parecer 102/2004, p. 27). O Secretário Executivo está em constante luta pela valorização da profissão e essa é uma grande proposta de sua atuação.

RESPONSABILIDADE SOCIAL

Conforme Roman (2004, p. 36-37)

> Após a Segunda Guerra, a economia cresceu continuamente, nos moldes das teorias econômicas de John Maynard Keynes (1883-1946 – Inglaterra), que

Excelência no Secretariado

> propunha a intervenção estatal na vida econômica {...} A época era Keynesiana e antiliberal, assentada em um pacto entre o capital, o trabalho e o chamado Estado de Bem-Estar Social (*wellfare state*) {...} A responsabilidade social era assumida pelo Estado. (apud BARBOZA,2012).

Ocorrem crises sociais, políticas e trabalhistas em prejuízo do Estado do Bem-Estar Social, privatização de empresas estatais e esvaziamento de sindicatos, conforme Roman (2004, p. 37), que deixou um vácuo a ser preenchido e necessidade das empresas inserirem em suas obrigações o contexto social. Para o autor {...} É certo que algumas empresas ou outras instituições utilizam o termo Responsabilidade Social como marketing {...} confundem filantropia com o real significado do termo RS. (apud BARBOZA, 2012), mas pretendemos demonstrar outra visão.

O termo Responsabilidade, nos séculos XIII e XIV, para Hironaka (2002, p. 77) é muito utilizado na área jurídica, porém não é dos juristas; mas, por significar uma obra da moral, passou a pertencer ao campo do direito. (apud BARBOZA, 2012). RS não é de domínio privado das empresas, vem de diversas ideologias que buscam resolver problemas econômicos na sociedade e sua aplicação no ambiente empresarial originou a expressão Responsabilidade Social nas Empresas - RSE. O papel das empresas tem sido muito discutido quanto ao seu caráter de gerar lucros, o que está mudando é o fato de as empresas estarem despertando para a necessidade de atuar voltadas para atividades no setor social, por diversos fatores, como o processo de globalização que favorece a abertura dos mercados, a expansão da tecnologia e a acessibilidade da população à mesma.

Segundo Zarpelon (2006) é indispensável a criação de projetos sociais pela Educação Social através de instituições públicas ou privadas, divulgando-os perante a comunidade. Para alguns, ideia de obrigação legal, para outros, comportamento no sentido ético para Gomes e Moretti (2007), a capacidade de buscar e dar "respostas". Temos a necessidade de {...} responsabilidade assumida diante da sociedade, em relação à geração de empregos, a pagamento de salários dignos, à arrecadação correta de carga tributária, ao aumento da qualidade de vida, à assimilação e transferência de tecnologia. (ZARPELON, 2007 p. 15)

Ponto de partida para entender um povo é conhecer sua cultura. Então, para que se possa planejar um programa de responsabilidade social nas organizações é preciso conhecer sua cultura, preservar seus valores e missão, pois, conforme Ashley toda sociedade funciona de acordo com os princípios, valores e tradições culturais específicos [...] (2006 p. 8). Assim deve ser na empresa.

Neusa Massarutti

RESPONSABILIDADE SOCIAL PARA SECRETARIADO EXECUTIVO

Para enfrentar as transformações, ameaças e oportunidades é preciso sair da passividade, enfrentar os conflitos culturais, econômicos, sociais e profissionais e assumir o papel que as organizações precisam. Papel do Secretário Executivo, um articulador de extrema valia para a empresa, deve ser de co-participante dos processos gerenciais, assessorando e atuando como agente facilitador das mudanças culturais, políticas e sociais, buscando novas ideias e melhorias no ambiente de trabalho, pois conforme Sabino e Rocha {...} O maior talento dos assessores secretariais durante a sua história foi saber acompanhar as mudanças no mundo {...}. (2004, p. 15) e assim deve continuar.

Os conteúdos adquiridos através dos cursos superiores de Secretariado Executivo devem estimular a conscientização pelo novo, visão de oportunidades e aprendizado através de disciplinas e projetos, através da responsabilidade social pode desenvolver pesquisas e atividades que fomentem seus conhecimentos extracurriculares, obtendo qualificação profissional para acompanhar as tendências de mercado.

OS DISCENTES EM SECRETARIADO EXECUTIVO E OS PROJETOS DE RESPONSABILIDADE SOCIAL

O primeiro projeto discente desenvolvido em 2008 foi um estudo de caso prático de 4 meses com ação social voltada a crianças e jovens carentes de associação não governamental, com o intuito de promover a RS, formulado com base em pesquisas bibliográficas e entrevistas realizadas com a diretora do grupo sobre as atividades desenvolvidas com as crianças. As autoras da monografia *"Responsabilidade Social: Um Estudo de Caso do Grupo Hayapec"* foram as alunas Aline Santos, Carolina Santos e Carolina Silva.

Em 2009, nasce o projeto Secretaria Modelo a partir da monografia *"Secretaria Modelo: uma proposta de inserção de trabalho e responsabilidade social junto às comunidades interna e externa da UEL"* das alunas Amanda Noguchi e Débora Felippe, identificando as necessidades de capacitação para a comunidade local a partir das contribuições das atividades de extensão do curso de Secretário Executivo. Da teoria à prática, em 2010, dá-se a criação efetiva da Secretaria por outro grupo, com a elaboração de apostilas e manuais desenvolvidos para as aulas, advindos da monografia: *"Secretaria Modelo: Colocando em Prática a Responsabilidade Social do Curso de Secretariado Executivo da Universidade Estadual de Londrina"* das alunas Camila Ferreira, Camila. Marcelino, Dulciene Andrade, Eliane Figueiredo e Viviane Martins. Movido

Excelência no Secretariado

pela mesma vertente, outra monografia efetiva o projeto colocando-o em prática em 2011, com a oferta da 1º turma, para um grupo de mais 30 participantes, membros da comunidade interna e externa da UEL com aulas de *Português, Técnicas Secretariais e Introdução à Ética, Informática e Atendimento Telefônico em Inglês* ministradas pelas próprias discentes, intitulado *"Secretaria Modelo: uma Contribuição para a Prática do Profissional de Secretariado Executivo"*, da aluna Lígia Martins. Em 2012 dá-se a 2ª e 3ª turmas, com a 4ª e última em 2013 completados seus 3 anos.

Ainda em 2012, ocorre um 3º Projeto: a formação e capacitação de jovens e adolescentes, promovendo e mantendo ensino para instrução profissional à Escola Profissional e Social do Menor de Londrina – EPES-MEL, instituição filantrópica do Instituto Leonardo Murialdo – ILEM, pertencente à igreja católica, com promoção da cidadania, consciência solidária e a inclusão social dos alunos por meio da educação profissional com a realização de 3 turmas em 2 turnos como importante base para que se apreender noções de atividades secretariais.

RESULTADOS OBTIDOS

O **Projeto Secretaria Modelo** alcançou seus objetivos. A avaliação dos cursos foi muito positiva: muitos alunos se atualizaram e alcançaram novos conhecimentos quanto às rotinas secretariais; muito pedidos para novas turmas no período noturno e não somente aos sábados; e percepção e reconhecimento do comprometimento dos professores e do elevado nível do curso.

Percebeu-se a importância de que as instituições de ensino ampliem seu papel na sociedade quanto à **RS**, acrescentando ao foco econômico, a visão e consciência dessa ação, pois essas práticas são inseridas nas organizações em números crescentes não se restringindo à reciclagem de lixo. Tais atitudes já estão presentes no ambiente organizacional.

CONSIDERAÇÕES FINAIS

O projeto da Secretaria Modelo intensifica o interesse pelos projetos de extensão, resgatando os valores e o objetivo da responsabilidade social e incentivando a participação em atividades que contribuam para a formação do profissional de Secretariado Executivo. Envidamos esforços para a realização deste trabalho, de grande importância para colocar-se em prática os conhecimentos adquiridos na graduação e, por isso, sugerimos maior apoio e divulgação do mesmo e contribui-

Neusa Massarutti

ção para seu desenvolvimento, intensificando o interesse pelos programas e projetos de extensão, por valores e objetivo da responsabilidade social, incentivando a participação em pesquisas, valorizando a formação discente. Essa visão deve-se ao fato de que o Secretário Executivo, além, de executar suas tarefas com competência, pode, a partir de atividade de **RS** e **RSE**, disseminar seus conhecimentos com compromisso social e que a universidade deve formar cidadãos envolvidos com a sociedade civil, política e profissional.

REFERÊNCIAS

ASHLEY, Patrícia A. *Ética e responsabilidade social nos negócios.* 5 ed. São Paulo: Saraiva 2005.

BARBOZA, Sergio de G. *Responsabilidade social: ética ou estética. Um desafio para educação escolar no Brasil,* 2012. 148 p. Dissertação (Mestrado em Educação) – Universidade Estadual de Londrina, Londrina, 2012.

DEBIAGI, Bárbara F. e SANTO, Lígia F. B. *Responsabilidade Social Empresarial: a Atuação do Secretário executivo.* Trabalho de Conclusão de Curso (Graduação em Secretariado Executivo) – Universidade Estadual de Londrina, 2009.

FACHIN, Odília. *Fundamentos da metodologia.* 5 ed. [rev.]. São Paulo: Saraiva, 2006.

FERREIRA, Erika G. *Secretaria Modelo: avaliação das atividades interdisciplinares do projeto da secretaria modelo na EPESMEL.* Trabalho de Conclusão de Curso (Graduação em Secretariado Executivo) – Universidade Estadual de Londrina, Londrina 2012.

GOMES, Adriano; MORETTI, Sérgio. *A responsabilidade e o social: uma discussão sobre o papel das empresas.* São Paulo: Saraiva, 2007.

KARKOTLI, Gilson. *Responsabilidade Social Empresarial.* Petrópolis, RJ: Vozes, 2 ed., 2007.

MASSARUTTI, Neusa M. O. *Ética Empresarial: valores e normas que delineiam a identidade organizacional.* 2003. Dissertação (Mestrado em Administração) – Universidade Estadual de Maringá / Universidade Estadual de Londrina.

MELO NETO, Francisco P.; FROES, César. *Responsabilidade Social & Cidadania Empresarial: A Administração do Terceiro Setor.* Rio de Janeiro: Qualitymark, 2005.

SABINO, Rosemeri F. e ROCHA, Fabio G. *Secretariado: do escriba ao webwriter.* Rio de Janeiro: Brasport, 2004.

SANTOS, Aline A.; SANTOS, Carolina C.; SILVA, Carolina D. *Responsabilidade Social: Um Estudo de Caso do Grupo Hayapec.* Trabalho de Conclusão de Curso. 2008. Graduação – Universidade Estadual de Londrina-Pr.

ZARPELON, Marcio Ivanor. *Gestão e responsabilidade social:* NBR 16.001 S/A 8.000: implantação e prática. Rio de Janeiro: Qualitymark, 2006.

Excelência no Secretariado

Parte 7

Secretariado:
O futuro da profissão é hoje

Excelência no Secretariado

47

Tendências de atuação em RH

A importância da profissão nos processos decisórios: como assessorar e atingir resultados corporativos e pessoais com competência e qualidade

O tema produtividade e excelência está na pauta das organizações e vai ficar por muito tempo. O presente capítulo sugere conceitos e instrumentos práticos para alinhar estratégia, desempenho e produtividade humana. Lendo o contexto que lhe é apresentado, você irá observar que traduzir a estratégia de um negócio em objetivos estratégicos específicos envolve, necessariamente, a mensuração do desempenho e, também, a introdução de práticas de reconhecimento

Ana Maria Netto

Ana Maria Netto

Secretária Executiva, SRTE/SC 355. Tecnóloga em Gestão de Pequenas e Médias *Empresas*. Especialista Acadêmica em Secretariado e em Tutoria de Ensino a Distância. 36 anos de profissão. Fundadora (1987) e 1ª Presidente do Sindicato dos Profissionais e Estudantes de Secretariado no Estado de Santa Catarina – SINSESC. Fundadora e Diretora da FENASSEC 1988-2006. Coordenadora do Centro de Educação em Secretariado e dos Cursos Técnico e Pós-Graduação em Secretariado. Docente de Secretariado nível Superior e Técnico. Consultoria para Instituições de Ensino para Implantação de cursos de Secretariado e Consultoria do Projeto de Criação e Veiculação da Revista O*nline* EFICIÊNCIA: www.revistaeficiencia.com.br.

Contatos
www.sinsesc.com.br
ana@sinsesc.com.br
ana.m.netto@facebook.com
(48) 32231364 / (48) 9963804

Ana Maria Netto

PANORAMA

As constantes mudanças sociopolíticas no cenário econômico que acontecem no mundo geram alterações no comportamento de todos os profissionais deste século.

As palavras constantes são: globalização – fazendo o mundo ficar *sem fronteiras*; tendências da informática – transformando grande parte da população em *analfabetos tecnológicos;* e o l*ivre comércio* que afeta a apresentação de produtos e serviços.

Este novo mundo dos negócios que exige um perfil profissional generalista e multifacetado tem reflexos também nas organizações, determinando uma gestão moderna, com interesse no macro-sistema e para cada peça que o compõe. A frase que recomenda um *olhar para a floresta* e também para as *árvores nunca* foi tão verdadeira e necessária.

Thomas H. Davemport e John C. Beck (2001) afirmam:

> Na era da informação, o conhecimento era poder – quanto mais a empresa acumulava, maiores as suas chances de sucesso. Mas, quando torrentes de informações desnecessárias congestionam o cérebro dos trabalhadores e esclerosam as artérias da comunicação nas organizações, a atenção é o recurso escasso que efetivamente energiza a empresa.

O processo de transformação não é somente dinâmico, é totalmente irreversível, envolvendo todos os que estão no contexto organizacional. As mudanças chegam tal qual *uma onda que nos engole*, quando não estamos *preparados para mergulhar.*

No campo pessoal, o novo sempre gera um desconforto, causado pelo medo do desconhecido. Enfrentar mudanças significa sair da *zona de conforto* e assumir responsabilidades que, em contrapartida, podem estar repletas de desafios.

A PROFISSÃO DE SECRETÁRIO EXECUTIVO NO SÉCULO 21

Na prática, o secretário executivo é reconhecido como o profissional estratégico da engrenagem administrativa com grande capacidade de transitar e interagir em todos os setores da organização.

O secretário utiliza, nesta tarefa, habilidades que não constam somente do seu aprendizado acadêmico, mas fazem parte de conhecimentos adquiridos em sua vivência.

Acrescenta-se aqui a necessidade de administrar suas próprias emoções, ao mesmo tempo em que age como o *confessor* dos colaboradores e do próprio gestor, no tocante às suas queixas, reclamações e desabafos.

Excelência no Secretariado

Desse modo, tenta obter a melhoria da qualidade nos relacionamentos que acontecem entre as pessoas que transitam na organização e que possuem variados temperamentos, pois o secretário é possuidor de uma genuína confiança, capaz de desencadear esse processo.

O SECRETÁRIO EXECUTIVO NO SÉCULO 21

Qual sua Formação?

Neste século de mudanças, a formação dos trabalhadores de todas as áreas tornou-se diferente. Ampliaram-se as técnicas e as formas de aprendizagem, as estruturas, distâncias e espaços deixaram de ser obstáculos ao conhecimento.

Uma das mais intensas e evidentes alterações ocorreu na formação do secretariado executivo. Com atuação na área de maior responsabilidade, a estratégica, onde se concentram as decisões da organização, com variadas e complexas tarefas, o assessoramento exigiu modificações no seu saber e no desenvolvimento de suas competências.

Assuntos técnicos ou específicos da profissão, aliados a questões generalistas, tornaram-se mais profundos. A necessidade de conquistar um conhecimento amplo, porém formal, sobre todos os assuntos que envolvem a profissão, tornou-se premente para o desempenho das atividades, com vistas à obtenção de resultados efetivos para a organização.

Considerando que neste século uma nova ordem impera, com especialistas afirmando que profissionais devem ser *20% técnicos e 80% mais humanos*, a educação do profissional, para ser completa, deverá incluir o estudo de assuntos relacionados com o comportamento humano. Já dizia Sócrates, *conhece-te a ti mesmo e conhecerás o universo e os deuses*.

Essa frase, na filosofia socrática, faz referência à busca do autoconhecimento, assim como do conhecimento do mundo e da verdade, visando uma vida equilibrada, autêntica e mais feliz.

Qual sua essência?

Etimologicamente, uma profissão não muda com o passar dos tempos. A modernização não afeta a sua essência: *assistir e assessorar o poder decisório* sempre constará da principal atribuição do secretário.

A análise que suscita interesse sobre a questão é o fator externo que pode causar danos aos desavisados da profissão.

Ana Maria Netto

Obviamente, não se questiona a mudança e a consequente evolução que ocorreram em quase todas as profissões, ao longo dos anos, mas sim a essência dessa mudança.

Segundo Mazulo e Liendo (2010) *"Gerir é ter o controle do que fazemos. É ter a mente aberta para todas as questões que nos rodeiam, mirando não apenas com os olhos, mas usando nossa percepção e nossa sensibilidade para compreender o todo".*

O novo retrato do secretariado executivo pressupõe também alteração na sua individualidade. De acordo com Goleman (2001),

> Somente pessoas emocionalmente inteligentes podem construir relações interpessoais coerentes, capazes de atravessar os processos de mudanças que ocorrem no mundo pessoal e corporativo, sem sofrer choques que possam comprometer a qualidade do seu trabalho.

Foram as relações interpessoais que impulsionaram o secretariado a adquirir a capacidade de empatia, tão necessária ao desempenho de sua profissão. O profissional entende que a motivação e o desempenho variam de pessoa para pessoa e não somente em decorrência dos processos de mudanças que invariavelmente ocorrem no mundo.

Qual seu perfil?

É neste ambiente organizacional, repleto de mudanças e inconstâncias que encontramos o novo secretário.' O gerenciamento de suas habilidades técnicas e pessoais irá permitir o exercício de sua profissão para *assistir e assessorar* o seu gestor e, também, realizar as demais atividades que o seu cargo requer.

Este profissional está inserido no Grupo de Atividades, definido por Reich (1993) como *analítico-simbólico*, capaz de identificar e resolver problemas. Integram também as atividades do secretariado as tarefas de: coordenação de equipes; otimização do assessoramento; gestão do fluxo das informações; elaboração de projetos e a correspondente administração e inserção na organização e gerenciamento das relações profissionais, segundo os estudiosos da profissão.

A *tríade* das atividades que Reich (1993) classifica como Rotineiras, Interpessoais e Analítico-Simbólicos, situando neste último o assessoramento, conferiram ao secretariado a definição de *"3ª profissão do mundo"* (1996) e ainda a afirmação de que as secretárias brasileiras são *"as mais bem preparadas"*, conforme matéria publicada no jornal britânico The Guardian em 30 de abril de 2001.

Excelência no Secretariado

O novo perfil dos secretários executivos está relacionado, sem dúvida, com a descrição das suas atribuições, definidas a partir do *"debruçar sobre a profissão"*, de Torquato (1992), e complementado por seu enquadramento na Nova **CBO**:

> O perfil atual do profissional de secretariado é de um assessor, gestor e consultor e está enquadrado no grupo **G-4**, portanto, no Grupo correto, visto que este Grupo prevê um profissional com formação eclética, excelente nível de intelectualidade, enfim, mais adequado ao perfil do profissional exigido pelo mercado.

A definição de secretário Executivo na Nova Classificação está assim definida:

Secretário Executivo Bilíngue – Assessor de diretoria e da presidência. Assistente de diretoria e da presidência. Auxiliar administrativo de diretoria e presidência. Secretário de diretoria e de presidência. Secretário pleno. Secretário sênior

Descrição Sumária de suas Atribuições – Transformam a linguagem oral em escrita, registrando falas em sinais, decodificando-os em texto; revisam textos e documentos; organizam as atividades gerais da área e assessoram o seu desenvolvimento; coordenam a execução de tarefas; redigem textos e comunicam-se, oralmente e por escrito.

RECURSOS OU TALENTOS HUMANOS

Essa amplitude no alcance das atividades do secretariado executivo, somados à visão holística da organização, tem o poder de instrumentalizá-lo para executar variadas atribuições na empresa, incluindo aquelas inerentes ao setor de Recursos Humanos - RH, que exige habilidades que o secretário já tem desenvolvidas, haja vista o exercício de seu papel de assessoramento.

A organização, a discrição, a ética, o sigilo, a administração do tempo, a habilidade de trabalhar sob pressão, com prazos exíguos, o atendimento ao cliente interno e externo, o gerenciamento da comunicação, a facilidade de transitar entre os colaboradores, a gestão de tempo e de equipes são consideradas competências que o secretário executivo possui e são também essenciais para o desempenho de atribuições do setor de recursos humanos.

Tal qual o profissional de secretariado, o profissional de RH também se depara com as exigências de um novo mercado. Longe de ser

Ana Maria Netto

apenas burocrático e operacional, esse setor passou a ser estratégico nas organizações, exigindo de seus profissionais o desenvolvimento de novas competências, relacionadas com aspectos subjetivos do ser humano e sua relação com o trabalho.

A atuação do secretariado executivo na organização também se tornou abrangente e diversificada, permitindo a ele, dessa forma, desempenhar funções não tecnicistas do RH, principalmente aquelas relacionadas com o fator comportamental.

Atribuições de Recursos Humanos ao alcance do Secretário Executivo

O secretário executivo, na execução de sua rotina, consegue perceber como se comportam as pessoas que transitam na organização, a partir de sua interação com todos os setores. Ele observa, escuta e avalia os fundamentos das reivindicações. Relaciona-se com pessoas, porém, de maneira absolutamente imparcial, chegando até mesmo a administrar conflitos. Tem poder de influência, respeita a todos e, em contrapartida, é respeitado por ser visto como *pessoa neutra*.

Sendo assim, sua experiência profissional multifacetada, somada a treinamentos específicos, permite realizar funções inerentes ao setor de RH, tais como: análise de currículos, entrevistas técnicas específicas, integração de novos colaboradores, criação de materiais de endomarketing, orientação dos colaboradores internos com vistas à aceitação de programas de mudança e treinamentos específicos relacionados à sua área de atuação, entre tantos outros.

Cabe detalhar pelo menos um desses itens elencados, para se ter uma ideia mais clara das possibilidades ao alcance do profissional de secretariado:

- **Treinamento e desenvolvimento** – considerando sua habilidade em comunicação, podemos citar alguns treinamentos a título de exemplo, que o secretário executivo pode executar: técnicas de comunicação corporativa; etiqueta social e profissional; técnicas de secretariado e de assessoramento para demais secretários e atendimento ao cliente.

A recomendação que fazemos ao secretário, que tenciona ir além do desempenho das atribuições elencadas em sua descrição de cargo, é que o setor de o RH pode ser uma oportunidade e um desafio, pois amplia seus conhecimentos e experiências e também suas competências essenciais. Essa pode ser uma vantagem competitiva que o impulsionará

Excelência no Secretariado

para ocupar outros cargos na organização, desde que, paralelamente, busque outra formação específica que o prepare para isso. Também é uma excelente oportunidade para exercer uma atividade que proporcione uma segunda geração de renda, principalmente se o profissional buscar capacitação específica para desenvolver atividades compatíveis com sua profissão, tais como: palestrante, promotor de eventos, treinamentos externos à organização, executor e gerenciador de projetos, entre outras.

O secretário preparado pode ser o representante do que Reich (1993) identificou como um profissional *Analítico-Simbólico*, capaz de *identificar os problemas e encontrar as soluções*. O secretário, de fato, tem valor ilimitado para o mercado e para as organizações, se considerarmos a relação custo-benefício, principalmente pela sua alta capacidade de administrar e ampliar o *networking* da organização, que é, hoje, o grande diferencial de competitividade para as empresas, no mundo globalizado dos negócios.

CONCLUSÃO

Ao concluir este artigo antevejo o secretário trilhando novos caminhos além dos já percorridos até aqui. A sua habilidade de rápida adequação aos novos cenários de globalização, tecnologia e informação, aliada ao desenvolvimento de uma visão holística da organização, pode acelerar a conquista por maior respeito e valorização, que deve começar pela própria categoria, com a sua profissão.

Secretariado: tudo está, como sempre, em suas mãos. A diferença é que o resultado pretendido corresponde exatamente ao esforço que quiser empregar.

REFERÊNCIAS

CARVALHO, Antonio Pires de. *Manual do secretariado executivo*. D´Livros Editora, RJ, 1998.

DAVEMPORT. H. Thomas; Beck, C. John. *A economia da atenção: compreendendo o novo diferencial de valor dos negócios*. Campus, RJ, Campus, 2001.

MAZZULO, Rosseli; LIENDO, Sandra. *Secretária. Rotina gerencial, habilidades comportamentais e plano de carreira*. São Paulo: SENAC, 2010.

As secretárias brasileiras são as mais bem preparadas. The Guardian. abril /2001.

48

Gestão de carreira para o profissional de secretariado

Este capítulo aborda conceitos e orientações para uma evolução profissional e um planejamento de carreira para que o profissional consiga resgatar suas aptidões, *habilidades* e assim traçar seus objetivos profissionais, bem como trabalhar para suas conquistas pessoais

Bruno Frota

Bruno Frota

Graduação em Administração de Empresas pela Universidade Católica de Santos. MBA Executivo em Marketing pela FGV - Fundação Getulio Vargas. Docente na FMU - Faculdades Metropolitanas Unidas ministrando as matérias de Gestão da Qualidade, Sustentabilidade, Empreendedorismo, Gestão de Projetos, Gestão Profissional de Carreiras, Planejamento Estratégico, Governança Corporativa e Marketing. Experiência de 13 anos no mercado financeiro na elaboração de Programas de Qualidade. Gestor de EaD em *e-learning* para melhores práticas de atendimento e alavancagem de negócios. Instrutor e palestrante para Mercado Financeiro, Código de Defesa do Consumidor, Lei do SAC e Educação Financeira Sustentável. Atuação no mercado de TV por assinatura em alta definição HDTV e comunicação via banda larga em empresa líder da América Latina, na área de Qualidade de Atendimento. Auditor de Responsabilidade Social, Ambiental e 3º Setor com ISO 26000:2010. Consultor, *Personal Coach, Professional & Executive Coach, Coach* Empresarial. Escritor do livro Coaching de Alta Performance, pela Editora Literare Books.

Contatos
bruno.frota@hotmail.com
(11) 97150-2286

Planejamento de carreira e o secretariado

O conceito de carreira passou por diversas transformações ao longo de sua aplicabilidade, pois o termo é derivado da palavra latina *Carraria*, que significa "caminho para carros" ou que identificava um caminho. Hoje, a palavra carreira foi associada à ideia de "caminhos da vida profissional" como a soma de todos os cargos ou posições ocupadas por uma pessoa durante sua vida profissional.

Para London e Stumph (1982), carreira consiste na sequência de posições ocupadas e de trabalhos realizados durante a vida profissional de uma pessoa considerando o entendimento e avaliação das experiências profissionais que fazem parte da perspectiva do indivíduo.

Dessa forma, o planejamento de carreira torna-se fundamental para que o caminho a ser percorrido tenha uma direção clara e bem definida, através do autoconhecimento, de atividades que tragam satisfações pessoais, profissionais e intelectuais, visando sua recompensa e realização.

Assim, o profissional de secretariado pode contribuir agindo positivamente com as suas *habilidades*, de forma reflexiva e construtiva, nas relações que estabelece com superiores, subordinados, colegas, fornecedores, clientes entre outros *stakeholders*.

A habilidade pode ser definida como a capacidade de realizar uma tarefa ou um conjunto de tarefas em conformidade com determinados padrões exigidos pela organização, ou seja, é o saber fazer. Pode ser caracterizada pelos seguintes elementos:

- Conhecimentos: técnico, teorias e metodologias relacionadas ao trabalho.
- Aptidões pessoais: as características do indivíduo, tais como capacidade de concentração e vocação.
- Aplicação prática: relaciona a mobilização dos conhecimentos teóricos e das aptidões pessoais, aplicadas no trabalho.

Dessa maneira para o profissional de secretariado que tem sua remuneração atrelada a curvas de performances baseadas em habilidades, apresentam-se vantagens e ganhos tanto para a organização como para o profissional. Tais ganhos podem ser resultantes do esforço de capacitação e do aumento das habilidades técnicas adquiridas ou vinculadas às atitudes e às habilidades de gestão.

As habilidades voltadas à gestão encontram-se acima das habilidades técnicas, que são chamadas de competências. O conceito de competências possui três componentes básicos, que são conhecimentos, habilidades e atitudes - CHA:

Excelência no Secretariado

- Conhecimentos: é o "saber adquirido", os conceitos, técnicas, teorias e metodologias relacionadas ao trabalho;
- Habilidades: é o "saber fazer", ou seja, é o conhecimento colocado em prática;
- Atitudes: são relacionadas aos comportamentos do profissional, a forma como ele age junto a pares, superiores e subordinados;

No cenário moderno e globalizado que vivenciamos nas empresas, com tantas mudanças e novas exigências, verifica-se que o profissional em secretariado, com habilidades técnicas e habilidades de coeficiente intelectual desde sua capacitação, idiomas e qualificações, encontra-se numa posição favorável no mercado de trabalho. A somatória das habilidades, trabalhadas em ascensão, com as contínuas entregas através de muita resiliência, forma-o com um perfil de competências necessárias para uma senioridade profissional.

O papel do profissional de secretariado é visto hoje como intermediário na gestão de conflitos, gestão de crises e gestão de mudanças nas organizações, sendo uma referência para os demais colaboradores e seus diferentes públicos, promovendo relações interpessoais positivas, e um ambiente de confiança, bem como estimular as pessoas para que se encontrem em um processo reflexivo, **o qual visa elevar a maturidade emocional de cada um**, espelhando-se no profissional que faz da sua resiliência uma competência, alicerçando suas ações, comportamentos e *feedbacks*.

Com a evolução da economia, o avanço das empresas em diversos setores e prestação de serviços, a procura por profissionais mais qualificados também aumentou. Com essa exigência do mercado, conseguimos, também, uma grande entrega de valor para a carreira, sendo através de pesquisas de mercado, *network*, ou até mesmo com um planejamento de uma logística reversa, por exemplo, se daqui a 10 anos eu quero estar numa posição estruturada, segura e confortável dentro de uma grande empresa, ou com o meu próprio negócio, o que eu devo fazer para ser bem-sucedido e chegar até lá?

O Plano de Carreira é um exercício que ajuda a descrever um modelo de sucesso, empreendimento ou negócios da profissão que sustentam toda a trajetória a ser planejada, executada, verificada e corrigida quando das alterações ou caminhos não lineares. No desenvolvimento do plano de carreira, alguns pontos-chaves devem ser focados como por exemplo:

- Em que negócio você está?

- Que tipo de serviço você presta?
- Quem são seus principais clientes?
- Qual é o mercado alvo?
- Onde quer chegar?

A partir desses questionamentos, o profissional tem a oportunidade de vislumbrar sua trajetória e suas possibilidades de sucesso profissional e realização pessoal. O plano de carreira o ajudará a desenvolver os conteúdos e as práticas dentro de um planejamento realista e tangível, fundamentados em seis itens para reflexão e execução dessa atividade:

1. **Introdução** – apresentação e breve resumo das descobertas do potencial do profissional. Na introdução do plano de carreira, temos uma redação com uma dinâmica bem diferenciada, sendo uma ótima oportunidade de resgatar seus valores, seus princípios e suas crenças, pois o título para esse exercício é: peguei carona?

A resposta deverá fazer o profissional refletir como chegou até aos dias atuais perante sua trajetória, qualificações, trabalhos desenvolvidos, escolha da graduação, sendo influenciado por situações ou "caronas" em orientações de familiares, amigos, professores, pares, parceiros ou pelas próprias tomadas de decisões pessoais, as quais foram direcionadas até hoje.

2. **Curriculum Vitae** – na sequência da redação de introdução, o profissional deve elaborar um curriculum atualizado com todas as suas qualificações, histórico profissional e o que fez de valioso nessa jornada, incluindo também ações em organizações sociais ou filantrópicas.

3. **Análise das oportunidades pessoais** – neste item, o profissional deve fazer uma descrição, bem como uma correspondência das habilidades com as competências que poderá explorar na carreira. Para essa análise é utilizado o recurso de uma matriz, uma ferramenta de qualidade, como por exemplo, uma análise SWOT. Trata-se da mesma ferramenta para avaliar o cenário corporativo durante o planejamento estratégico organizacional. Devido à sua simplicidade, é utilizada para qualquer outro tipo de análise.

Excelência no Secretariado

Para elaborar uma Análise SWOT, identificação de pontos fortes, pontos fracos, ameaças e oportunidades, normalmente usamos uma simples planilha dividida em quatro áreas:

(S) *Strengths* (Pontos Fortes, de origem interna)
(W) *Weaknesses* (Pontos Fracos, de origem interna)
(O) *Opportunities* (Oportunidades externas)
(T) *Threats* (Ameaças externas)

Análise interna	
Forças	**Fraquezas**
Pontos Fortes: 1. O que você faz bem? 2. Que recursos especiais você possui e pode aproveitar? 3. O que as outras pessoas acham que você faz bem?	4. No que você pode melhorar? 5. Onde você tem menos recursos que os outros? 6. O que outros acham que são suas fraquezas?
Análise Externa	
Oportunidades	**Ameaças**
1. Quais são as oportunidades de trabalho que você pode identificar? 2. Que "modas" e tendências você pode aproveitar em seu favor? Pensa em abrir um negócio? Qual, quanto, onde, quando e com quem? 3. Aumento do interesse das empresas em novos negócios, divulgação na internet, redes sociais, aplicativos, mídias?	4. Que ameaças (SRTE, concorrentes Leis 7.377/85 e 9.261/96, regulamentos) podem ameaçá-lo? 5. O que seu concorrente anda fazendo? 6. Idiomas, intercâmbios, experiências no exterior? Um acúmulo de experiências em diversos segmentos sem um foco profissional

Com foco no plano de carreiras, vamos para cada um desses itens, fazer as seguintes perguntas:

4. **Análise das oportunidades de mercado** – estudo de mercado em que o profissional deseja ingressar, atuar, aprimorar ou modificar em sua carreira. Como o profissional de secretariado tem um amplo mercado de atuação, consegue melhores resultados com o acúmulo de experiências nos segmentos similares, por exemplo, um profissional que atuou em consultório

médico, depois foi trabalhar em hospitais e depois em indústria farmacêutica, nesse caso toda sua experiência na área de saúde trouxe um diferencial competitivo.

Para planejar e mapear os locais, cidades, empresas, segmentos, que pretende atuar, pode-se utilizar a mesma ferramenta SWOT, focando em oportunidade e ameaças.

5. **Resultados esperados** – Após as devidas análises pessoais com reflexões de seus princípios e crenças, faça uma auto-análise de seu *curriculum* atualizado e com o planejamento do mercado que continuará atuando, ou vislumbrando a necessidade de modificar sua carreira com outro segmento ou até mesmo um empreendedorismo. O profissional consegue consolidar o seu objetivo dentro da sua Missão, Visão e Valores, bem como um direcionamento que permite atuar dentro da sua personalidade, princípios, crenças e vocação.

6. **Conclusão** – Fechamento do plano, o profissional consegue entender seu plano de carreira dentro de uma conclusão da trajetória profissional, desenvolvida com base em críticas, propostas e novos desafios, elaboradas dentro das condições expostas pela sua ambição. Assim, conclui um planejamento de carreira com trabalhos, empresas, empreendedorismo dentro de prazos e resultados tangíveis.

Para que o plano de carreira seja elaborado com base na missão individual e visão de futuro para 5, 10 ou até um direcionamento para 15 anos, é importante que responda algumas questões que o ajudarão a desenvolver-se, como:

1) Quem são as pessoas que carregam suas energias?
2) Que habilidades você precisa para sua profissão?
3) Quais os cursos e escolaridades necessários para sua carreira?
4) Onde e com quem você pretende estar morando? Previsão em até dez anos.
5) Seu salário e seu patrimônio?
6) Seus objetivos e ao menos um sonho?
7) Que tipo de pessoa você quer ser de acordo com sua carreira?
8) Qual seu valor humano?

Importante saber que **sonho** é o que o move adiante e **vocação** é o que a gente gosta de fazer, se empenha e faz bem feito.

Excelência no Secretariado

Isso serve para qualquer profissão e se permite realizar em qualquer estágio da vida profissional, na introdução, no crescimento, na maturidade, ou em outras transições de mudanças.

Antes de concluir todo o projeto, deve-se executar mais uma atividade, tratam-se de algumas soluções caso houver algum imprevisto durante esse percurso. Como um anexo do projeto, elabora-se uma redação com o tema: *"Fiquei desempregado, e agora? A solução está em minhas mãos"*.

Nesse exercício, o profissional se compromete com cinco soluções nas quais descreve cinco atitudes e tarefas caso aconteça alguma alteração ou influência de forças externas, e encontre-se desempregado durante a trajetória de carreira. O objetivo é que quando se deparar com esse tipo de situação, tenha elaborado cinco soluções para não perder o seu foco, ou adaptar-se dentro dos seus novos propósitos, estipulados nesse exercício.

Como contraponto às teorias tradicionais de carreira entre a pessoa e a organização, a perspectiva de um modelo atual e globalizado traz respostas orientadas às mudanças sociais, ao imediatismo das Gerações Y e Z, e ao comportamento de uma nova economia voltada ao consumo, proveniente ao acesso ao crédito. Uma carreira bem planejada faz a pessoa aumentar sua renda, antecipando seus objetivos com a comercialização do seu trabalho.

Um plano de carreira feito com a máxima dedicação e rico em detalhes como prazos, lugares, custos, benefícios bem elaborados, faz com que o profissional tenha uma grande solução em suas mãos, principalmente caso aconteça alguma alteração ou influência de forças externas e, por algum período, tenha sua trajetória de carreira interrompida. O benefício é que quando se deparar com esse tipo de situação tenha elaborado soluções para não perder o seu foco, ou adaptar-se dentro dos seus novos propósitos, estipulados nesse exercício como um presente, uma elaboração em formato de gratidão à sua carreira, daquilo que será perseguido, com confiança, empenho, garra e muito SUCESSO.

REFERÊNCIAS

AGAREZ, A. *Gestão de Pessoas – Categoria Profissional*. São Paulo: Qualitymark, 2009.

DORNELLAS, J. *Empreendedorismo*. Rio de Janeiro: Elsevier, 2008.

DUTRA, Joel S. *Gestão de Carreiras na Empresa Contemporânea*. São Paulo: Atlas, 2010.

GOLEMAN, Daniel. *Inteligência Emocional*. 79. ed. Rio de Janeiro: Objetiva, 1995.

LOPES, Neyde Vernieri. *Gestão Estratégica de Desempenho*. Rio de Janeiro: Qualitymark, 2009.

ROBINS, Stephen. *Comportamento Organizacional – Teoria e Prática no Contexto Brasileiro*. 14ª ed. São Paulo: Pearson Prentice Hall, 2010.

49

Tendências da atuação profissional Consultoria secretarial: Uma nova visão de realidade

O uso efetivo das tecnologias, a globalização e a complexidade da gestão evoluíram a atuação do secretário. A profissão está regulamentada há mais de 25 anos; os profissionais adquiriram maturidade, inovaram no fazer secretarial e hoje possuem *know-how* para os novos horizontes: secretariado, assessoria, consultoria, cogestão e empreendedorismo. Nosso foco será a consultoria secretarial

Chussy Karlla Antunes

Chussy Karlla Antunes

Mestrado em Gestão Pública - Universidade Federal de Pernambuco. Especialista em Planejamento Educacional e Administração Escolar - Universidade Federal de Pernambuco. Especialista em Ciência Política: Teoria e Prática Política no Brasil - Universidade Católica de Pernambuco. Secretaria Executiva - Escola Superior de Relações Públicas. Atualmente é professora e coordenadora do Curso de Secretariado Executivo Bilíngue da Universidade Federal da Paraíba. Membro da Comissão Assessora de Avaliação da Área de Secretariado Executivo - MEC/ENADE; Avaliadora Ad Hoc de Cursos Superiores -MEC/INEP. Membro do Comitê de Ética para pesquisa da FAV – Fundação Altinho Ventura e Consultora da área secretarial. Experiência em: secretariado, ouvidoria pública, planejamento público, administração e planejamento educacional e desenvolvimento de equipes.

Contatos
chussy@ccae.ufpb.br
chussysa@gmail.com

Gestor, assessor, consultor

A assessoria é a essência da atuação secretarial. Está consolidada e reconhecida no mercado de trabalho e tem o respaldo da formação específica. Com a dinamicidade das organizações, o secretário, já desenvolve em sua rotina, atividades de gestão, de cogestão executiva, e pratica, ainda que inconscientemente, a consultoria interna.

Como assessor, o secretário desenvolve atividades-meio, fazendo uso das técnicas secretariais ao suporte executivo, às unidades específicas, ou à organização, para o alcance dos objetivos traçados. Já em sua atuação de cogestão executiva, gestão secretarial e consultoria interna, esse papel se amplia.

A cogestão executiva é fruto da parceria na organização, por meio das delegações a ele demandadas e confiadas. É mais comum em organizações com estrutura matricial, ou que adotam uma gestão por resultados, ou seja, quando o secretário participa da implementação de um projeto ou das ações para alcançar as metas previamente definidas. Como cogestor, é preciso estar claro e definido o seu papel nessa participação.

No sistema secretarial, o secretário muda de papel; deixa de ser cogestor e torna-se o gestor secretarial. No sistema secretarial, a gestão é totalmente inerente ao secretário. As atividades desenvolvidas são fins para o sistema secretarial, mesmo estando inserido no sistema macro, a organização. A gestão é responsabilidade do secretário e deve estar alinhada às estratégias organizacionais. Tanto em uma como em outra forma de gerir, são exigidos do secretário conhecimentos das funções administrativas, visão sistêmica no negócio, além de conhecimento amplo em sua área de atuação.

Segundo Block, "a maioria das pessoas que participam de uma equipe ou assumem papéis de suporte em organizações são consultores" (BLOK, 2013, p36); a consultoria interna "tem assumido papel importante nas empresas como atividade de apoio à gestão e à agilidade das ações da organização" (Girardi, Lapolli e Tosta, 2009, p. 4), podemos ver o secretário no papel de consultor interno.

A partir dessa nova visão de atuação secretarial, surgem questionamentos comuns entre os profissionais da área: o que é uma consultoria secretarial? O que faz uma consultoria secretarial? Podemos oferecer consultoria secretarial às organizações?

Antes de respondê-los são necessários alguns esclarecimentos para melhorar a compreensão dos desafios e peculiaridades, que envolvem o *modus operandi* de uma consultoria secretarial.

Consultoria empresarial e consultoria secretarial são atividades distintas. A empresarial "é um processo interativo de um agente de mudanças externo à empresa, o qual assume a responsabilidade de

Excelência no Secretariado

auxiliar os executivos e profissionais da referida empresa nas tomadas de decisões, não tendo, entretanto, o controle direto da situação" (OLIVEIRA, 2009, p 4); a secretarial está relacionada a uma melhoria, aperfeiçoamento, inovação empreendedora no sistema secretarial. Ambas não têm o controle direto da situação, esse é exclusivo do gestor ou da empresa/cliente que contrata a consultoria; podendo assumir a tipologia de consultoria interna, se o secretário é um funcionário da empresa, ou externa, se não possui vínculo com a mesma.

Os campos de atuação da atividade de consultoria são variados. O que distingue a consultoria do serviço de assessoramento é o seu objetivo final, que é otimizar a qualidade do trabalho, bem como dos resultados da organização, colaborando com os gestores na definição de novas estratégias (ALVES, 2009). O bom funcionamento do sistema secretarial, área meio da empresa, impacta diretamente no alcance dos objetivos da organização; como outro subsistema, merece um olhar sobre sua efetividade funcional.

Um secretário, em sua gestão secretarial precisa ter uma visão sistêmica da organização, que permitirá mapear as conexões dos processos organizacionais com o sistema secretarial, e vice-versa, suas inter-relações, dependências e procedimentos administrativos adotados. O secretário consultor surge quando, ao observar processos críticos à efetividade do sistema secretarial, apresenta projeto propositivo de melhorias, realizando uma consultoria secretarial interna.

Antes de iniciar os estudos/diagnóstico para elaborar o projeto e apresentar as ações da intervenção pretendida, deverá ter consciência dos desafios a enfrentar: desempenhará dois papéis ao mesmo tempo: o de secretário executivo e de consultor interno. Como consultor interno, não pode perder de vista que é um funcionário, sendo necessário agir de acordo com a cultura, a política organizacional e a hierarquia. Em virtude da cultura organizacional, os processos de mudanças advindos de uma consultoria estão suscetíveis às resistências dos envolvidos, o que pode prejudicar a intervenção desejada. O secretário necessita envolver seus pares, demonstrando os benefícios da proposta. É importante ressaltar a seus superiores as vantagens competitivas para a empresa, assumindo o papel de agente de mudanças. Ao lidar com o poder, poderá representar uma ameaça a alguns gestores ou mesmo ser questionado quando à sua capacidade para realizar o projeto; nessas situações, o confronto deve ser evitado. Agir e demonstrar que sabe o seu papel na hierarquia, com atitudes competentes e humildes. Para dirimir possíveis conflitos, ter como diretriz os atributos secretariais, sedimentados na confiança, integridade e honestidade. (MORGAN, HUNTER, 1994)

Superados esses desafios e tendo a proposta de consultoria aceita, a intervenção deverá seguir as etapas normais de uma consultoria. Em Mancia (1997) as etapas de uma consultoria compreendem: a entrada, o contrato, o diagnóstico, o *feedback*, a implementação e a finalização. Segundo Block (2013), é preciso, nesse papel de consultor ter habilidades técnicas e interpessoais.

Por que uma empresa aceita ou contrata uma consultoria?

Sem dúvida, espera algo novo, conhecimentos específicos, subsídios consistentes de um especialista para a tomada de decisão e condução de sua equipe.

O conhecimento técnico vem da formação acadêmica; mas, é a prática, aliada à vivência em empresas de naturezas distintas, que desenvolvem a habilidade técnica profissional, formando um especialista no fazer. Somente profissionais com este perfil serão escolhidos para esse papel.

Frases do tipo: vamos consultar o secretário "x", pois tem mais experiência na área, vamos convidá-lo para nos ajudar a decidir, são comuns em muitos cenários empresariais.

O trabalho de consultoria amplia o leque de atuação do secretário; pode ser desenvolvido com a sólida formação da profissão, somada à experiência e o aprender permanente de conhecimentos específicos e diferenciados.

A habilidade de relacionamento interpessoal é outro fator vital para o sucesso da intervenção. A essência dos relacionamentos precisa ser a confiança, a transparência, a capacidade de trabalhar em equipe. É importante que o "outro" se sinta útil e parte do projeto, para que possa somar esforços para o sucesso do projeto.

Quando um profissional está pronto para dar consultoria secretarial?

Segundo Alves (2009) a estrutura de carreira para consultores está baseada em três fatores: a formação acadêmica, a idade e a experiência profissional. Esse tripé nos possibilita afirmar que existem: consultores *trainee*, assistente e *seniores*. Os primeiros são recém-formados, auxiliam na coleta dos dados e no apoio ao projeto. Os segundos já executam consultoria, mas sob supervisão; possuem, no mínimo, 2 anos de experiência e idade entre 25 e 30 anos. Os *seniores* elaboram a proposta, supervisionam as pessoas, coordenam o projeto. Possuem geralmente mais de cinco anos de vivência em consultoria e formação acadêmica em nível de pós-graduação.

Consultoria secretarial é ainda uma visão nova de mercado. Não há capacitação *trainee* em consultoria secretarial; existe uma nova forma de atuação secretarial em desenvolvimento.

Vejo a consultoria interna como resultado de uma evolução que ocorreu na assessoria. Johri, Cooper e Prokopenko (1998, p. 4) reforçam

Excelência no Secretariado

meu pensamento ao afirmarem que a "consultoria interna é o refinamento na evolução do conceito de *staff*, que enfatiza disponibilizar ao gestor uma fonte especializada dentro da organização, como suporte na identificação e estudo de problemas e oportunidades, elaborando recomendações e assessorando na sua implementação".

O cargo de secretário executivo é em sua essência um *staff* na estrutura organizacional.

A consultoria secretarial interna é a evolução da assessoria secretarial. Nesse papel pode apresentar projetos de melhoria nos procedimentos de um ou mais processos da organização, que estejam prejudicando a gestão ou desempenho do sistema secretarial, impactando na área meio da organização.

Pode ser ainda, uma consultoria informacional, com pesquisa e levantamento de dados, apresentados em relatórios consubstanciados, que servirão de suporte ao processo decisório da organização.

Na nossa opinião, o secretário pode oferecer consultoria secretarial às organizações. Enquanto consultor externo, enfrentará outros desafios. Será o empresário de seu negócio, correndo o risco de estar em um mercado altamente competitivo; viverá de honorários, além de trabalhar com clientes diversificados, que exigirão um padrão de qualidade elevado. O diferencial estará no seu ***know-how*** construído e reconhecido pelo mercado de trabalho. As organizações que buscam esses profissionais enxergam neles os conselheiros; esperam que eles exerçam o papel de facilitador, usando suas habilidades para solucionar os problemas de forma qualitativa e adequada.

Como qualquer outro profissional de consultoria, o secretario terá que ir "à organização e passar um período no convívio dos colaboradores, a fim de diagnosticar alguma disfunção organizacional e sugerir, ao fim de sua análise, possibilidades de restauração do correto funcionamento" (FREITAS, CAMPIOL, 2011, p. 2), observando sempre, que sua intervenção será no e para o sistema secretarial.

A consultoria secretarial ainda está se estruturando e não pode ser confundida. O sucesso depende de uma atuação com base em princípios profissionais e éticos.

REFERÊNCIAS

ALVES, C. *Formação de Consultores*. 1 ed. Rio de Janeiro, FGV. Management - Cursos de educação continuada, 2009.

BLOCK, P. *Consultoria Infalível: um guia prático, inspirador e estratégico*. M. Books do Brasil Editora Ltda: São Paulo, 2013.

FREITAS, L.F. de; CAMPIOL, M.R.D. *Consultoria Secretarial: uma nova área de atuação do secretário executivo*. In: II Encontro Nacional Acadêmico de Secretariado Executivo, 2011. Passo Fundo. Anais do II Encontro Nacional Acadêmico de Secretariado Executivo. Passo Fundo: Ed. da UFP, 2011. p. 12-27.

GIRARDI, D.M.; LAPOLLI, E.M.; TOSTA, K.C.B.T. A *consultoria interna de recursos humanos como pratica catalizadora da gestão do conhecimento organizacional.* Revista de Ciências da Administração (CAD/UFSC), v. 11, p. 151-176, 2009.

JOHRI, H.P.; COOPER, J.C.; PROKOPENKO, J. *Managing internal Consulting organizations: a new paradigm.* Advanced Management Journal, v. 63, n. 4, p. 4-10, Autumn 1998. Disponível em: <www.proquest.com>. Acesso em: 16 de nov. de 2006.

MANCIA, L.T.S. *Os desafios do modelo de consultoria interna: uma experiência gaúcha.* 1997. 184p. Dissertação (Mestrado em Administração) UFRS, Porto Alegre.

MORGAN, R.M.; HUNT, S.D. *The commitment-trust of relationship marketing.* Journal de Maeketing, v. 58, p. 20-38,1994.

OLIVEIRA, D.P.R. Manual de consultoria Empresarial: Conceitos, Metodologia e Práticas. 8. ed. São Paulo: Ed. Atlas, 2009.

SÍCOLI, C.R. *Consultoria externa os dilemas das empresas e dos consultores.* Disponível em: <http://www.gestaodepessoas.com.br/artigos_arquivos/ARTIGOCONSULTORIA_EXTERNA-Dilemas_Empresas_Consultores.pdf>. Acesso em: 02 de dez. de 2012.

Excelência no Secretariado

50

Secretária remota
A profissão que se recria

Desde os escribas até os dias atuais a profissão de secretariado se recria continuamente. Com o advento da tecnologia, este profissional passou a também atuar remotamente. O conceito de *home office*, no Brasil chamado de "secretária remota", já muito conhecido nos Estados Unidos, alcançou principalmente as grandes capitais brasileiras por volta dos anos 2000

Fernanda Capella &
Marcia Almeida

Fernanda Capella & Marcia Almeida

Fernanda Capella
Secretária, graduada em Letras (Português-Inglês) pela Universidade do Grande ABC (UniABC), com pós-graduação em Gestão Empresarial e MBA pela Universidade Ibirapuera. Possui cursos de etiqueta empresarial, eventos, arquivo e formação técnica pela ETEC Lauro Gomes (SP). Atualmente é diretora da empresa Secretariado Remoto. Atua na prestação de serviços de secretária remota oferecido aos profissionais liberais, autônomos, microempresários, pessoas físicas, em geral.

Contatos
www.secretariadoremoto.com.br
contato@secretariadoremoto.com.br

Marcia Almeida
Secretária Executiva Bilíngue há mais de 18 anos atuando em empresas de pequeno, médio, grande porte e multinacional. Atualmente secretária no LSITec - Associação dos Laboratórios de Sistemas Integráveis Tecnológicos - POLI - USP e professora do Curso Técnico em Secretariado da Etec Raposo Tavares / Centro Paula Souza.

Contato
secretariado.marcia27almeida@gmail.com

HOME OFFICE

Home Office, também conhecido como *SOHO* (*Small Office and Home Office*) significa 'escritório em casa'. O *home office*, via de regra é exercido por trabalhadores independentes, apesar de algumas empresas adotarem o sistema de trabalho remoto quando os funcionários não precisam estar presencialmente no escritório.

Na concepção de *home office*, o trabalho profissional é desenvolvido em ambientes diferenciados compartilhando a mesma infraestrutura do ambiente doméstico. O *home office* é um conceito de modelo empresarial, muito adotado devido à globalização da economia e aumento da terceirização de serviços, impactando o perfil do 'emprego' e do 'local de trabalho'.

O número de micro e pequenas empresas que começam seus negócios em casa tem sido cada vez maior, transformando o *home offices* em alavancas do setor empresarial e da economia. Um fator para o crescimento do *home office*: muitas empresas assumirem que o profissional obtém mais foco na tarefa quando produzindo em casa, além da economia de tempo com deslocamento, que pode chegar a mais de 2 horas/dia no trânsito. Economia também nos gastos com aluguel, energia, telefone, etc.

É muito importante criar-se um ambiente de trabalho quando em casa, para evitar distrações e perda de produtividade. É preciso estar altamente motivado e, no caso de morar com outras pessoas, é necessário estabelecer algumas regras, para que o trabalhador não seja incomodado em seu expediente. Dependendo da área que o profissional atue, como criação, é importante que se possa ficar concentrado, sozinho.

As novas tecnologias permitem ao trabalhador em *home office* estar em contato direto e permanente com colegas de trabalho e superiores e receber as devidas instruções. A principal vantagem do *home office* é o conforto. Como por exemplo, não ser necessário vestir-se formalmente.

Algumas desvantagens do *home office* é que a pessoa pode perder o foco no trabalho, pela variação de horas trabalhadas. Pode haver uma 'folga' por um dia inteiro, mas no seguinte trabalhar-se em dobro. Assuntos domésticos também podem tomar parte do tempo. Algumas empresas aboliram alguns funcionários a trabalhar em casa, pela perda da velocidade e de qualidade de trabalho daqueles envolvidos.

COWORKING

Assim como o *Home Office*, o *Coworking* surgiu também nos Estados Unidos, mas só chegou ao Brasil em meados de 2008, essa nova modalidade aos poucos está invadindo as grandes cidades e o mercado de trabalho.

É um espaço onde vários profissionais de diferentes áreas realizam seus trabalhos e recebem também seus clientes, esses profissionais dividem não só o espaço, mas também todos os custos e serviços que são utilizados, como salas compartilhadas ou individuais, telefones, computadores, internet entre outros serviços. Os profissionais que utilizam o *coworking* são autônomos, pequenos empreendedores e profissionais que trabalham em *home office*. As principais vantagens são a utilização de recursos de um grande escritório, redução de custo e a integração com profissionais de outras áreas.

Os locais de *coworking* estão ganhando adeptos à medida que cresce no país o número de autônomos e de pessoas que trabalham em casa.

CASE SECRETÁRIA REMOTA

É importante ressaltar que para se trabalhar como secretária remota é importante que o profissional tenha vasto conhecimento de estrutura organizacional e do mercado, para que entenda o contexto no qual seu cliente se inclui.

Abordaremos um *case* de uma profissional que atua na área em *home office* como secretária remota. Este *case* não oferece uma fórmula mágica para tornar-se uma secretária remota pois como qualquer outra profissão, demanda ter disciplina, paciência, dedicação e persistência. Uma somatória de elementos essenciais para obter resultados satisfatórios, com barreiras e desafios a serem vencidos dia a dia. Mas pretendemos demonstrar que é possível fazer essa transição de carreira.

A trajetória da profissional é rica e muitos poderão identificar-se com a mesma. Compartilhar as experiências e situações vivenciadas será uma importante contribuição para com a profissão de secretariado.

Iniciou sua vida profissional aos 15 anos de idade, registrada (o então chamado "emprego com carteira assinada") como atendente em uma distribuidora. Havia prestado vestibulinho para o **Curso Técnico de Secretariado da Etec - Escola Técnica Estadual Paula Souza**. Foi aprovada, porém julgava o trabalho mais importante do que os estudos e assim não queria deixar o emprego para ingressar no curso de secretariado. A família insistiu e uma tia sua fez a matrícula na Etec, ainda que contra a sua vontade.

O curso mudaria sua vida, pois lhe abriu um horizonte até então não vislumbrado. Vejamos seu depoimento quanto ao mesmo:

> "O curso de secretariado foi maravilhoso, conheci professores que ensinaram muitas técnicas de trabalho, muitas possibilidades de atuação da profissão, mas pela falta de experiência e pelo contexto social, tinha sempre o sentimento que muito do que estava aprendendo não serviria para nada, nunca teria oportunidade de aplicar os conhecimentos adquiridos no dia a dia, era algo muito distante do que vivia. Temas como se comportar diante da chefia, etiqueta empresarial, elaboração e uso de documentos, informática, inglês, espanhol, eventos, automação de escritório, tantos assuntos que imaginava que não iria precisar quando estivesse trabalhando".

Iniciou um estágio em uma empresa de cosméticos como auxiliar de escritório, e teve a oportunidade de participar da Feira Internacional da Beleza, quando então pode constatar a importância das aulas de Organização de Eventos e das aulas de Etiqueta.

Após o término do estágio, ingressou como efetiva num escritório de advocacia:

> "Passei a conviver com advogados e até uma juíza já aposentada, profissionais que marcaram a minha vida. Tive acesso a documentos, pude aplicar os conhecimentos adquiridos no curso de secretariado, tais como pontualidade, cortesia, agilidade, indispensáveis na relação com os advogados, estagiários e clientes."

Sua carreira rapidamente daria um salto significativo, ao ser aprovada para ingressar como assistente administrativa em uma Incorporadora de Imóveis:

> "Permaneci lá por 10 anos e foi onde me desenvolvi e pude **ser secretária mesmo**. Ter largado o emprego aos 15 anos e ingressar num curso técnico fez toda a diferença na minha carreira. Foi o pilar da minha trajetória. Após obter o SRTE, solicitei à chefia que mudasse o meu cargo para secretária. Aprendi a conviver com pessoas de várias personalidades e exercer a gestão secretarial. Frequentei reuniões, aprendi a confeccionar planilhas financeiras de projeções, cálculos de investimentos, procedimentos cartorários, trâmites para regularização imobiliárias, noções de recursos humanos, procedimentos bancários e cambiais, tal diversidade foi fundamental para a construção da minha experiência profissional. Tive um excelente executivo que acreditou no meu potencial e me incentivou a continuar meus estudos, a fazer um curso de inglês e cursar uma pós-graduação."

Excelência no Secretariado

A profissional fez MBA em Gestão Empresarial, ocasião em que pôde comparar a profissão de secretariado com a dos seus colegas. Aplicava os conhecimentos adquiridos no MBA na empresa. Mantinha muito bom relacionamento com outra profissional com a qual passou a compartilhar ideias e a escrever projetos inovadores que pudessem juntas realizar, sendo um deles, o SECRETARIADO REMOTO.

> "Tivemos essa ideia pelo fato de que todos na empresa pediam a nossa ajuda para resolver os problemas burocráticos e administrativos do dia a dia, porém essa ideia ficou engavetada."

Durante sua licença maternidade pôde iniciar a prática do *Home Office* e verificou que seria uma boa prática de trabalho, que poderia de fato dar certo. Este *case* nos retrata, ainda, como as variáveis incontroláveis do macro ambiente, quer sejam as ameaças, quer sejam as oportunidades, podem impactar **positivamente** um plano de negócio. A sede da empresa estava de mudança para outro estado no centro oeste, o que implicaria em sua saída da organização. Apesar dos convites e propostas de trabalho recebidos pelo seu bom *networking*, decidiu que, o que poderia ser-lhe uma ameaça, se transformasse em uma excelente oportunidade:

> "...me ofereceram uma oportunidade de trabalhar em outras empresas, mas logo pensei no projeto que havia ficado para trás, pensei: CHEGOU A HORA!!! Arregacei as mangas e fui em frente, tive apoio de meu esposo e familiares. Meu marido costuma brincar que é meu 'sócio', pois me auxilia em todos os assuntos. Minha colega de trabalho com quem eu partilhava o projeto, mesmo a distância se mostrou muito prestativa e sempre contribui com ideias e com suas experiências na área secretarial."

Iniciou como Secretário Remoto prestando seus serviços a profissionais autônomos e liberais.

> "Cada conquista de um novo cliente é uma comemoração. Nenhum cliente é igual a outro, por isso o atendimento acaba sendo personalizado. Cada cliente é um novo desafio e aprendizado, pois apesar da experiência de 10 anos, muitas vezes a solicitação de serviços é inédita e acabo aprendendo a cada nova tarefa, o intuito do Secretariado Remoto é facilitar o dia a dia dos profissionais. Sempre estive na posição de empregado e não sabia como iniciar um negócio próprio. Como primeiro passo, busquei orientação no SEBRAE, para fazer o planejamento da abertura da empresa e identificar em qual tipo se encaixaria. Participei de várias palestras, inclusive para aprender

---

[1] SRTE – Superintendência Regional do Trabalho e Emprego – órgão expedidor dos registros profissionais.

a calcular o preço de venda. Essa foi uma das dificuldades que tive, pois não tinha parâmetros para comparar os valores dos serviços prestados. Tinha que chegar a um método de cobrança que pudesse ser justo tanto para mim quanto para o cliente. As palestras contribuíram para tomar as decisões iniciais para abertura de uma empresa. Hoje possuo CNPJ e posso emitir nota fiscal, práticas importantes para oferecer ao cliente a segurança de contratar uma empresa devidamente legalizada."

As possibilidades da secretária remota vão além das expectativas que um profissional pode imaginar, a informação e a oferta dos serviços de profissionais autônomos, estão disponíveis 24 horas, um cliente interessado busca o serviço e opta pelo profissional que demonstra preparo e capaz de fornecer suporte qualificado. Um executivo que não tem e não pretende ter um apoio secretarial, pode ficar estrategicamente prejudicado e perder grandes oportunidades de negócio. A secretária remota, por ser uma profissão inovadora, permite a esse profissional o respaldo necessário que sua profissão exige, deixando-o livre para executar o que realmente o que o negócio lhe demanda.

Abordar este *case* neste capítulo teve o objetivo de contribuir a partir da experiência profissional de uma das coautoras, para poder incentivar a prática dessa profissão inovadora. Trabalhar como secretária remota, via *home office*, tem muitos benefícios, como acima mencionamos, não precisar se deslocar até o local de trabalho, enfrentar transporte público lotado, trânsito parado, as variadas condições climáticas. Além disso, é uma tendência mundial, não somente para o secretariado, mas também para muitas outras profissões.

Criatividade e jogo de cintura é o que não pode faltar para o profissional de secretariado que se depara todos os dias com pedidos inusitados tendo que inovar. Vemos no *home office* como secretária remota uma inegável e irreversível inovação na Gestão Secretarial.

REFERÊNCIAS

SILVA, Jucelia Salete Giacomini da – *Diretrizes para o design de sistema produto-serviço voltado ao trabalho remoto* - UFPR – Curitiba, 2010. 225 f.
PARADELA, Thales; PEETERS, Sandrine. *Trabalhar ou ficar em casa?: perspectivas do trabalho remoto*. Anais do Encontro Nacional de Engenharia de Produção, v. 21, 2001.
MELLO AAA, Ferreira WT. *Normatização, regulação e legislação para o teletrabalho*. In: Mathias I, Monteiro A, organizadores. *Gold book – Inovação tecnológica em educação e saúde*. Rio de Janeiro, RJ: EdUERJ, 2012; p. 712–20.